LA CONVENTION DES NATIONS UNIES RELATIVE AUX DROITS DES PERSONNES HANDICAPÉES : UNE NOUVELLE ÉTHIQUE DE LA CITOYENNETÉ

Sous la direction de

Mireille Tremblay
Université du Québec à Montréal

Viviane Guerdan
Association suisse d'aide aux personnes avec un handicap mental, Genève

Mouloud Boukala
Université du Québec à Montréal

Jean-Philippe Cobbaut
ETHICS, Université Catholique de Lille/ Université Catholique de Louvain

Deep Education Press
Collection "Education Inclusive et Partenariats"
Editeur de la collection: Danielle Zay

DEEP EDUCATION PRESS

Blue Mounds, Wisconsin, USA

Deep Institute Online !

www.deepinstitute.org

www.deepapproach.com

Certificate in Deep Education

ISBN   978-1-939755-42-1 (Paperback)

Library of Congress Cataloguing-in-Publication Data

1. Education, droits des personnes handicapées, inclusion sociale, ONU, citoyenneté

Mots clés: Inclusion sociale, Personnes handicapées, Convention de l'ONU, Ethique, Citoyenneté

Public: Personnes en situation de handicap, leurs familles et les associations qui les représentent, intervenants et professionnels, étudiants, formateurs, chercheurs, décideurs, gestionnaires

Couverture: Photo: I. Druc

Table des Matières

Commentaires

Patrick Fougeyrollas, Anthropologue, spécialisé dans l'étude du phénomène de construction culturelle du handicap, chercheur au Centre interdisciplinaire de recherche en réadaptation et intégration sociale (CIRRIS) et professeur associé à l'Université Laval

Reconnaitre tous les êtres humains aptes à s'épanouir et à participer pleinement, selon leur libre arbitre, sans violence ni discrimination, en toute équité et dans le respect des différences singulières, voilà le projet socio-politique porté par la Convention relative aux droits des personnes handicapées. Cet ouvrage expose avec brio ses dimensions historiques, théoriques et méthodologiques avec de nombreux exemples éclairant la complexité de la mise en œuvre dans des contextes nationaux diversifiés. Il constitue un apport précieux pour les études sociales du handicap en langue française.

Corina Borri-Anadon, Professeure, Département des sciences de l'éducation, Université du Québec à Trois-Rivières

La reconnaissance de la diversité humaine et sa prise en compte effective dans l'exercice des droits sont des priorités aujourd'hui reconnues sur le plan international. Ce livre offre une contribution importante à cet égard, en réunissant des chapitres abordant les enjeux de participation citoyenne des personnes en situation de handicap dans différentes sociétés de la francophonie. Les diverses initiatives visant la prise de parole et l'exercice de la citoyenneté des personnes en situation de handicap recueillies permettent de saisir l'ampleur des défis à relever. L'ouvrage saura nourrir la réflexion et l'action des personnes engagées pour l'émancipation des personnes en situation de handicap, qu'elles soient interpellées comme décideur, chercheur, formateur, intervenant ou citoyen.

Éric Plaisance, sociologue, Université Paris-Descartes, Centre de recherche sur les Liens sociaux

Nous sommes entrés dans une nouvelle ère, celle de la reconnaissance des droits des personnes handicapées qui repose sur un engagement éthique dans la perspective de transformations des représentations et des pratiques sociales et dans le dépassement significatif des ségrégations et des stigmatisations... C'est dire que cet ouvrage, qui s'adresse à un public large, est le bienvenu. Il montre les profondes avancées de la Convention Internationale relative aux droits des personnes handicapées de 2006, son ancrage dans une éthique non seulement de conviction mais aussi de responsabilité, impliquant des mesures concrètes. Il présente ainsi des pratiques innovantes qui impliquent les « prises de parole » de la part des personnes pour une nouvelle citoyenneté et un engagement citoyen.

Luc Forget, membre du Conseil d'administration d'Humanité & Inclusion Canada (anciennement Handicap International)

Cette lecture nous instruit sur la Convention relative aux droits des personnes handicapées de l'ONU, qui vise à créer un monde plus inclusif pour les personnes en situation de handicap, et sur ses répercussions mondiales ainsi que sur la contribution de certains intervenants et de leur démarche innovante, afin d'intégrer à la société ceux qui en sont exclus. Elle nous fait prendre conscience que nous avons un long chemin à parcourir avant que la personne en situation de handicap vive en société de façon égalitaire, et que tout cela ne pourra se faire que si les nations y participent activement.

Remerciements

Nos remerciements vont en premier lieu à toutes les personnes en situation de handicap, à leurs familles, aux intervenantes et aux intervenants qui ont contribué aux projets de recherche ou d'action présentés dans cet ouvrage. Nous désirons également remercier Dr Danielle Zay, directrice de la collection Inclusive Education and Partnerships, de Deep Education Press, pour ses encouragements, sa rigueur et son soutien indéfectible, Dr Isabelle Druc, pour avoir assuré avec rigueur et vigilance l'édition de l'ouvrage et Dr François Tochon pour avoir accueilli avec enthousiasme notre manuscrit. Nous souhaitons également remercier les étudiantes qui ont contribué à la coordination et à la révision de l'ouvrage, à un moment ou à un autre du projet de publication : madame Valérie Barbusci, madame Nadine Martin et madame Marie-Michelle Poulin.

L'équipe de direction de l'ouvrage

Mireille Tremblay
Viviane Guerdan
Mouloud Boukala
Jean-Philippe Cobbaut

Introduction

L'approche fondée sur les droits : une nouvelle éthique de la citoyenneté

Mireille Tremblay
Université du Québec à Montréal

Viviane Guerdan
Association suisse d'aide aux personnes avec un handicap mental
(ASA-Handicap mental), Genève

Mouloud Boukala
Université du Québec à Montréal (UQAM)

Jean-Philippe Cobbaut
ETHICS, Université Catholique de Lille/
Université Catholique de Louvain

La reconnaissance des droits humains a influencé l'évolution des politiques publiques au cours de la seconde moitié du XXème siècle et a inspiré la conception et la révision des programmes et des services. L'exercice de la citoyenneté est devenu un enjeu commun à plusieurs textes juridiques, politiques, administratifs des États modernes.

L'Organisation des Nations Unies (ONU), afin de corriger les inégalités les plus flagrantes à l'égard de populations marginalisées ou opprimées, a rédigé plusieurs conventions internationales. Figurant parmi ces outils internationaux, la Convention relative aux droits des personnes handicapées (CDPH), adoptée en 2006, a pour but de «promouvoir, protéger et assurer la pleine et égale jouissance de tous les droits de l'homme et de toutes les libertés fondamentales par les personnes handicapées et de promouvoir le respect de leur dignité intrinsèque» (art.1).

Dans ce chapitre introductif, avant de présenter les sections et les chapitres de l'ouvrage, nous verrons comment la CDPH s'inscrit dans une nouvelle éthique de la citoyenneté et participe au développement d'une culture des droits de l'homme valorisant la citoyenneté, la participation sociale, l'engagement politique et démocratique des personnes en situation de handicap.

Une nouvelle culture des droits de l'homme

Au cours de la seconde moitié du XXème siècle, la reconnaissance des droits de l'homme a marqué l'évolution des relations entre l'État et la société civile. Après l'adoption, en 1948, de la Déclaration universelle des droits de l'homme, on a vu apparaître une «culture des droits de l'homme» inspirant les revendications de mouvements sociaux émergents et interpellant le renouvellement des modes de gouvernance des nations. L'approche fondée sur les droits qui a vu le jour au cours des années 1960 a pris son essor au début des années 2000, portée par l'ONU, par de grandes agences affiliées aux Nations Unies et par des organisations internationales non gouvernementales (OING).

Dans la foulée de la Déclaration universelle des droits de l'homme, les Nations Unies ont adopté deux pactes internationaux, soit le Pacte international sur les droits civils et politiques et le Pacte international sur les droits sociaux, économiques et culturels, ainsi qu'une longue série de conventions internationales et de déclarations. Plus de quatre-vingt conventions et déclarations relatives aux droits de l'homme ont été négociées par l'ONU et les États Membres, et cet ensemble de lois et de textes a présidé, sinon «facilité l'avènement d'une 'culture des droits de l'homme' dans le monde et constitue un

puissant outil au service de la lutte contre les violations de ces droits».
Il s'agit d'

> *«un vaste ensemble de lois relatives aux droits de l'homme qui, pour la première fois de l'histoire, nous dotent d'un code des droits fondamentaux, universels et internationalement protégés, auquel toutes les nations peuvent souscrire et auquel tous les peuples peuvent aspirer»*
(Nations Unies, extrait recueilli le 15 août 2018).

Cet ensemble de lois, appartenant au droit international, précise les mécanismes de collaboration et la nature des engagements des États Membres des Nations Unies. Plusieurs des conventions ou déclarations internationales visent explicitement à réduire les inégalités les plus flagrantes en matière d'exercice des droits universels, à promouvoir et à protéger les droits de groupes et de populations vulnérables à risque de marginalisation ou d'exclusion, comme les femmes, les enfants, les réfugiés, les personnes et travailleurs migrants, les minorités ethniques, religieuses ou linguistiques, et plus récemment avec la CDPH, les personnes en situation de handicap.

Au début des années 2000, afin de se doter d'une vision commune de l'approche fondée sur les droits (AFD), les agences internationales qui avaient contribué à son développement, comme le Haut-Commissariat aux droits de l'homme (HCDH), l'Organisation des Nations Unies pour l'éducation, la science et la culture (UNESCO), l'Organisation mondiale de la Santé (OMS) et le Programme des Nations Unies pour le Développement (PNUD) ont formulé, dans une déclaration conjointe, trois grands principes de l'AFD, soit : que tous les programmes de coopération et de développement international doivent 1- «favoriser la concrétisation des droits de l'homme consacrés par la Déclaration universelle des droits de l'homme et les autres instruments internationaux relatifs à ces droits», 2- se conformer aux normes et principes relatifs aux droits de l'homme «dans tous les secteurs et à toutes les étapes du processus de programmation» et 3- contribuer à «l'amélioration des capacités des entités responsables à respecter leurs obligations, et des capacités des titulaires de droits à les revendiquer» (Frankovitz, 2006, p.25).

Plusieurs outils ont été développés pour soutenir l'AFD, notamment par le Haut-Commissariat aux droits de l'homme, et procurent «un cadre conceptuel de développement humain» qui s'appuie sur la Déclaration universelle des droits de l'homme et sur l'ensemble des conventions et règles internationales. L'AFD «vise concrètement à promouvoir et à protéger ces mêmes droits». L'AFD demande de repérer, analyser et corriger les inégalités et les «répartitions injustes de pouvoir [...] La simple charité est une vertu loin d'être suffisante du point de vue de la concrétisation des droits de l'homme» (Haut-Commissariat des Nations Unies aux droits de l'homme, 2006, p.15). L'AFD :

> «s'intéresse essentiellement à concrétiser les droits des populations exclues et marginalisées, et de celles dont les droits risquent d'être violés, en s'appuyant sur l'hypothèse selon laquelle un pays ne peut accomplir de progrès durables sans une reconnaissance des principes des droits de l'homme (en particulier leur caractère universel) en tant que principes fondamentaux de gouvernance.» (Haut-Commissariat des Nations Unies aux droits de l'homme, 2006, p.16).

L'AFD insiste autant sur la participation des personnes détentrices de droits à la formulation des politiques que sur l'engagement des acteurs responsables de l'exercice de leurs droits. Comme l'exige la 3è condition de l'AFD, tout programme de développement doit permettre aux personnes en tant que «détenteurs de droits», et aux responsables, en tant que «débiteurs d'obligations», de développer et d'accroître leurs capacités de faire valoir et de rendre les droits effectifs.

Selon Cornwal et Nyamu-Musembe (2004), qui retracent l'historique de l'AFD et passent en revue les intérêts et les réserves des protagonistes du développement de l'AFD, cette approche peut être comprise en fonction de quatre dimensions complémentaires, soit comme un ensemble de normes et de principes, soit comme un ensemble d'instruments et d'indicateurs de développement, soit comme une dimension intégrée à la programmation ou en tant que justification pour accroître l'influence d'agences se portant à la défense des droits des personnes marginalisées (2004, p.1431).

> *«Ultimately, however it is articulated and operationalised by a development agency, a rights-based approach would mean little if it has no potential to achieve a positive transformation of power relations among development actors»* (ibid., 2004, p.1432).

La CDPH, en tant que nouvel instrument international de promotion des droits, assorti de mécanismes de coopération et de suivis internationaux et nationaux, est un outil qui s'inscrit parfaitement dans l'AFD, comme on le verra dans le présent ouvrage. Elle propose une révolution dans la manière qu'ont les États de rendre compte de leurs obligations auprès de leur population, auprès des autres États, auprès de l'ONU et auprès du Haut-Commissariat aux droits de l'homme. La CDPH, comme le requiert l'AFD, insiste sur la participation citoyenne, sociale et politique des personnes handicapées et des groupes qui les représentent, leur accordant ainsi davantage de pouvoir et de légitimité. Elle a généré la conception et le développement d'un ensemble d'outils et de mécanismes pour en assurer l'implantation et le suivi.

En février 2018, sur les 193 États Membres de l'Organisation des Nations, 177 Membres avaient ratifié la CDPH, et 92 avaient ratifié son Protocole facultatif (United Nation Enable Newsletter, février-mars 2018).

Un nouveau paradigme fondé sur les droits politiques et l'éthique de la citoyenneté

En gestation depuis de nombreuses années, soutenue par le mouvement d'émancipation et de promotion des droits des personnes en situation de handicap, l'adoption de la CDPH, en 2006, a créé une onde de choc transformant profondément les manières de concevoir et d'intervenir dans le champ du handicap. Pour plus d'un, il s'agit d'un changement de paradigme fondé sur l'exercice des droits politiques et sur une nouvelle éthique de la citoyenneté.

Depuis les années cinquante, nous avons, semble-t-il, assisté à une série de révolutions dans le champ du handicap, qui ont été associées à des changements de paradigmes (Ébersold, 2002, Boucher, 2003 ; Mercier et Bazier, 2004 ; Guerdan, Petitpierre, Moulin et Haelewyck, 2009). Un paradigme «représente tout l'ensemble de croyances, de valeurs reconnues et de techniques qui sont communes aux membres d'un groupe donné» (Kuhn, 1983, p.238). Tout changement de paradigme transforme la vision partagée par les membres d'un groupe et implique la modification des outils et des pratiques de recherche et d'intervention dans un champ donné.

Au cours de la seconde moitié du XXème siècle, on a assisté à trois révolutions majeures concernant les personnes en situation de handicap (Boucher, 2003, Tremblay, 2011). La première révolution, à compter des années 1960, correspondait au vaste courant de la désinstitutionnalisation et à la reconnaissance de leurs droits civils alors qu'elles échappaient à l'enfermement, à certains traitements dégradants et aux mesures d'exclusion sociale qui prévalaient à cette époque ; elles ont gagné le droit d'habiter la Cité. À compter des années 1980, une seconde révolution, que l'on pourrait associer à la participation sociale, était axée sur les droits sociaux, économiques et culturels. Au cours de cette période, on a vu l'apparition d'une diversité de programmes publics afin d'assister les personnes dans l'exercice de leurs droits au travail, à l'éducation, aux loisirs, à la culture, à la santé, aux transports. Il s'agit de droits dits actifs, qui permettent aux citoyennes et aux citoyens de contribuer au développement de la société. Quant à la troisième révolution, correspondant à l'exercice des droits politiques, elle a pris son essor à compter des années 1990 et insiste sur la dimension politique de l'émancipation des personnes en situation de handicap et sur la place qui leur appartient au sein des groupes qui les représentent et dans la sphère politique (Tremblay, 2011, Boucher, 2003).

Issu de ce plus récent paradigme, un nouveau discours, valorisant la reconnaissance des droits et l'exercice de la citoyenneté, est popularisé. Mais de quelle citoyenneté est-il question? Au-delà de la reconnaissance de leurs droits individuels à l'autodétermination et de leur droit d'exercer des choix pour leur propre vie, on accorde récemment plus d'importance à leurs droits politiques, soit à l'émancipation des personnes, à la prise de conscience de leur situation de marginalisation et aux processus de socialisation politique et d'action collective. La notion de citoyenneté devient centrale et s'impose alors la nécessité de réfléchir aux conditions éthiques de l'exercice de cette citoyenneté.

La promotion des droits individuels a ceci de particulier et de paradoxal, que c'est un acte politique qui tire sa force de l'action sociale et collective. À partir des années 1990, le mouvement des personnes en situation de handicap, a gagné en reconnaissance sociale et politique : «Nothing for us, without us» (Boucher, 2003). La CDPH s'inscrit dans ce récent paradigme : la citoyenneté, la prise de parole, l'engagement social et politique des personnes en situation de handicap et des groupes qui les représentent, sont considérés comme des conditions essentielles à l'implantation de la CDPH. Ce paradigme est associé à un nouvel ensemble de théories et de pratiques, reposant sur une «matrice disciplinaire» révisée (Kuhn, 1983, p.248), s'insérant dans une culture et dans une approche éthique fondée sur les droits et la citoyenneté.

Madlenov (2013) considère la CDPH comme un changement de paradigme d'une telle ampleur, qu'elle modifie la compréhension du handicap et le processus de construction identitaire des personnes en situation de handicap.

> *«Such a shift is concerned with nothing less than a transformation of the very understanding of disabled people's "way of being" in other words, it has profound existential-ontological consequences»* (2013, p.72).

Comme Boucher (2003), Madlenov insiste sur la contribution essentielle et légitime des organisations représentant les personnes en situation de handicap, pour donner sens et interpréter culturellement la CDPH, à partir du point de vue des personnes concernées.

> *«My contention is that, besides competent jurists, adminstrators and politicians, just decisions require active, politically engaged communities. [...] the capacity of the formally constituted organisations to influence interpretation is greater, as is their legitimacy within the conventional frameworks of policy-making and policy implementation. In other words, only organisationally and conceptually strong disabled people's collectives can further the transformative and emancipatory potential inherent in the CRPD»* (Madlenov, 2013, p. 81).

Participation citoyenne, politique et démocratique

La CDPH accorde une attention toute particulière aux droits politiques des personnes en situation de handicap, en appui à l'article 21 de la Déclaration universelle des droits de l'homme :

> *«1. Toute personne a le droit de prendre part à la direction des affaires publiques de son pays, soit directement, soit par l'intermédiaire de représentants librement choisis.*
>
> *2. Toute personne a droit à accéder, dans des conditions d'égalité, aux fonctions publiques de son pays.*
>
> *3. La volonté du peuple est le fondement de l'autorité des pouvoirs publics; cette volonté doit s'exprimer par des élections honnêtes qui doivent avoir lieu périodiquement, au suffrage universel égal et au vote secret ou suivant une procédure équivalente assurant la liberté du vote».*

L'article 29 de la CDPH engage les États membres :

«À faire en sorte que les personnes handicapées puissent effectivement et pleinement participer à la vie politique et à la vie publique sur la base de l'égalité avec les autres, que ce soit directement ou par l'intermédiaire de représentants librement choisis, notamment qu'elles aient le droit et la possibilité de voter et d'être élues».

En plus de l'importance accordée à la participation électorale, la CDPH, invite les États signataires «À promouvoir activement un environnement dans lequel les personnes handicapées peuvent effectivement et pleinement participer à la conduite des affaires publiques» et à encourager leur participation aux affaires publiques par le biais notamment d'organisations non gouvernementales, d'associations publiques, de partis politiques.

La question des droits politiques est d'une telle importance qu'en juin 2018, dans le cadre de la onzième session de la «Conférence des États parties à la Convention relative aux droits des personnes handicapées», l'une des trois séances de travail portait explicitement sur la «Participation à la vie politique et [la] reconnaissance de la personnalité juridique dans des conditions d'égalité». La Note du secrétariat, en préparation de cette séance, rappelait l'importance des droits politiques dans la CDPH et dans une série d'autres normes internationales. La Convention relative aux droits des personnes handicapées établit un cadre juridique pour l'exercice de leurs droits et fait de la participation une question transversale et omniprésente dans ses dispositions, notamment dans son objet (art. 1), ses principes généraux (art. 3) et dans l'article 29 portant spécifiquement sur le droit à la participation à la vie politique et à la vie publique. Plusieurs obstacles s'opposent à l'exercice des droits politiques des personnes en situation de handicap, dans plusieurs pays membres de l'ONU, au niveau de la reconnaissance juridique et de l'exercice du droit de vote; et que dire du droit d'être élu et d'exercer un mandat électif, ou d'occuper des postes influents dans les administrations publiques ? Le rapport déplore le manque d'accessibilité à tous les aspects de la vie politique, et le manque de données concernant cette dimension majeure des droits des personnes handicapées.

L'émancipation des personnes et des peuples repose sur deux grands courants. Le premier fait appel aux systèmes publics, internationaux et nationaux de gouvernance, qui sont responsables d'orienter le devenir des citoyennes et des citoyens, d'assurer leur sécurité et leur bien-être, tout en maintenant l'ordre public. La démocratie indirecte ou électorale, par le biais d'élections périodiques, balise les rapports d'autorité entre les électrices, électeurs et leurs élus. Le second mouvement, issu de la société civile, émerge de l'action, de la volonté de changement et du libre engagement des citoyennes et des citoyens, dans une grande diversité de lieux, de pratiques, d'organisations et de modalités de participation. Pour Louis Maheu (1991), c'est l'achèvement de la démocratie, alors qu'elle prend la forme «capitale [...] de l'expression et de la recherche pratique, active et concrète de l'égalité, de la justice, de l'émancipation collectives. La démocratie apparaît alors comme les formes de revendication et les luttes sociales qui visent à déraciner les inégalités, les exploitations et l'oppression» (Maheu, 1991, p.123).

La nouvelle conception du handicap ayant présidé à la rédaction de la CDPH, repose sur le modèle social du handicap qui «n'engendre pas uniquement une redéfinition des modalités d'intervention. Il est aussi porteur d'une reconfiguration des rapports entre professionnels et personnes dites handicapées, comme avec leur entourage» (Ebersold, 2010, p.289). Cette reconfiguration des rapports :

> *«relève ce faisant d'un modèle d'analyse qui associe la société à un système de coopération dont la cohésion repose sur la volonté de coopération de ses membres, qui fait de la solidarité l'affaire de tout un chacun et non plus l'affaire de l'État»* (Ébersold, 2010, p. 285).

Pour une éthique de la citoyenneté : reconnaissance, démocratie et compassion

Comme mentionné plus tôt dans ce chapitre, l'adoption de la CDPH s'inscrit dans une culture des droits ayant généré une succession de paradigmes et autant de définitions du handicap et de la citoyenneté. La citoyenneté s'est construite à travers l'État libéral et la reconnaissance des droits civils et politiques et à travers l'État social et la reconnaissance des droits sociaux, de la protection et du développement des personnes (De Munck, 2018).

> *«Nous assistons à un véritable changement de paradigme qui prend en compte l'autodétermination et la participation de personnes en situation de handicap, dans une perspective d'inclusion. Les processus mis en place garantissent la capacité des personnes à revendiquer leurs droits et à valider le respect de ces droits»* (Cobbaut, Tremblay, Mercier, 2018, p.140).

Dans le champ du handicap, une série de révolutions se sont succédées, d'abord avec le mouvement de désinstitutionnalisation à compter des années 1960, puis dans les années 1980, par la diversification de politiques et de programmes d'intégration sociale pour l'accès équitable aux services et aux droits sociaux et culturels et finalement, avec la reconnaissance des droits politiques et une attention particulière accordée aux principes et aux conditions d'exercice de ces droits. Au sein de cette culture des droits, apparaît une nouvelle lecture de la notion de citoyenneté.

> *«Selon nous, une réflexion collective est nécessaire afin d'éviter que la notion de citoyenneté perde tout sens. Pour soutenir cette réflexion, on devrait l'enraciner dans une éthique générale de la participation citoyenne fondée sur la reconnaissance de la citoyenneté de tous»* (Hudon, Tremblay, 2016, p.67).

Nous proposons de poursuivre cette réflexion pour une éthique de la citoyenneté, en nous inspirant de trois domaines contemporains de l'éthique appliquée, soit l'éthique de la reconnaissance, l'éthique du dialogue et de la participation démocratiques et l'éthique de la compassion humaine et de la solidarité. Petrella (2007) suggère que l'on renouvelle notre vision du monde et de notre avenir, à partir d'une «nouvelle narration du monde» et il suggère sept principes pour ce faire : la vie, l'humanité, le vivre ensemble, les biens communs, la démocratie, la responsabilité et l'utopie. Il nous invite à reconstruire une histoire porteuse de sens, qui s'opposerait à une vision réductionniste, marchande et capitaliste de l'humanité. S'ouvrirait ainsi toute la perspective du don, de la solidarité, de la convivialité et d'une «citoyenneté responsable» qui ne doit pas être réduite à la portée économique de nos interactions (Lamoureux, 1996, Godbout, 1992).

Une éthique de la reconnaissance

En conformité avec la Déclaration universelle des droits de l'homme, la CPDH réaffirme le principe de reconnaissance de chaque individu par le respect de sa dignité intrinsèque, de son autonomie et de son indépendance, de sa pleine et égale jouissance de tous les droits de l'homme et de toutes les libertés fondamentales. Elle vise l'abolition des barrières qui peuvent faire obstacle à leur pleine participation à la société (art.1et 3).

L'éthique de la reconnaissance accorde à tout individu de se reconnaître et de reconnaître à autrui le droit de se définir, de s'autodéterminer, de faire ses propres choix dans les divers domaines de sa vie familiale, sociale, professionnelle ou politique, de s'associer librement, de s'engager politiquement, bref de devenir citoyenne et citoyen de plein droit. La lutte pour la reconnaissance identitaire est un processus ininterrompu et l'identité se construit, se transforme à travers une multitude d'interactions, familiales, sociales et publiques, plus ou moins harmonieuses, valorisantes, stigmatisantes ou inclusives.

> *«Nous ne pouvons nous représenter le processus d'intégration sociale que comme un processus d'inclusion qui se joue à travers des formes réglées de reconnaissance. [...] Ce qu'il y a de juste et de bon dans une société se mesure à sa capacité à assurer les conditions de la reconnaissance réciproque qui permettent à la formation de l'identité personnelle - et donc à la réalisation de soi de l'individu- de s'accomplir de façon satisfaisante»* (Honneth, 2004, p.134-135).

La lutte pour la reconnaissance est un élément fondateur de la construction identitaire et de la quête de soi, à travers la relation aux autres et à la société. Pour les personnes et les groupes marginalisés, cette lutte est source de tensions, de conflits, de négociations et de compromis. L'énonciation d'une éthique de la reconnaissance, à laquelle Honneth a contribué de manière magistrale, comme en témoignent Boukala et Pastinelli (2016), place le Sujet dans une relation de réciprocité, qui n'est pas exempt de gratitude, lorsque chacun reconnaît l'autre. L'identité et l'image de soi s'élaborent dans la relation à autrui, au sein des différents groupes fréquentés et de la communauté. La construction identitaire s'inscrit dans le processus de socialisation, d'identification et d'affiliation, alors que sont reconnus la valeur, les compétences, les mérites des uns et des autres (Boukala, Pastinelli, 2016).

La reconnaissance des personnes en situation de handicap, en tant que citoyennes et citoyens détenteurs de droits, a marqué l'histoire de leur émancipation et la transformation de leurs rapports avec l'État, les institutions publiques et la société civile. Plusieurs articles de la CDPH s'inscrivent explicitement dans une éthique de la reconnaissance et de la construction identitaire, et soulignent la nécessité qu'ont les États Parties de promouvoir la reconnaissance de l'identité, de la diversité, de la spécificité, de l'autonomie, du libre choix des personnes en situation de handicap. L'article 8, portant sur la «sensibilisation», vise notamment à sensibiliser l'ensemble de la société aux droits des personnes en situation de handicap, et à promouvoir des attitudes réceptives et positives à leur égard.

L'article 12, portant sur la «reconnaissance de la personnalité juridique dans des conditions d'égalité», s'inscrit dans cette même perspective. Dans le courant des dernières années, le processus d'évaluation des rapports nationaux des États Parties a provoqué une prise de conscience de graves défauts et dénis de reconnaissance de l'identité juridique et des droits fondamentaux des personnes handicapées dans plusieurs pays, ce qui justifie d'accorder une attention particulière à cette dimension de la citoyenneté.

Dans le cadre d'une recherche menée auprès d'une soixantaine de personnes, membres de douze associations ou comités locaux de personnes en situation de handicap, le manque de reconnaissance est apparu comme l'une des principales doléances exprimées par les participantes et les participants. Leurs compétences sont méconnues ou sous-estimées par les décideurs, les pouvoirs qui leur sont accordés sont dérisoires, les outils et les ressources dont ils ont besoin pour exercer leur mandat ne sont pas au rendez-vous. Par contre leur expérience au sein du comité, avec leurs pairs, est source de gratification, d'amitiés et contribue au développement de leurs compétences civiques, de leur estime personnelle et de la valorisation de leur engagement (Hudon et Tremblay 2016, Tremblay, 2009a).

Une éthique du dialogue et de la participation démocratique

La CDPH est également porteuse d'une éthique démocratique, ayant pour principal objectif de garantir la pleine et effective participation des personnes handicapées à la société (art.1). Cette participation dont font mention plusieurs articles de la CDPH, s'appuyant sur la prise de parole et l'engagement civique et politique des personnes en situation de handicap, apparaît comme une condition essentielle de l'exercice de la citoyenneté. «Les instances de délibération sociale et publique, et les processus de délibération démocratique deviennent ainsi, à la fois la fin et le moyen d'un vivre ensemble humanisé et démocratique» (Hudon, Tremblay, 2016, p. 67).

Comme mentionné précédemment, l'application de la CDPH suppose une transformation des rapports entre l'État et les personnes en situation de handicap. Une éthique de la citoyenneté démocratique exige la mise en place de conditions sociopolitiques afin que les personnes en situation de handicap puissent affirmer et exercer leur autonomie et leur indépendance. Les États Parties doivent faire en sorte que leur personnalité juridique soit reconnue et doivent mettre à leur disposition les moyens leur permettant de prendre les décisions qui les concernent et qui leur sont nécessaires pour exercer pleinement leurs droits (art.12). La CDPH engage également les États Parties à promouvoir activement un environnement favorable à leur participation politique et exige qu'ils prennent les mesures appropriées pour que les personnes en situation de handicap et les associations qui les représentent participent aux élections, à la vie politique et à la conduite des affaires publiques et qu'elles développent leurs compétences et leur capacités de représentation et d'action politique, sur la base de l'égalité avec toute autre personne (art. 29).

Aux articles 33 à 40, la CDPH prévoit et définit des mécanismes d'implantation et de suivi qui donnent une plus grande effectivité à la participation sociale, politique et démocratique des personnes en situation de handicap et des groupes qui les représentent.

La participation démocratique n'est pas le fait que d'individus isolés, elle se déploie et s'affermit au sein de groupes et d'associations. La CDPH considère que le mouvement des personnes en situation de handicap a contribué à la reconnaissance de leurs droits, participe à accroître leur visibilité, leur légitimité et soutient leur participation politique et démocratique.

> *«La convention a pour effet la reconnaissance officielle du mouvement des personnes ayant des incapacités comme un acteur sociopolitique luttant contre les inégalités sociales systémiques participant au processus historique de leur exclusion sociale»* (Boucher, 2011 p.25).

Pour Touraine (1994), l'essence de la démocratie permet à tous les citoyennes et les citoyens d'accéder au pouvoir et «de vivre dans le plus grand nombre de temps et d'espaces possible, de remplacer le monopole de la raison, de l'histoire ou de la nation par le dialogue des individus et des cultures» (p. 263). Il rappelle que «toute pensée démocratique cherche à donner l'avantage au bas sur le haut, à la majorité du peuple sur les élites dominantes» et cela le conduit «à définir la démocratie comme une culture, plus encore que comme un ensemble de procédures et d'institutions» (idem, ibid., p.264).

Comme on l'a vu précédemment, les droits et la citoyenneté entretiennent des liens étroits avec la démocratie. Une éthique démocratique repose d'une part sur la participation active et l'engagement des citoyennes et des citoyens et d'autre part, sur la disponibilité de lieux de parole et d'exercice du pouvoir qui leur permettent de délibérer et de participer aux décisions publiques, au profit des intérêts communs. La démocratie est par essence délibérative ; par le débat public et politique, elle recherche le bien commun, tout en protégeant les libertés individuelles, et tente de résoudre les tensions entre les intérêts collectifs et personnels. Elle substitue la joute oratoire à la lutte armée. La démocratie délibérative requiert des citoyennes et des citoyens qu'ils détiennent des compétences, et aient acquis des «attitudes délibératives» bien ancrées, qui leur permettent d'exercer leurs responsabilités à cet égard (Englund, 2006).

Entre la société civile et l'État existe ainsi un espace public, dans lequel la diversité des points de vue alimente le débat public. Pour Habermas (2006), les institutions démocratiques doivent : a) protéger également, par un système de lois, les individus et leurs libertés, b) assurer la participation libre et égalitaire aux affaires publiques de la plus grande diversité des intérêts des citoyennes et des citoyens, et c) assurer la contribution de la société civile à la construction de l'opinion publique par le biais de la délibération politique au sein de la sphère publique.

> «*Ainsi la démocratie, qui exige à la fois consensus et conflictualité, est bien plus encore que l'exercice de la souveraineté du peuple. C'est un système complexe d'organisation et de civilisations politiques qui nourrit (en s'en nourrissant) l'autonomie d'esprit des individus, leur diversité d'opinion et d'expression, et l'idéal trinitaire Liberté, Égalité, Fraternité*» (Edgar Morin, 1993, p.133).

Une éthique de la compassion

Finalement, une éthique générale de la citoyenneté ne peut être conçue sans considérer ce qui crée des liens sociaux et nous incite à l'action, afin d'abolir les obstacles à l'exercice des droits de tout être ou de tout groupe de personnes partageant notre humanité.

L'article 1 de la Déclaration universelle des droits de l'homme, affirme les principes de liberté et d'égale dignité en droits de tous les êtres humains, reconnaît qu'ils sont doués de raison et de conscience et précise qu'ils «doivent agir les uns avec les autres dans un esprit de fraternité». Au deuxième alinéa de l'article 26 portant sur le droit à l'éducation, la Déclaration universelle des droits de l'homme en précise clairement le but, affirmant que :

> «*L'éducation doit viser au plein épanouissement de la personnalité humaine et au renforcement du respect des droits de l'homme et des libertés fondamentales. Elle doit favoriser la compréhension, la tolérance et l'amitié entre toutes les nations et tous les groupes raciaux ou religieux, ainsi que le développement des activités des Nations Unies pour le maintien de la paix*» (art. 26, al. 2).

Nous inspirant de travaux et de réflexions sur le lien social (Corcuff, 2005), mais plus particulièrement de l'ouvrage sur «les émotions démocratiques» de Martha Nussbaum (2011), nous suggérons d'envisager la compassion humaine, comme une nécessité incontournable du vivre ensemble et un enjeu majeur de l'éducation citoyenne. «Comme Gandhi, nous devons donc interroger profondément la psychologie de l'individu, en nous demandant ce qu'il est possible de faire pour aider la compassion et l'empathie à remporter le combat contre la peur et la haine» (Nussbaum, p. 59). Telles qu'elles sont évoquées dans la Déclaration universelle des droits de l'homme et dans la CDPH, les notions de fraternité, de famille humaine, d'amitié, de solidarité pour le développement de la personne, le respect des droits de tout être humain et la protection de la paix entre les Nations et dans le monde nous apparaissent comme les ferments d'un monde plus juste et égalitaire.

La compassion, comme l'empathie et la sympathie, nourrit la conscience de soi et l'attention aux autres, ainsi que le respect et le souci de notre commune humanité. La compassion, de surcroît, alimente une impulsion, un désir d'agir afin de réduire l'inconfort ou la souffrance de l'autre : «toute notre humanité est proportionnelle à celle que nous reconnaissons aux autres» (Lamoureux, 1996, p.189). Au plan éthique et sociologique, cela conduit à passer du «je» au «nous» ; la compassion inspire le désir de réduire les injustices, de vivre ensemble en toute égalité, harmonieusement, dans la Cité, en assumant la responsabilité du «bien commun» (Petrella, 2007, Lamoureux, 1996). La compassion, comme l'amour, entretiennent des liens étroits avec la justice et la démocratie, et peuvent être envisagées sous l'angle de compétences citoyennes (Boltanski, 2011).

Selon Corcuff (2005), la compassion bouscule le rapport entre dominant et dominé. Ce type d'analyse du lien social élargit notre compréhension de ce qui nous relie les uns aux autres et de ce qui fait que «des personnes tiennent les unes avec les autres» pour «faire société» (Corcuff, 2005, p.129).

«Une seule fierté m'habite» nous dit Alexandre Jollien «être un homme avec des droits et des devoirs égaux, partager la même condition, ses souffrances, ses joies, son exigence» (1999, p. 35). Une éthique de la compassion, de la fraternité ou de la solidarité est donc une «éthique inclusive, qui considère la citoyenneté dans son

23

caractère identitaire où le bien commun devient la source, l'inspiration et la référence partagée d'affiliation, d'appartenance et de socialisation politique» (Hudon, Tremblay, 2016, p.67).

Un réseau francophone pour la promotion des droits

Depuis son adoption, plusieurs associations internationales et nationales, des institutions publiques, des professionnels et des équipes de recherche se sont penchés sur la CDPH, afin d'en comprendre la portée et les enjeux, de contribuer à son implantation et aux mesures de suivi. Ce nouvel outil international a donné lieu à une série de congrès, de conférences, de séminaires et de publications. Le présent volume est issu de conférences et de débats menés dans le cadre de congrès de l'Association Internationale de Recherche scientifique en faveur des personnes Handicapées Mentales (AIRHM), et des travaux d'un réseau francophone de recherches-action menées par les délégations membres du Programme international d'éducation à la citoyenneté démocratique (PIECD) par, pour et avec des personnes ayant un handicap, programme auquel feront référence plusieurs auteurs.

Ainsi, cet ouvrage, inscrit dans la foulée de la CDPH, réunit une vingtaine d'auteurs et regroupe douze textes portant sur l'évolution des droits, la participation, la prise de parole et l'engagement citoyen des personnes en situation de handicap. Les chapitres sont regroupés en deux sections, la première section illustre l'évolution de l'approche par les droits et attire notre attention sur les nécessaires changements législatifs, sociaux et politiques qui ont précédé ou suivi l'adoption et l'implantation de la CDPH. Cette première partie regroupe quatre chapitres portant sur les mécanismes étatiques de suivi de la CDPH et la contribution d'organismes de la société civile et du mouvement social des personnes en situation de handicap à l'évolution des droits et au suivi de la mise en oeuvre de la CDPH.

La seconde partie de l'ouvrage propose et analyse des expériences locales, de recherche et d'action, fondées sur l'engagement et l'implication des personnes concernées et montre la nécessaire transformation des rapports de pouvoir entre les personnes en situation de handicap et les organismes qui les représentent, avec les milieux de la recherche et de l'intervention. Dans cette partie, on retrouve huit chapitres, présentant des expériences de recherche et d'action, fondées sur la participation, la prise de parole, l'engagement citoyen et visant l'exercice des droits et l'émancipation des personnes en situation de handicap.

L'implantation de la CDPH requiert, d'une part, la transformation des systèmes de gouvernance, des modalités législatives d'encadrement et des politiques concernant l'exercice des droits des personnes en situation de handicap et d'autre part, elle requiert la participation et l'engagement des personnes, de la société civile et de l'ensemble des citoyennes et des citoyens. Le présent ouvrage explore et expose comment ces deux courants se rencontrent, dans l'implantation et le suivi de la CDPH.

L'évolution de l'encadrement législatif, social, et culturel pour l'exercice des droits

Les chapitres d'une première section concernent l'impact de la Déclaration universelle des droits de l'homme et de la Convention de l'ONU relative aux droits des personnes handicapées sur la transformation des lois, des politiques et des programmations nationales. On verra qu'il y a encore un long chemin à parcourir avant que les droits des personnes en situation de handicap soient pleinement reconnus et qu'elles puissent exercer leur citoyenneté à part entière. Cette première partie montre aussi comment l'émancipation des personnes conquiert sa légitimité à travers un ensemble de lois relevant des États. La CDPH apporte un éclairage nouveau sur la relation entre l'État et les personnes en situation de handicap, en proposant un système cohérent d'obligations, de responsabilités et d'engagements des États Parties signataires de la CDPH.

Dans le premier chapitre, Philippe Miet retrace la genèse de la CDPH, et présente divers mécanismes internationaux, européens et français de suivi de la CDPH. Au niveau international, tel que promulgué par l'article 34 de la CDPH, le Comité des droits des personnes handicapées, composé d'experts désignés par les États Parties, signataires de la CDPH, reçoit de chaque État un rapport détaillé sur les mesures prises et les progrès accomplis vis-à-vis des obligations prévues par la CDPH. En 2015, en réponse au rapport déposé par l'Union européenne, le Comité suggérait, notamment, à

> *l'Union européenne d'effectuer une révision transversale exhaustive de sa législation afin de s'assurer de sa complète conformité avec les dispositions de la Convention, et de faire participer activement des organisations représentatives des personnes handicapées et des institutions indépendantes de défense des droits de l'homme à ce processus*».

Concernant la France, malgré les avancées promises avec l'adoption de la loi du 11 février 2005, et malgré les mécanismes et mesures mis en place pour assurer l'implantation de la CDPH, elle n'a déposé son rapport initial au Comité qu'en mars 2016. Philippe Miet, dans son article, fait la démonstration qu'il y a encore des écarts importants entre la situation actuelle en France et la conformité avec les exigences de la CDPH.

Les deuxième et troisième chapitres, qui nous emmènent au Canada et au Québec, proposent une lecture historique et sociologique de l'évolution et de la reconnaissance des droits des personnes en situation de handicap. Dans le deuxième chapitre, Normand Boucher, Paula Pinto et Mihaela Dinca-Paneteiscu, s'inscrivent dans un courant émergent d'analyse sociologique, qui s'intéresse à l'exercice des droits humains des personnes ayant des incapacités. Ils présentent les résultats d'une enquête menée auprès de personnes ayant un handicap, enquête qui montre l'écart entre l'expérience vécue et les engagements prévus dans la CDPH, et identifie les barrières attitudinales et environnementales limitant la participation et l'exercice de leurs droits. Ce nouveau courant d'analyse sociologique, selon les auteurs, contribue à une meilleure compréhension des relations de pouvoirs entre les personnes ayant des incapacités, la société civile et l'État, et met en lumière le rôle et l'influence du mouvement de défense des droits des personnes.

> *«Cela montre le besoin de poursuivre l'exploration de ces rapports afin de pousser plus avant la compréhension des liens entre les droits humains, le mouvement de défense des droits et le changement social, de l'individu et de la société, et par conséquent, de donner une portée sociologique à l'égard du discours et des pratiques actuels en matière de droits humains».*

Le troisième chapitre, rédigé par Lucia Ferretti, propose une lecture historique du rôle qu'a joué au Québec une institution de la société civile, le Conseil du Québec de l'enfance exceptionnelle (CQEE), pour la reconnaissance progressive des droits d'enfants et de jeunes ayant une déficience intellectuelle. On y fait une démonstration éloquente du long processus impliquant plusieurs groupes d'acteurs intéressés, rassemblés au sein du CQEE. Ce processus a présidé, à partir des années soixante jusqu'à l'adoption par le Gouvernement du Québec, en 1977, de sa *«Loi assurant l'exercice des droits des personnes handicapées»*, à la transformation des politiques, des programmes publics et institutionnels et des pratiques professionnelles concernant ces enfants et ces jeunes.

> *«Ainsi, dès les années 1960, le CQEE a joué un rôle pour contrer les préjugés, aider les parents à faire face à la société, soutenir les associations de parents, créer une culture commune aux familles, aux intervenants, aux chercheurs et aux fonctionnaires, développer au sein des divers ministères québécois concernés le sens de leur responsabilité face aux jeunes présentant une déficience intellectuelle et, plus globalement, pour favoriser l'intégration sociale de ces jeunes et promouvoir leurs droits. À partir du milieu des années 1970, tout ce travail commence à*

porter fruit, d'autant plus que la conjoncture internationale pousse elle aussi, comme on l'a vu, dans le sens de la reconnaissance des droits».

Priscille Geiser, au chapitre quatre, présente les travaux d'une organisation internationale non gouvernementale (OING), Handicap International (organisation ayant maintenant pris le nom Humanité et Inclusion), qui a développé un cadre d'action « Accès aux Services », afin d'accélérer les réformes nécessaires à la mise en œuvre des principes et orientations stratégiques de la CDPH. Conçu pour les équipes nationales de Handicap International, cet outil propose un modèle d'analyse systémique permettant de prioriser leurs interventions et d'identifier «des stratégies pertinentes, les plus pérennes possible en fonction du contexte, en réponse aux besoins réels des personnes handicapées, et dans le respect de leur dignité et droits fondamentaux». L'accès des personnes handicapées aux services (eau, éducation, santé, emploi, etc.) est indispensable à la jouissance effective de leurs droits. Cet accès est conditionné par le bon fonctionnement de systèmes de services qui se doivent d'être inclusifs et accessibles à tous.

En contexte de développement, les analyses de ces systèmes sont souvent absentes, insuffisantes ou partielles. Le modèle social et écologique du handicap et la complexité des systèmes de services ont poussé Handicap International à développer son cadre «Accès aux services», reposant sur des analyses simples, mais exhaustives, afin d'aider les pays à revenus faibles et intermédiaires à concevoir, développer et évaluer le fonctionnement d'un système de services efficace et inclusif. Le cadre de Handicap International, issu de l'analyse de plusieurs outils internationaux concernant le suivi et l'évaluation d'implantation de la CDPH, précise les rôles et fonctions des différents groupes d'acteurs (acteurs politiques/ décideurs, prestataires de services, société civile dans son rôle double d'usager et de citoyen), cherche à identifier et à réduire les obstacles et vise à renforcer les capacités des parties prenantes à assumer leurs responsabilités au sein d'un système inclusif.

> «*L'association s'inscrit ainsi, en tant qu'acteur de la solidarité internationale, dans une démarche citoyenne, convaincue que l'émancipation des personnes handicapées requiert aussi, au niveau international, un dialogue public constant et sans cesse renouvelé*».

Pratiques innovantes de recherche et d'action pour la prise de parole et l'exercice de la citoyenneté

La deuxième partie de ce volume, rédigée par quatorze auteurs, porte sur des expériences de recherche ou d'action, ayant procuré à des personnes en situation de handicap l'occasion de prendre la parole, de faire valoir leur point de vue, de développer leurs compétences civiques et politiques ou de s'engager dans leur groupe ou leur communauté. La plupart de ces projets ayant une visée émancipatoire ont été conçus et réalisés à la demande et avec des personnes en situation de handicap.

Plusieurs auteurs de cette deuxième section font mention du PIECD (Tremblay, 2009b, 2011) qui est un programme inspiré des travaux du Conseil de l'Europe sur l'éducation à la citoyenneté démocratique (Birzea, 1996). Le PIECD a pour objectifs de soutenir le processus de familiarisation et d'appropriation des droits (éducation aux droits), de développer des compétences requises afin de participer aux débats publics (éducation civique) et de réaliser des activités susceptibles d'accroître l'exercice des droits et responsabilités démocratiques (éducation à la citoyenneté démocratique). Au fil des ans, la programmation du PIECD, fondée sur la prise de parole, l'approche par les droits et la recherche émancipatoire, s'est développée autour d'une activité-phare que sont les séminaires internationaux, séminaires qui réunissent des personnes en situation de handicap et des personnes du milieu de la recherche et de l'intervention, en provenance de la Belgique, de la France, du Luxembourg et du Québec. Outre les nombreuses conférences, les ateliers et en sus du développement d'une formation universitaire pour l'émancipation pour, par et avec des personnes en situation de handicap, des projets de recherche-action ont été pris en charge par les délégations régionales du PIECD, et certains de ces projets sont présentés dans cette deuxième partie.

Les prochains chapitres abordent différentes catégories de droits, comme le droit au travail, le droit à la vie affective et sexuelle, le droit d'habiter la Cité, mais tous insistent sur le droit de parole, la participation citoyenne ou politique des personnes en situation de handicap.

Le cinquième chapitre, sous la plume de Martine Dutoit et Marie-Claude Saint Pé, fait état d'une série de projets de recherche-action, réalisés par des associations de personnes en situation de handicap mental ou psychique, regroupées au sein du Collectif Urbanités, à Paris, visant spécifiquement le droit à la citoyenneté, «le droit de cité, et d'être citée». Visant l'«*empowerment*», soit la réappropriation individuelle et collective du pouvoir d'agir et d'exercer ses droits, s'inspirant de la pédagogie émancipatrice, notamment de Paulo Freire, leur approche permet de se libérer de ce qui nous aliène, chez soi ou chez les autres, de se débarrasser d'étiquettes invalidantes et de transformer nos rapports sociaux et politiques. Leurs différents projets, dans une perspective de socialisation politique, misent sur la prise de parole, le partage et le soutien du groupe, et recourent à l'action collective, pour accroître l'émancipation, développer les compétences civiques, promouvoir les droits individuels et collectifs. Le soutien des pairs, l'approche de «*pair advocacy*», et la construction de rapports égalitaires, font parties des approches et des orientations explorées et valorisées par les personnes dans le cadre des projets rapportés.

> «*Les situations les plus propices à l'émancipation sont ainsi celles qui échappent aux programmations. Il s'agit de proposer un cadre où l'on agit ensemble pour que l'expérimentation, les apprentissages conjoints soient possibles [...] Il s'agit d'un processus de reconnaissance mutuelle et d'interdépendance nécessaire, dont il faut créer les conditions*

d'émergence. S'interroger sur ces conditions d'émergence, c'est interroger la citoyenneté, interroger les façons de vivre ensemble et de faire société aujourd'hui (Jaeger, 2012)».

Dans le cadre du PIECD, l'un des premiers chantiers thématiques, créé à la demande des membres, fut celui portant sur les «droits sexuels». C'est un droit, malheureusement souvent occulté ou négligé. L'exercice des droits «à l'éducation à la sexualité, à l'activité sexuelle consentie, à l'intimité, à la vie de couple, au contrôle des naissances, à la parentalité, à l'orientation sexuelle» est trop souvent entravé ou négligé par les institutions et les programmes publics (Dupras, 2011, p. 3). Alors que la CDPH prévoit à l'article 23, portant sur le «respect du domicile et de la vie familiale», le droit de se marier, de fonder une famille, d'avoir le nombre d'enfants désirés, d'avoir accès à l'éducation en matière de procréation et de planification familiale, d'avoir accès à des mesures de soutien aux familles, il semble que l'ensemble de ces droits soient négligés et peu connus des institutions, des professionnels et des personnes en situation de handicap.

Le sixième chapitre, rédigé par Cyrielle Richard, survole dans un premier temps les textes de loi internationaux et français, portant sur les droits à la vie privée et familiale. Elle présente les démarches entreprises dans un foyer d'accueil médicalisé et occupationnel de Bourgogne, afin de permettre aux résidents ayant une déficience intellectuelle d'avoir accès aux informations concernant leurs droits à une vie affective et familiale, de comprendre ces droits ainsi que leurs possibilités d'actions. Elle expose les résultats d'une recherche-action portant sur un processus d'appropriation des droits à la vie privée et familiale auprès de personnes résidentes et d'intervenants. Ses résultats soulignent la méconnaissance qu'ont les personnes et le personnel de ces droits et confirment la pertinence d'informer et de former les personnes ayant une déficience intellectuelle, ainsi que le personnel afin accroître l'autonomie et l'autodétermination des personnes et transformer les attitudes des intervenantes et des intervenants.

Le septième chapitre porte sur la reconnaissance du statut de travailleur et l'exercice des droits du travail, par le biais de la participation au conseil des salariés handicapés d'un atelier protégé du Grand-Duché de Luxembourg. Tarik Guénane, dans cet article, nous fait part du processus de création et de l'évolution de ce conseil, qui a contribué à la transformation des relations entre les personnes en situation de handicap, les professionnels et l'institution. Cette expérience a permis aux personnes de développer leurs compétences citoyennes pour la prise de parole, la promotion de leurs droits, la représentation de leurs intérêts, la négociation, la conciliation et la résolution de conflits. S'appuyant sur le droit à la participation, notamment dans le domaine du travail, l'évaluation de l'expérience révèle que la participation au conseil des salariés, créé en marge des dispositions législatives du Grand-Duché de Luxembourg, contribue à la valorisation des rôles sociaux et à la transformation des représentations sociales du handicap dans l'environnement des personnes handicapées.

> *«Si à l'origine du projet des doutes subsistaient quant à la capacité de nos salariés à se présenter, à voter et à représenter leurs pairs au sein d'un conseil, l'expérience menée depuis cinq ans nous permet de constater l'étendue des possibilités qu'offre le conseil des salariés handicapés dans un environnement aménagé et adapté aux particularités de ses membres».*

La participation sociale et politique des personnes en situation de handicap et des groupes qui les représentent, constitue un enjeu majeur de la CDPH, comme le précise l'article 29, relatif à la vie politique et à la vie publique. En Suisse, comme dans plusieurs pays francophones, des mécanismes ont été institués et des espaces d'expression se sont multipliés au sein d'institutions publiques, afin de permettre à des personnes en situation de handicap d'échanger sur leurs situations respectives ou communes, d'établir un dialogue avec les dirigeants et de participer, dans certains cas, au processus de décisions les concernant. Dans le huitième chapitre, Manon Masse, Yves Dellessert et Maëlle Dubath, rendent compte d'une recherche-action, menée pendant trois ans, dans un premier temps auprès de 47 institutions en Suisse romande, puis en second lieu avec une douzaine de groupes d'expression, dans quatre établissements pour des adultes ayant une déficience intellectuelle. Les chercheurs ont observé et analysé ces groupes afin de repérer, parmi diverses formes d'espaces de parole, quelles sont les formes les plus aptes à favoriser l'«*empowerment*» communautaire ou collectif. Il s'agit de rechercher les conditions et les caractéristiques de ces groupes qui permettent aux membres de développer des compétences citoyennes et de dépasser leurs intérêts individuels. Les participantes et les participants peuvent alors convenir ensemble d'intérêts communs et accéder à la représentation légitime et à la défense auprès de tiers, des intérêts collectifs. Malgré certaines réserves des auteurs, à l'effet notamment que les sujets débattus au sein des groupes, sont généralement limités par les frontières de l'institution, les auteurs concluent que, de manière générale, les groupes d'expression contribuent au développement des compétences d'expression et de participation sociale des personnes, et pourraient offrir un tremplin vers l'espace public, vers la Cité, mais :

> «*Il faudrait qu'existe également des accompagnements qui favorisent le développement des compétences communicationnelles de chacun, afin qu'un plus grand nombre puisse y avoir accès et y participer activement. De plus, il apparaît indispensable que ces groupes s'ouvrent sur l'extérieur afin qu'ils ne contribuent pas à enfermer la population dans les murs clos de l'institution, mais au contraire contribuent à une participation sociale élargie*».

Au neuvième chapitre, Agnès d'Arripe, Cédric Routier, Céline Lefebvre et Jean-Philippe Cobbaut rapportent les premières conclusions d'une recherche-action émancipatoire, portant sur la participation sociale, réalisée à la demande et avec les membres de la «section des usagers» d'une institution pour personnes ayant une déficience intellectuelle du Pas-de-Calais. Créé en 2004, au retour d'un voyage au Québec, ce groupe qui fait partie des membres fondateurs du PIECD, s'est donné pour mission de :

> «donner une autre image du handicap mental, de changer le regard des gens, de lever les barrières, de montrer qu'ils sont comme tout le monde, de pouvoir prendre la parole et s'exprimer, de sensibiliser tout le monde à leurs capacités, de défendre les droits des usagers pour aujourd'hui et pour demain».

C'est à compter de 2008 que des chercheurs de l'Université catholique de Lille se sont joints au groupe, afin de soutenir la section dans la réalisation de ses activités et pour mieux comprendre les «conditions de soutien et de développement de la participation citoyenne». Pour ce faire, ils ont retenu comme méthodologie l'observation participante, pour voir les choses de l'intérieur, et ils ont participé aux réunions de la section et ensuite analysé, avec les membres de la section, leurs communications et leurs interactions au sein du groupe, en visionnant les enregistrements audiovisuels de leurs rencontres (méthode de l'autoconfrontation de Mollo et Falzon, 2004). Ainsi, un savoir partagé, coconstruit et issu du croisement des regards et des expertises, met en lumière les obstacles et les conditions de réussite de leur travail commun.

Les résultats de leur recherche-action confirment le rôle que joue la section des usagers dans le développement des capabilités et des compétences citoyennes des membres. D'autre part, les auteurs ont pu observer que leur participation en tant que chercheuses et chercheurs, a transformé leurs propres représentations du handicap et des personnes ayant une déficience intellectuelle, et qu'

> «un déplacement progressif vers une forme d'engagement qui nous amène à abandonner de plus en plus la neutralité bienveillante et externe que nous voulions adopter dans un premier temps, pour une implication dans une relation qui est également soutenante, mais non paternaliste».

Ils ont également recueilli les commentaires d'intervenantes et d'intervenants qui ont modifié leurs perceptions et leurs attentes envers les personnes ayant une déficience intellectuelle. Ainsi, la rencontre, la communication, le dialogue et le travail en commun de tous les acteurs concernés alimentent la transformation réciproque et mutuelle des représentations sociales et l'émancipation des personnes en situation de handicap.

La CDPH, à l'article 31, fait appel à la recherche et exige des États Parties qu'ils «s'engagent à recueillir des informations appropriées, y compris des données statistiques et résultats de recherches, qui leur permettent de formuler et d'appliquer des politiques visant à donner effet à la présente Convention». La recherche avec des personnes en situation de handicap requiert d'adapter les méthodes et techniques de cueillette de données aux besoins et aux caractéristiques des différentes populations de personnes handicapées. Sébastien Fontaine, au chapitre 10, déplore que pour des raisons principalement techniques et logistiques, les personnes handicapées, et les personnes sourdes plus particulièrement, soient généralement exclues des enquêtes d'opinion.

L'auteur expose dans son chapitre de nouvelles techniques adaptées, rendant possibles les enquêtes d'opinion auprès des personnes sourdes. Grâce notamment à un nouveau type de questionnaire électronique, intégrant la langue des signes en vidéos, il a pu réaliser un sondage auprès d'elles. Il présente et évalue les techniques utilisées pour réaliser deux enquêtes adaptées soit une enquête dite "généraliste" qui, pour la première fois, proposait un mode de passation adapté aux personnes sourdes. Ces adaptations leur ont permis de participer comme n'importe quelle autre personne, afin de diminuer les biais de ce type d'enquêtes généralistes et de lutter contre une discrimination méconnue et sous-estimée, à l'égard des personnes sourdes. Une deuxième enquête dite "satellite" a permis de comparer les sous-populations sourde et entendante, sur de nombreux indicateurs mesurant la citoyenneté et l'évaluation de la démocratie, en Belgique francophone.

Au chapitre onze, le positionnement de Mouloud Boukala, qu'il qualifie lui-même d'engagé «dans une ethnographie critique aux côté des premiers intéressés», présente l'autoportrait, sous forme de réalisation audiovisuelle, de deux jeunes, étudiant à l'Université du Québec à Montréal, qui témoignent de leur situation, de leur cheminement, des victoires et des obstacles qu'ils ont rencontrées sur leur parcours, pour acquérir et exercer leurs droits de citoyenne et de citoyen, à part égale. L'auteur et ses partenaires envisagent le recours au cinéma «non pas comme une illustration d'un handicap, mais comme un mode de connaissance capable de rendre compte d'énonciations citoyennes, de difficultés liées à l'accessibilité physique, culturelle, sportive et médiatique», qui permet aux personnes d'élaborer et de présenter un discours sur soi, sur son identité et ses aspirations sociales et citoyennes.

> «*Isabelle et Jean s'énoncent : ils formulent une compréhension de soi, qui procède dans le cas d'Isabelle, d'une injonction indirecte aux pouvoirs publics (notamment à l'agence métropolitaine des transports); dans le cas de Jean, d'une reconquête de soi et d'une identité recouvrée. Ce faisant, ces réalisations offrent l'opportunité à des citoyens de réviser leur passé, d'éclairer leur présent et de travailler leur avenir. Cette forme de représentation offre également la capacité à un individu d'inscrire son histoire personnelle dans une aventure collective et sociétale*».

Le dernier et douzième chapitre, rédigé par Viviane Guerdan, rapporte les résultats d'une recherche-action, au cours de laquelle six groupes de parole, réunissant un maximum de douze personnes ayant un handicap mental, recrutées dans plusieurs établissements de Suisse romande, ont participé à au moins une douzaine de séances, accompagnées de deux ou trois professionnels. Dans un contexte de transformations législatives et politiques concernant les personnes en situation de handicap, et considérant la ratification de la CDPH en Suisse, l'Association suisse d'aide aux personnes avec un handicap mental (ASA-Handicap mental), s'est engagée à former des personnes avec un handicap mental à leurs droits, à solliciter et à recueillir leur témoignages par le biais de groupes de parole et à leur demander de formuler et transmettre des recommandations et des propositions, visant la mise en œuvre de la CDPH.

Le contenu des rencontres a porté sur les articles de la CDPH présentés aux participants à partir d'une version « facile à comprendre », créée par le SISAHM et adaptée pour la Suisse par ASA-Handicap mental. Le projet a atteint ses objectifs et montre que les personnes ayant un handicap intellectuel tirent profit de l'apprentissage et de l'appropriation de leurs droits. Elles sont tout-à-fait capables de témoigner de leur situation, de l'évaluer, et de formuler des recommandations pour la promotion et l'exercice de leurs droits. Les groupes de parole ont ouvert la voie à l'exercice de la citoyenneté; les participants y ont développé leurs aptitudes à la communication, y ont expérimenté le dialogue et la délibération. Un autre effet bénéfique des groupes de parole est d'avoir suscité chez certains, ayant pris conscience de leur statut de citoyenne ou de citoyen, l'envie de poursuivre le travail et de s'impliquer au profit du bien commun.

Pour Viviane Guerdan, il est important de souligner que «la marche vers l'appropriation de leurs droits par les personnes et vers l'apprentissage de la citoyenneté est une affaire de responsabilités partagées», à commencer par les personnes avec un handicap qui prennent et assument la responsabilité de prendre la parole, d'exprimer leurs besoins et leurs désirs, de sensibiliser la société aux injustices qu'elles subissent, de faire reconnaître leurs droits et leur contribution économique, sociale, culturelle et politique. Les professionnels, de leur côté, ont des responsabilités, et doivent apprendre à «écouter les personnes, leur accorder une place d'interlocuteurs, stimuler leurs compétences, favoriser leur participation tant individuelle que collective». Quant aux associations, elles «sont là pour soutenir les personnes dans leur prise de parole et dans la défense et l'application de leurs droits».

Cet ouvrage est destiné aux personnes et aux groupes qui ont une préoccupation et un intérêt pour la promotion des droits des personnes en situation de handicap et souhaitent soutenir l'application et le suivi de la Convention de l'ONU relative aux droits des personnes handicapées. Nous avions pour but de faire le point sur certains aspects de l'exercice des droits des personnes ayant un handicap. Les rédactrices et rédacteurs des chapitres se sont penchés sur l'histoire et la situation des personnes ayant un handicap, concernant la reconnaissance de leurs droits universels, les obstacles à l'exercice de ces droits et ils ont expérimenté et proposé des stratégies et des pratiques innovantes visant à promouvoir les droits et l'exercice de la citoyenneté.

Nous avons porté une attention particulière à la contribution des personnes en situation de handicap et à celle de la société civile à l'application et au suivi de la Convention de l'ONU relative aux droits des personnes handicapées. Nous avons également montré que l'application de la CDPH requiert la transformation des rapports de pouvoir et la collaboration entre les groupes représentant les personnes en situation de handicap, les milieux de la recherche et de l'intervention. De nouvelles perspectives de recherche, d'action et de collaboration internationale s'ouvrent à nous, que nous saurons certainement explorer et exploiter ensemble.

Cette transformation des rapports entre État, société civile et personnes en situation de handicap, sur la base d'une éthique de la citoyenneté implique l'engagement de tous envers tous, que l'on soit en situation de handicap, que l'on soit parent ou encore associé au milieu de l'intervention ou à celui de la recherche. Cette éthique de la citoyenneté milite en faveur de la politisation du handicap en tant que représentation et construction sociale, balisée par des lois, des règlements et des politiques publiques. Cette transformation ne deviendra possible que si l'on acquiert individuellement et collectivement les compétences civiques nécessaires et que si l'on dispose des outils, des mécanismes et des espaces de parole et d'action, indispensables à l'exercice d'une citoyenneté réellement démocratique.

Une éthique générale de la citoyenneté interpelle une éthique de la reconnaissance, une éthique du dialogue et de la participation démocratique et une éthique de la compassion et de la solidarité. Comme le suggère Lacroix (2009), nous aspirons toutes et tous, à nous émanciper et à nous affranchir de toutes formes de préjugés, de contrainte, d'oppression, de domination qui font obstacle à notre développement et à une existence libre. L'émancipation entretient des liens étroits avec une démocratie garante de nos droits ; il s'agit d'une démocratie toujours en mouvance, sujette au changement et ouverte à la critique. «L'émancipation appelle donc aujourd'hui et demain, comme ce le fut hier, à un nouvel humanisme, à une nouvelle éthique de l'existence, de l'être, du rapport au monde. Elle est un devoir d'humanité» (Lacroix, 2009, p.303).

Références

Boltanski, L. (2011, 1ère édition, Métailié, 1990). *L'Amour et la Justice comme compétences*. Paris : Gallimard.

Boucher, N. (2003). Handicap, recherche et changement social. L'émergence du paradigme émancipatoire dans l'étude de l'exclusion sociale des personnes handicapées. *Lien social et Politiques*, 50, 147-164.

Boucher, N. (2005). La régulation sociopolitique du handicap au Québec. *Santé, société et solidarité*, 2, 145-154.

Boucher, N., Fiset, D., Pinto,P., Dinca-Panaitescu, M., Carpenter, S.,Killoran, I., Estey, S., Rioux, M. (2011). Droits humains des personnes ayant des incapacités : analyse comparative de l'utilisation des services en contexte ontarien et québécois. *Revue Développement humain, handicap et changement social*, 19, (2), 23-41.

Boukala, M., Pastinelli, M. (2016). Quêtes, luttes, parcours de la reconnaissance. Des théories de la reconnaissance aux pratiques médiatiques des acteurs. *Anthropologie et Sociétés*. 40 (1), 9-29.

Birzea, C. (1996). *Éducation à la citoyenneté.* Strasbourg, France : Conseil de l'Europe.

Cobbaut, J.-P., Tremblay, M., Mercier, M. (2018). La Convention de l'ONU relative aux droits des personnes handicapées. Un nouveau paradigme éthique et politique. Dans M. Mercier et R. Salbreux (dir.) *Éthiques et Handicaps.* Namur : Presses de l'Université de Namur. 123-141.

Conférence des États Parties à la Convention relative aux droits des personnes handicapées. (2018, onzième session). *Participation à la vie politique et reconnaissance de la personnalité juridique dans des conditions d'égalité. Note du Secrétariat.* Accès : https://undocs.org/fr/CRPD/CSP/2018/4

Corcuff, P. (2005). De la thématique du «lien social» à l'expérience de la compassion. Variété des liaisons et déliaisons sociales. *Pensée plurielle.* 1 (5) 119-129.

Cornwall, A., Nyamu Musembe, C. (2004). Putting the 'right-base approach', to developement into perspective. *Third World Quarterly.* 25 (8), 1415-1437.

De Munck, J. (2018). Réinventer la citoyenneté sociale. *Politique* (à paraître).

Dupras, A. (2011). *Les droits sexuels des personnes en situation de handicap.Montréal.* Conférence présentée au Séminaire sur les droits sexuels des personnes ayant un handicap dans le cadre de la Semaine Citoyenneté et handicap à l'UQAM.

Ébersold, S. (2002). Le champ du handicap, ses enjeux, ses mutations. Du désavantage à la participation sociale. *Análise Psicológica.* 3(XX). 281-290.

Ebersold, S. (2010). Idéologie de la réussite, réinvention des institutions et reconfiguration du handicap. *ALTER-European Journal of Disability Research.* 4, (318-328).

Englund, T. (2006). Deliberative Communication: A Pragmatist Proposal. *Journal of Curriculum Studies, 38*(5), 503-520.

Frankovitz, A. (2006). *L'approche fondée sur les droits de l'homme et le système des Nations Unies.Étude documentaire.* Paris : Organisation des Nations Unies pour l'éducation, la science et la culture (UNESCO).

Guerdan, V., Petitpierre, G., Moulin, J.-P. et Haelewyck, M.-C. (éds) (2009). *Participation et responsabilités sociales. Un nouveau paradigme pour l'inclusion des personnes avec une déficience intellectuelle.* Berne : Peter Lang.

Godbout, J.T., en collaboration avec Caillé, A. (1992), *L'esprit du don.* Paris : La Découverte.

Habermas, J. (2006). Political communication in Media Society : Does Democracy Still Enjoy an Epistemic Dimension? The Impact of Normative Theory on Empirical Research. *Communication Theory,* 16, 411-426.

Haut-Commissariat des Nations Unies aux Droits de l'Homme, (2006). *Questions fréquentes au sujet d'une approche de la coopération pour le développement fondée sur les droits de l'homme.* New York et Genève : Nations Unies.

Honneth, A. (2004). La théorie de la reconnaissance : une esquisse. *Revue du MAUSS,* 1(23), 133-136.

Hudon, I., Tremblay, M. (2016). La reconnaissance comme fondement d'une éthique de la participation citoyenne des personnes en situation de handicap. *Nouvelles pratiques sociales.* 28(2) 55-69.

Jaeger, M. (dir.). (2012). *Usagers ou Citoyens? De l'usage des catégories en action sociale et médico-sociale.* Paris : Dunod.

Jollien, A. (1999). *Le métier d'homme.* Paris : Seuil.

Kuhn, T. S. (1983, 1re éd. 1962). *La structure des révolutions scientifiques.* Paris : Editions Flammarion.

Lacroix, J.-G. (2009). Pour une nouvelle éthique de l'émancipation, dans : Tremblay, G. (éd) *L'émancipation, hier et ajourd'hui : perspectives françaises et québécoises.* Québec : Presses de l'Université du Québec.

Lamoureux, H. (1996). *Le citoyen responsable. L'éthique de l'engagement social.* Montréal : VLB.

Mladenov, T. (2013). The UN Convention on the rights of persons with disabilities and its interpretation. *ALTER, European Journal of Disability Research,* 7, 69-82.

Maheu, L. (1991). Nouveaux mouvements sociaux, mouvement syndical et démocratie. *Les pratiques sociales au Québec.* 4 (1), 121-132

Mercier, M., Bazier, G. (2004). Droits des personnes déficientes mentales et changement de paradigme dans l'intervention. *Revue francophone de la déficience intellectuelle.* 15 (1), 125-131.

Mollo, V. et Falzon, P. (2004). Auto- and allo-confrontation as tools for reflective activities. *Applied Ergonomics,* 35(6), 531-540.

Morin, E., Kern, A.B. (1993). *Terre-Patrie.* Paris : Seuil.

Nations Unies. (2018). *L'ONU et les droits de l'homme.* Page recueillie en août 2018, sur le site des Nations Unies. Accès : http://www.un.org/fr/rights/overview/law.shtml

Nussbaum, M. (2011). *Les émotions démocratiques: Comment former le citoyen du XXIè siècle.* Paris: Flammarion.

Petrella, R. (2007). *Pour une nouvelle narration du monde.* Montréal : Écosociété.

Touraine, A. (1994). *Qu'est-ce que la démocratie ?* Paris : Fayard.

Tremblay, M. (2009a). La participation citoyenne, l'engagement civique et l'efficacité politique de personnes membres de comités des usagers ou d'associations (santé mentale, déficience intellectuelle, déficience physique). *Recherches en communication,* 32, 119-133.

Tremblay, M. (2009b). Programme international d'éducation à la citoyenneté démocratique avec les personnes présentant une déficience intellectuelle. Historique et enjeux. In V. Guerdan, G. Petitpierre, J.-P. Moulin et M.-C. Haelewyck (Éds). *Participation et responsabilités sociales. Un nouveau paradigme pour l'inclusion des personnes avec une déficience intellectuelle.* Berne, Suisse: Peter Lang. (184-190).

Tremblay, M. (2011). Le mouvement d'émancipation des personnes ayant des limitations fonctionnelles : de la reconnaissance des droits à la participation citoyenne. *Revue Développement humain, handicap et changement social.* 19(2),7-22.

United Nation Enable Newsletter, février-mars 2018. Accès : https://www.un.org/development/desa/disabilities/resources/united-nations-enable-newsletter.html.

Première section

L'évolution de l'encadrement législatif, social et culturel pour l'exercice des droits des personnes en situation de handicap

1

À tout petits pas vers une approche fondée sur les droits de l'homme en France…?

Philippe Miet

Ex-délégué général du Conseil français des personnes handicapées pour les questions européennes (CFHE)

Le 13 décembre 2006, la Convention des Nations Unies relative aux droits des personnes handicapées (CDPH) était adoptée à l'unanimité par l'Assemblée générale des Nations Unies. Pourquoi avoir écrit une Convention internationale spécifique, spéciale, pour les personnes handicapées? Telle était la question très souvent posée à l'époque. Que pouvait-elle apporter de plus d'un point de vue juridique, politique, pratique, que la loi du 11 février 2005 en France? Dix ans après, quel bilan peut-on en faire?

Cette Convention constitue désormais en Europe, le socle commun, le texte de base, la référence, pour tous les règlements, les lois, les politiques et les plaidoyers en matière de handicap. Pour les pays qui l'ont ratifiée, l'obligation d'application et de mise en œuvre de la CDPH est un engagement formel des gouvernements vis-à-vis des personnes handicapées. La CDPH est également un instrument qui permet de revisiter nombre de politiques, de dispositifs et de pratiques avec une approche qui s'appuie sur l'exercice des droits et des libertés dans le cadre du droit commun. En France, jamais cette approche fondée sur les droits de l'homme n'a été réellement mise de l'avant.

À un moment où certains remettent en question les droits fondamentaux des citoyens (bien au-delà des seules personnes vivant avec un handicap), cette Convention réaffirme pour les personnes handicapées, comme pour toute autre personne, les impératifs moraux qui justifient cette approche fondée sur la dignité de tous à l'égal de tous. Dans le même temps, cette Convention n'a rien de révolutionnaire, elle rappelle tout simplement son attachement à la Déclaration universelle des droits de l'homme de 1948 et rappelle aussi que les personnes handicapées sont des sujets à part entière et ont les mêmes droits que tout autre citoyen.

Si au niveau du discours tout le monde s'accorde sur ce constat, il n'en va pas de même dans la réalité quotidienne, tant l'invalidité peut encore être l'objet de confiscation de droits au profit de certains intérêts privés. Encore aujourd'hui, le principe de l'universalité des droits et les exigences de l'inclusion ne sont pas des objectifs partagés par tous, alors que la tendance à se refermer sur ses acquis, sur ses repères, sur son territoire se manifeste.

La CDPH change pourtant radicalement la façon de concevoir notre cadre de vie, car elle entend prendre en considération la diversité des situations, non pour ségréguer les personnes, mais pour reconnaître leurs différences.

Si la route semble bien tracée quant aux contours de l'application de cette Convention, il existe encore de nombreux freins, de nombreux obstacles à sa mise en œuvre. Ces freins, ces obstacles, sont plus infranchissables dans les pays où l'on a développé des approches très éloignées d'une approche fondée sur les droits de l'homme. Dans les faits, malheureusement dans certains pays, de nombreux dispositifs ont été créés afin de favoriser la protection des personnes en invoquant leur vulnérabilité, au détriment de la protection de leurs droits et de leurs libertés.

La mise en place, le suivi et l'application de cette Convention reflètent ces écarts dans les différents pays européens; mais pour l'Union européenne qui l'a elle-même ratifiée, c'est le seul texte, la seule approche concevable pour définir les orientations des politiques actuelles.

La genèse de la CDPH

L'impact des textes onusiens était très fort dans les années 1970 et on pouvait observer alors que les États s'appuyaient régulièrement sur les résolutions de l'Assemblée générale des Nations Unies pour définir leurs politiques sociales. D'autre part, les deux instruments que représentaient les deux pactes internationaux, l'un relatif aux droits civils et politiques (1966), l'autre relatif aux droits économiques, sociaux et culturels (1966), plaidaient pour une « élimination immédiate et effective de toutes les formes d'inégalité ».

Nombre de résolutions telles que « La Déclaration des droits du déficient mental » en 1971, la résolution intitulée « Déclaration des droits des personnes handicapées » en 1975 et le « Programme mondial d'action concernant les personnes handicapées » en 1982 visaient à démontrer que les mesures de réadaptation en faveur des personnes handicapées ne suffisent pas pour atteindre l'objectif de « pleine participation et d'égalité ». Ces résolutions n'étaient pas contraignantes et prenaient place dans ce que l'on dénommait le droit souple, avec toutes ses limites. L'année 1993 est apparue comme un tournant décisif avec la promulgation des « Règles pour l'égalisation des chances des handicapés » qui allaient déjà constituer un véritable instrument pour l'adoption de politiques et de mesures plus contraignantes.

Ces Règles standard (adaptées pour l'Europe sur la base des travaux suédois intitulés « l'Agenda 22 ») énoncent une série de définitions mettant davantage l'accent, voire privilégiant le rôle du milieu sur la production du handicap, vision qui n'est plus exclusivement médicale. On parle ici de l'environnement qui peut empêcher les personnes handicapées de participer à la vie de la société, en toute égalité. La question de l'environnement apparait ainsi comme un facteur déterminant pour l'égalisation des chances des personnes handicapées. L'Agenda 22 énumère un ensemble de règles de « bonne conduite » mises en œuvre par les États et les autorités locales dans les différents domaines de la vie courante : accessibilité, éducation, emploi, loisirs, sports, information, religion, soins de santé, réadaptation...

On conçoit désormais le concept de handicap comme la perte ou la restriction des possibilités de participer à la vie de la collectivité à égalité avec les autres membres de cette collectivité et par incapacité, on entend alors le nombre de limitations fonctionnelles des personnes. Déjà apparait « la double nécessité de répondre aux besoins de l'individu à travers la réadaptation et aux carences de la société qui sont des obstacles à la participation ».

De son côté, lors de la Conférence mondiale de Vienne, également en 1993, la France considère et reconnait officiellement que la promotion et la protection de tous les droits de l'homme sont une préoccupation légitime de la communauté internationale et qu'elle compte accorder une égale considération aux droits civils et politiques qu'aux droits économiques, sociaux et culturels.

C'est ainsi qu'en complément des deux Pactes internationaux, plusieurs conventions internationales ont vu le jour afin de protéger les groupes dits vulnérables, tels que les réfugiés (1951), les victimes de racisme par l'élimination de toutes les formes de discriminations raciales (1965), les femmes (1979) et les enfants (1989).

C'est tout naturellement qu'en 2001, l'Assemblée générale des Nations Unies décide de créer un comité spécial chargé d'examiner des propositions en vue d'élaborer une « Convention internationale globale et intégrée pour la promotion et la protection des droits et de la dignité des handicapés ».

En effet, aucun organe international n'est spécifiquement chargé de veiller au respect des droits des personnes handicapées et d'intervenir en cas de violation, alors que les autres groupes vulnérables, tels les réfugiés, les femmes, les travailleurs migrants, sont déjà protégés par un ensemble unifié de règles, à caractère obligatoire. D'autre part, le constat est fait que les conventions internationales généralistes en vigueur sont jugées insuffisantes pour couvrir totalement les droits des personnes handicapées.

Ce souci d'une approche fondée sur les droits de l'homme concernant les questions de handicap intervient dans une Europe dont la diversité des contextes historiques, culturels, politiques, économiques a donné naissance à plusieurs autres approches plus ou moins compatibles avec la reconnaissance des droits universels.

C'est ainsi que voit le jour, sur la base de différents rapports établis par ce comité spécial, le processus permettant d'aboutir à la rédaction de la future CDPH, une convention thématique comme moyen d'accroitre la « visibilité » des personnes handicapées.

Ben Lindqvist, Rapporteur spécial de la Commission du développement social des Nations Unies, chargé de la question de l'invalidité, lors de son allocution au dix-neuvième Congrès de Rehabilitation International à Rio de Janeiro, le 25 août 2000, dit :

> *« L'invalidité relève des droits de l'homme. Je répète : l'invalidité relève des droits de l'homme. Ceux d'entre nous qui souffrent d'une invalidité en ont assez d'être traités par la société et par nos concitoyens comme si nous n'existions pas, ou comme si nous étions des extraterrestres.*
>
> *Nous sommes des êtres humains à part entière, qui réclamons des droits égaux... Quand on les interroge, la plupart des individus, y compris les politiciens et autres décideurs, sont du même avis. Le problème, c'est*

qu'ils n'ont pas conscience de ce à quoi ce principe devrait les obliger; ils ne sont donc pas prêts à agir en conséquence. »

La Convention des Nations Unies relative aux droits des personnes handicapées est finalement adoptée par l'Assemblée générale des Nations Unies le 13 décembre 2006, et entre en vigueur le 3 mai 2008.

Elle a « pour objet de promouvoir, protéger et assurer la pleine et égale jouissance de tous les droits de l'homme et de toutes les libertés fondamentales par les personnes handicapées et de promouvoir le respect de leur dignité intrinsèque ».

Les États Parties « s'engagent à garantir et à promouvoir le plein exercice de tous les droits de l'homme et de toutes les libertés fondamentales de toutes les personnes handicapées sans discrimination d'aucune sorte fondée sur le handicap » (article 4).

L'article 34 institue un « Comité des droits des personnes handicapées » composé d'experts élus par les États Parties. Cette instance reçoit de chaque État un rapport détaillé sur les mesures prises et les progrès accomplis vis-à-vis des obligations conventionnelles.

Le premier rapport d'un État Partie, soit un État ayant ratifié la CDPH, est remis deux ans après l'entrée en vigueur de la Convention, à la suite duquel le Comité peut formuler des suggestions et des recommandations fondées sur l'examen des rapports et des informations reçues par les États Parties.

Le Protocole facultatif donne compétence au Comité des droits des personnes handicapées pour recevoir et examiner des « communications » de particuliers ou de groupes de particuliers se disant victimes d'une violation par un État Partie, des dispositions de la Convention ; cependant, tous les recours internes disponibles doivent au préalable être épuisés.

Ratification en France

La ratification de la Convention des Nations Unies relative aux droits des personnes handicapées et de son protocole facultatif a été autorisée en France par la loi n° 2009-1791 du 31 décembre 2009. Les instruments de ratification ont été déposés auprès des Nations Unies le 18 février 2010. En conséquence, la Convention et son protocole facultatif sont entrés en vigueur en France le 20 mars 2010.

Lors de la ratification de la CDPH, la France n'a enregistré aucune réserve; en revanche, elle a fait plusieurs déclarations interprétatives. Une première déclaration concernant le terme « consentement » à l'article 15.

> *« Elle déclare qu'elle interprétera le terme «consentement» conformément aux instruments internationaux et à sa législation nationale. [...] Elle considère qu'il est important que les personnes qui ne sont pas capables de donner leur consentement librement et en connaissance de cause bénéficient d'une protection particulière sans que toute recherche médicale à leur profit soit empêchée. »*

> *« Une autre déclaration s'agissant de l'article 29, précise que « l'exercice du droit de vote est une composante de la capacité juridique qui ne peut connaître de restriction que dans les conditions et selon les modalités prévues à l'article 12 de la Convention ».* (JORF n° 0079 du 3 avril 2010 Texte n° 16) (Décret n° 2010-356 du 1er avril 2010 portant sur la publication de la convention relative aux droits des personnes handicapées)

En mai 2016, avec plus de quatre ans de retard, la France envoie au Comité des Droits des personnes handicapées des Nations Unies son rapport initial sur les mesures prises pour s'acquitter de ses obligations en vertu de la Convention. Ce rapport est disponible sur le site du Comité des Droits.

L'Union européenne, quant à elle, « organisation d'intégration régionale » a signé la Convention le 30 mars 2007 et la « confirmation formelle » (équivalent de la ratification) a eu lieu le 23 décembre 2010 avec une entrée en vigueur le 22 janvier 2011.

Le premier rapport de l'Union européenne sur la mise en œuvre de la CDPH a été remis au Comité des Droits le 5 juin 2014. L'Union européenne considère que la CDPH « constitue un pilier pertinent et efficace pour la promotion et la protection des droits des personnes handicapées au sein de l'Union européenne, auquel tant la Communauté que ses États membres attachent la plus grande importance ». Selon la Commission européenne: « cette Convention est le premier instrument international juridiquement contraignant en matière de droits de l'homme auquel l'Union européenne est devenue partie » (Rapport commun de la Commission au Parlement européen et au Conseil, COM (2014)2 final, point 6.2).

Dispositifs au niveau national et l'article 33

Dans son article 33, la CDPH prévoit que :

> « Les États Parties désignent un ou plusieurs points de contact pour les questions relatives à son application et envisagent de créer ou désigner, au sein de leur administration, un dispositif de coordination chargé de faciliter les actions liées à cette application dans différents secteurs et à différents niveaux. »

Cet article énonce également que les États :

> « maintiennent, renforcent, désignent ou créent, au niveau interne, un dispositif, y compris un ou plusieurs mécanismes indépendants, selon qu'il conviendra, de promotion, de protection et de suivi de l'application de la Convention ».

Ce ou ces mécanismes indépendants sont appelés à jouer un rôle intermédiaire entre les pouvoirs publics et la société civile.

En effet, « la société civile - en particulier les personnes handicapées et les organisations qui les représentent - est associée et participe pleinement à la fonction de suivi. »

Les parties prenantes en France

En France, le gouvernement a décidé de confier, en juillet 2011, au Défenseur des droits, autorité constitutionnelle indépendante, les fonctions de « mécanisme indépendant », en application de l'article 33. Il est ainsi chargé de participer au dispositif national de suivi, conjointement avec le Conseil National Consultatif des Personnes Handicapées (CNCPH) réunissant les associations représentatives des personnes handicapées et la Commission nationale consultative des droits de l'Homme (CNCDH). Un comité de suivi, qui associe également le Conseil français des personnes handicapées pour les questions européennes (CFHE), mandaté par le comité d'entente des associations, en tant que représentant des organisations de personnes handicapées, se réunit maintenant régulièrement.

Le Défenseur des droits, créé par la loi du 29 mars 2011 en tant que mécanisme de protection, de promotion et de suivi de la Convention, a depuis lors pour mission de garantir sa mise en œuvre dans le respect de ses différents articles. Il est nommé par décret en Conseil des ministres, après avis des commissions compétentes des deux assemblées du Parlement. Institution indépendante, il regroupe les missions qui étaient auparavant dévolues au Médiateur de la République, au Défenseur des enfants, à la Haute Autorité de Lutte contre les Discriminations et pour l'Égalité (HALDE) et à la Commission nationale de déontologie de la sécurité (CNDS). Il a pour mandat de défendre les droits et libertés individuels dans le cadre des relations avec les administrations, de défendre et promouvoir l'intérêt supérieur et les droits de l'enfant, de lutter contre les discriminations prohibées par la loi, de promouvoir l'égalité, ainsi que de veiller au respect de la déontologie par les personnes exerçant des activités de sécurité.

Le Conseil national consultatif des personnes handicapées (CNCPH) a été créé par la loi du 30 juin 1975 d'orientation en faveur des personnes handicapées, pour assurer la participation des personnes handicapées à l'élaboration et à la mise en œuvre des politiques qui les concernent. Cette instance consultative associe les pouvoirs publics et la société civile : associations de personnes handicapées et de familles, organismes gestionnaires, organismes finançant la protection sociale des personnes handicapées ou développant des actions de recherche, organisations syndicales de salariés, organisations professionnelles d'employeurs, représentants des collectivités territoriales et parlementaires. Le gouvernement français a récemment étendu la saisine obligatoire de ce conseil à tous les textes législatifs d'initiative gouvernementale et à tous les textes réglementaires qui concernent directement les personnes handicapées. Le CNCPH a donc vu ainsi son rôle renforcé, tant dans l'élaboration et la mise en œuvre de la loi, que dans la démarche d'évaluation de la politique du handicap.

La Commission nationale consultative des droits de l'Homme (CNCDH), est l'Institution Nationale des Droits de l'Homme française qui a été créée en 1947. Assimilée à une Autorité administrative indépendante (AAI), elle est une structure de l'État qui assure en toute indépendance, auprès du gouvernement et du parlement, un rôle de conseil et de proposition dans le domaine des droits de l'homme, du droit et de l'action humanitaire et du respect des garanties fondamentales accordées aux citoyens pour l'exercice des libertés publiques. Elle a été de nouveau accréditée en 2007 par le

Comité international de coordination (CIC) des Institutions nationales des droits de l'homme, en vertu des « principes de Paris ».

Il existe également un dispositif de coordination des administrations concernées par la mise en œuvre des politiques publiques concernant les personnes handicapées, relevant du secrétaire général du CIH. Afin de renforcer les liens étroits entre ce dispositif de coordination et les représentants des personnes handicapées, le secrétaire général du CIH exerce également les fonctions de secrétaire du CNCPH.

Les points de contact et les mécanismes de coordination

Dans la mesure où la politique du handicap comporte plusieurs enjeux et doit être transversale, le gouvernement français a désigné non pas une seule administration, mais a nommé des *référents handicap et accessibilité,* dans chaque cabinet ministériel et dans chaque service ministériel. Ces référents devraient veiller à la bonne application des instructions données par le Premier ministre pour une prise en compte du handicap dans l'élaboration de tout projet de loi.

Une coordination de ces référents a été mise en place avec le Comité Interministériel du Handicap (CIH), le secrétaire général de ce comité ayant capacité de les solliciter et de les réunir pour la mise en œuvre tant du plan d'action gouvernemental que de la Convention internationale. Mais dans les faits, on ne peut pas dire que les *référents handicap et accessibilité* de chaque ministère aient encore pris la mesure de leur responsabilité et de leur rôle de points de contact, capables d'évaluer l'impact de la Convention sur les projets de textes qu'ils sont amenés à proposer.

Dix ans plus tard en Europe…

Fin 2016, tous les pays européens ont ratifié la CDPH, à l'exception de l'Irlande qui en a quand même profité pour revoir sa législation, notamment en matière de protection juridique.

Après avoir remis son rapport initial le 5 juin 2014, l'Union européenne a fait l'objet d'une évaluation par le Comité des Droits de Genève, lequel a examiné son rapport initial les 27 et 28 août 2015 et a adopté quelques observations. Le Comité des Droits recommande entre autres à l'Union européenne d'effectuer une révision transversale exhaustive de sa législation afin de s'assurer de sa complète conformité avec les dispositions de la Convention, et de faire participer activement des organisations représentatives des personnes handicapées et des institutions indépendantes de défense des droits de l'homme à ce processus. Il recommande en outre d'adopter une stratégie de mise en œuvre de la Convention avec un budget alloué, un calendrier, ainsi qu'un mécanisme de suivi.

Si l'on peut dire que l'Union européenne s'est engagée activement pour adhérer à politique des droits de l'homme dans le domaine du handicap, elle doit maintenant concrétiser ses engagements par la parution d'un certain nombre de textes. Par exemple, le projet européen d'Acte législatif sur l'accessibilité, adopté en 2015, constitue une étape primordiale afin d'éviter que les États membres adoptent des lois différentes dans le cadre de la mise en œuvre de l'article 9 sur l'accessibilité et qu'ils ne créent ainsi un marché intérieur fragmenté au sein de l'Union.

Yannis Vardakastanis, Président du Forum européen des personnes handicapées (FEPH/EDF), a insisté sur le fait que, s'il convient de se réjouir de la ratification de la CDPH par l'Union en 2010, il serait également opportun d'examiner la manière dont la CDPH a été mise en œuvre, et de déterminer ce dont l'Union a encore besoin pour s'acquitter de ses obligations (par exemple la ratification du traité de Marrakech, du Protocole facultatif de la CIDPH, de la convention d'Istanbul…).

L'Union européenne doit également rendre compte au Comité des Droits de la CDPH de la révision de la Déclaration de compétence et sur son retrait du cadre de suivi. Quant à la Directive sur l'accessibilité des contenus web, elle vient tout juste d'être adoptée.

La société civile - et tout particulièrement le Forum européen des personnes handicapées - invite ainsi l'Union européenne à aller plus loin dans une approche davantage axée sur les droits humains. Elle l'invite à créer de nouvelles structures et de nouveaux programmes (par exemple, en désignant des points focaux en dehors de la DG Emploi, affaires sociales et inclusion), et à œuvrer en faveur d'un Programme européen global en vue d'intégrer les droits des personnes handicapées de manière horizontale et verticale.

En dehors du domaine de l'emploi où l'Union européenne a déjà légiféré et a apposé le visa de la Convention tant pour la directive « marchés publics » que pour les Fonds structurels européens, le milieu associatif attend des mesures fortes sur la question de l'accessibilité et de son article 9, les aménagements raisonnables et la question de la «Conception universelle». L'accessibilité est en effet un concept large qui comprend dans toute sa portée la prévention et l'élimination des obstacles susceptibles de poser des problèmes à des personnes handicapées (et à mobilité réduite) dans l'utilisation de produits, de services et d'infrastructures.

Si l'accessibilité n'est pas techniquement définie dans la Convention, il n'en est pas moins précisé dans l'article 9 qu'elle concerne tout autant l'environnent physique, les transports, l'information et la communication, y compris les systèmes et technologies de l'information. Quant à la conception pour tous, elle désigne précisément la manière de concevoir les produits et services dits « de masse », en sorte qu'ils soient accessibles au plus grand nombre d'utilisateurs possible.

S'il n'existe pas de base juridique spécifique unique qui impose des mesures législatives dans le domaine du handicap, l'article 19 du Traité de fonctionnement de l'Union européenne (TFUE) interdit la discrimination fondée sur le handicap. Mais d'autres bases juridiques peuvent être pertinentes dans le domaine des transports, des aides d'État, de l'emploi, de la politique sociale, de l'éducation et de la santé publique.

Dans sa déclaration de compétences, l'Union européenne tend à définir son action plutôt autour des thèmes de l'accessibilité (Technologies de l'information et de la communication-TIC-comprises), mais de nombreux autres champs d'application devraient être couverts pour illustrer une réelle effectivité des droits et des libertés des personnes. La recommandation du Comité des Droits concernant la révision du champ de compétence de l'Union prend ainsi tout son sens.

Et dix ans plus tard, en France

La lecture du rapport initial qui a été remis au Comité des Droits à Genève, pourrait laisser croire que :

> « *La législation nationale sur les personnes handicapées (telle qu'elle procède en particulier de la loi n° 2005-102 du 11 février 2005 pour l'égalité des droits et des chances, la participation et la citoyenneté des personnes handicapées) pourrait satisfaire, en grande partie, aux obligations découlant de la Convention et de son protocole.* »

Or une telle prétention reste plus que discutable, tant au niveau de la vie quotidienne que sur un plan plus philosophique, voire proprement éthique.

Depuis la ratification de la CDPH, la France s'est principalement préoccupée de la mise en œuvre de cette loi du 11 février 2005, estimant qu'elle répondait globalement à toutes les exigences de la Convention de l'ONU. C'est précisément ce qui reste à vérifier.

Pour le gouvernement, la loi de 2005 a donné, en premier lieu, un caractère opérationnel à de nombreuses obligations de portée générale. Contrairement à de nombreux pays européens, il n'y a pas eu de véritable travail sur cet écart éventuel entre les principes et les obligations développées par la Convention internationale et leur traduction juridique et politique dans la loi nationale, alors que certaines organisations de personnes handicapées en France prenaient part aux travaux de réflexion, concomitamment, sur les deux textes.

Aussi, au moment de la ratification par la France, les organisations de personnes handicapées ont-elles alerté les autorités publiques des écarts de vision entre ladite loi française et certains articles de la CDPH; mais le souci majeur des différents gouvernements après 2005 a été avant tout de mettre en œuvre la loi du 11 février sans autre référence, et notamment sans aucun recours à l'éclairage particulier provenant de la Convention.

D'autre part, le champ d'application de la CDPH va bien au-delà des aspects traités dans la loi française. Il prend en compte l'ensemble des droits et libertés fondamentales des personnes et n'en fait pas une politique à part. Ainsi, nombre de domaines concernant l'exercice des droits et libertés des personnes ne sont pas abordés dans la loi du 11 février et rien n'indique que le droit commun actuel puisse effectivement répondre à ou garantir l'exercice de ces droits.

Si la loi française a été revue avant la ratification, elle l'a été avec un regard particulier sur d'éventuelles contradictions avec la CDPH. La ratification de la Convention n'a néanmoins pas entrainé une révision globale de ses fondamentaux au moment où l'on déclinait la loi du 11 février qui, le croyait-on, avait toutes les apparences d'un texte allant dans le même sens.

Le 13 Octobre 2017, Mme Catalina Davandas, en sa qualité de Rapporteuse spéciale des Nations Unies pour les droits des personnes handicapées concluait sa visite officielle en France par des observations préliminaires au cours desquelles elle pointait que « la loi du 11 février 2015 n'était pas pleinement conforme à la Convention ».

Trois évènements ont pourtant, au cours de ces dix dernières années, laissé penser que la Convention pourrait être identifiée en tant que telle et être prise en compte dans l'ensemble des politiques publiques françaises.

Le premier fut *la création d'un Comité Interministériel du* Handicap (CIH – institué par le décret n° 2009-1367 du 6 novembre 2009), celui-ci réunissant sous la présidence du Premier ministre, l'ensemble des membres du Gouvernement concernés par le handicap. L'objectif était de définir une stratégie pour répondre aux besoins des personnes handicapées et il était chargé de définir, coordonner et évaluer les politiques en direction des personnes handicapées.

Après son installation en 2010, il a attendu la date du 25 septembre 2013 pour se réunir une première fois, il a arrêté une feuille de route détaillée pour l'action gouvernementale, dont le bilan a permis d'orienter les travaux pour la Conférence Nationale du Handicap. Les moyens donnés au fonctionnement du secrétariat de ce Comité interministériel ont été tellement minimes qu'il n'a jamais pu réellement jouer son rôle de promotion d'une politique transversale avec l'impact qu'aurait dû avoir la Convention.

Le deuxième évènement, majeur quant à lui, au début du quinquennat présidentiel de François Hollande, fut *la circulaire du Premier ministre du 4 septembre 2012*, qui se voulait un acte politique fort. Il demandait à tous ses ministres de prévoir, lors de l'élaboration d'un projet de loi, une évaluation de l'impact des dispositions sur la situation des personnes handicapées en vue d'insérer des mesures adaptées les concernant. Cette analyse devait se baser à la fois sur la loi du 11 février 2005 et sur la Convention internationale. C'était la première fois que cette dernière était intégrée dans une instruction gouvernementale.

Les organisations de personnes handicapées composant le Conseil français pour les questions européennes ne se sont pas privées dès lors de faire connaître leur satisfaction devant un acte fort qu'elles considéraient comme hautement symbolique.

Si cette circulaire reste aujourd'hui le témoignage d'un engagement véritable, hautement symbolique, et un outil précieux, elle n'a par contre jamais été vraiment effective, dans la mesure où les référents handicaps désignés dans les administrations n'ont pas connaissance – ni même le souci – de la Convention et de ses éventuels impacts sur les textes.

Enfin, l'instrument politique qu'aurait pu être *la Conférence nationale du handicap*, en tant que plan d'action national, ne s'est jamais vraiment fondé sur l'esprit de la Convention, de son impact et de sa mise en œuvre. En effet, la loi du 11 février 2005 ayant inscrit la tenue, tous les trois ans, d'une Conférence nationale du handicap (CNH), l'objectif est de débattre des orientations et des moyens de la politique concernant les personnes handicapées et de prévoir la mise en œuvre d'un plan d'action.

Y sont conviés les associations représentatives des personnes handicapées, les représentants des organismes gestionnaires des établissements ou services sociaux et médico-sociaux accueillant des personnes handicapées, les représentants des départements et des organismes de sécurité sociale, les organisations syndicales et patronales représentatives et les organismes qualifiés, afin de débattre des orientations et des moyens de la politique concernant les personnes handicapées.

Le législateur a voulu fixer ce rendez-vous régulier à l'ensemble de la société pour concrétiser les ambitions portées par la loi du 11 février :

l'égalité des droits et des chances, la participation et la citoyenneté des personnes handicapées.

Lors des deux premières conférences de 2008 et 2011, à aucun moment la CDPH n'a été évoquée, alors que la France s'était déjà engagée, par sa signature puis sa ratification. La troisième conférence – qui s'est tenue le 11 décembre 2014, sous la présidence du chef de l'État – a permis de fixer trois objectifs principaux à la politique du handicap pour les trois années suivantes : construire une société plus inclusive pour les personnes handicapées, apporter des réponses adaptées à leurs besoins, simplifier leur vie au quotidien. La Convention internationale a, pour la première fois, guidé les travaux préparatoires de cette conférence et une présentation a été effectuée des articles en rapport avec la jeunesse, l'emploi, l'accessibilité et la santé, axes qui ont structuré le déroulement de l'évènement.

Si la Convention, son esprit, ses principes et ses obligations semblent petit à petit s'immiscer, quoiqu'encore fort discrètement, dans divers espaces de réflexion et de décision, elle n'est pas suffisamment prise en considération, tant s'en faut, par les autorités publiques françaises.

Nous pouvons ainsi faire plusieurs constats

On ne peut tout d'abord parler de politique du handicap sans en fixer les contours et qualifier les personnes qui sont en premier lieu concernées par ce texte.

La loi du 11 février 2005 donne une définition légale du handicap en France :

> « *Constitue un handicap, au sens de la présente loi, toute limitation d'activité ou restriction de participation à la vie en société subie dans son environnement par une personne en raison d'une altération substantielle, durable ou définitive d'une ou plusieurs fonctions physiques, sensorielles, mentales, cognitives ou psychiques, d'un polyhandicap ou d'un trouble de*

santé invalidant» (Article L. 114 du code de l'action sociale et des familles).

La Convention, quant à elle, entend par personnes handicapées dans son article 1er, « des personnes qui présentent des incapacités [...] dont l'interaction avec diverses barrières peut faire obstacle à leur pleine et effective participation à la société sur la base de l'égalité avec les autres ». Si la Convention ne définit pas explicitement l'expression « handicap » ou « personnes handicapées » elle stipule que celles-ci englobent des personnes qu'elles qualifient dans son article 1er. Cette qualification « rompt avec une vision médicale centrée sur le degré « d'incapacité » physique ou mentale de la personne concernée en proposant une approche socioculturelle. L'interaction « homme – milieu », déjà mise en exergue dans les Règles pour l'égalisation des chances des handicapés en 1993, ne peut correspondre à la proposition française de définition qui attribue encore la cause du handicap à la seule « altération substantielle d'une ou plusieurs fonctions ».

La question de l'aménagement raisonnable ou des mesures appropriées, centrale dans la Convention, ne fait pas l'objet de travaux dans les politiques publiques, exception faite de ceux réalisés dans le domaine de l'emploi du fait de la transposition de la Directive européenne 2000/78 relative à l'égalité de traitement dans le domaine de l'emploi. Or, c'est le plus souvent l'absence d'aménagement raisonnable, de mesures appropriées (terme fréquemment repris par la langue anglaise dans la « contre-traduction » *appropriate measures*, de préférence à l'expression, plus commune, *reasonable accommodations*) qui crée la discrimination fondée sur le handicap. La Convention stipule que le fait de refuser à une personne un « aménagement raisonnable » équivaut à une discrimination sur la base du handicap.

L'accessibilité au sens très large définie dans l'article 9 de la Convention, de même que la « Conception universelle », ne sont pas des domaines où le législateur français a pris la pleine mesure de l'impact que cela représentait. Or il est clair que l'usage des mots est porteur d'une culture. La Conception universelle – c'est-à-dire pour tous – n'a pas encore intégré la culture française, ou si peu. Par accessibilité, on entend les mesures qui visent à garantir l'égalité d'accès aux installations et aux services offerts par la communauté à tous les membres de la société, y compris les personnes handicapées. Il s'agit de l'un des principes prééminents de la Convention qui affecte tous les domaines d'application de ses dispositions.

L'accès au droit commun est encore impossible dans nombre de situations de la vie quotidienne telles que l'accès à la santé, à la vie publique, à l'éducation, à la culture, au logement…

Dans le domaine de l'éducation, il a été annoncé le passage d'une politique d'intégration à une politique d'inclusion sans mesurer les changements structurels profonds qui auraient dû d'emblée amener l'école à concevoir un cadre d'accueil et d'enseignement adapté à la diversité de tous les élèves.

Le mandat de protection future et l'habilitation familiale représentent de nouveaux dispositifs en vue de simplifier les démarches à accomplir par les proches d'une personne hors d'état de manifester sa volonté pour la représenter ou passer des actes en son nom sans se substituer à elle en droit. Or, le développement d'un authentique processus d'accompagnement à la prise de décision des personnes nécessitant un soutien dans l'exercice de leur capacité juridique, en lieu et place de mesures de protection systématiques, n'a pas été examiné au regard de l'article 12 de la CDPH.

L'article 19 de la Convention sur l'« autonomie de vie et inclusion dans la société » interroge la législation et les dispositifs français sur la possibilité d'accès aux dispositifs de droit commun et au choix offerts, comme pour tout un chacun, de vivre avec la même liberté de choix que les autres personnes. Aujourd'hui en France, pour la grande majorité des personnes handicapées, ces choix n'existent pas et certains même sont amenés à une forme d'exil non choisi en Belgique pour trouver une réponse institutionnelle (à défaut de toute formule imaginable en France d'accompagnement à la décision), la plupart du temps.

Dix ans après l'élaboration de cette Convention, le constat est fait du chemin qu'il reste à parcourir pour prendre de la distance avec un certain regard porté sur le handicap tel qu'il s'est façonné à partir du modèle charitable, médical et social. La succession de ces différents modèles légitimés également par les politiques publiques a accentué et figé certaines pratiques.

De son côté, le Défenseur des droits s'est posé la question de savoir si les différents ordres de juridiction reconnaissent ou sont susceptibles de reconnaitre les effets directs de la CDPH dans leur domaine.

A priori, selon le rapport de Michel Blatman, la réponse ne peut pas être donnée par le Conseil constitutionnel qui vérifie la conformité de la loi à la Constitution, mais n'exerce pas de « contrôle de conventionalité ». Le Conseil constitutionnel décline ainsi depuis fort longtemps toute compétence pour apprécier la conformité d'une loi aux stipulations d'un traité ou d'un accord international, dont l'esprit, on le sait, le situe dans la hiérarchie des normes au-dessus de toute constitution nationale.

Par contre, les deux ordres de juridiction, administratif et judiciaire avec respectivement à leur tête le Conseil d'État et la Cour de Cassation, veillent à tous les niveaux au respect des principes juridiques et des obligations internationales de la France.

L'examen des jurisprudences administratives et judiciaires devrait ainsi permettre de faire avancer le droit lorsque la Convention sera invoquée.

Avant l'adhésion de l'Union européenne à la CDPH, la question de l'applicabilité de la Convention en droit interne pouvait se poser sur l'effet direct possible autorisant les particuliers à s'en prévaloir devant la Justice.

L'Union européenne ayant ratifié la Convention, il sera précieux d'observer si la jurisprudence à venir de l'Union européenne interférera avec celle des juridictions nationales quant à l'interprétation de la Convention et à la détermination de sa portée, tant à l'égard du droit de l'Union européenne que du droit interne.

Conclusion

Si les objectifs visés par la loi du 11 février 2005 sont plutôt cohérents avec ceux de la Convention internationale relative aux droits des personnes handicapées (citoyenneté, accessibilité, participation des personnes handicapées…), l'enjeu aujourd'hui pour le gouvernement français est de construire une politique du handicap qui repose sur ces deux textes de référence en définissant à la fois les complémentarités et les éventuelles oppositions. Dans la hiérarchie des normes, la Convention s'impose à toutes les normes de droit interne, excepté celles qui ont une valeur directement constitutionnelle.

La refondation de la politique du handicap engagée par la loi de 2005 a eu pour ambition de respecter le libre choix de vie des personnes handicapées en énonçant un nombre important de droits et de mesures spécifiques nécessaires pour satisfaire aux attentes et aux besoins des personnes handicapées. Or, l'un des principes fondamentaux de la politique du handicap est de favoriser l'accès des personnes handicapées au « droit commun », à savoir vivre dans la société comme tout citoyen.

Mais cet accès au droit commun est parsemé d'obstacles qui sont la plupart du temps intériorisés par les personnes et ne leur permettent plus d'assumer librement leur vie de citoyen, de consommateur, de travailleur... La Convention est là pour rappeler à tous que ces droits sont bien, assurément, des droits fondamentaux et qu'un État, à travers ses politiques et dans la mesure de ses possibilités, se doit d'agir structurellement sur l'élimination de ces obstacles.

Si la loi du 11 février est connue de tous les acteurs concernés par le handicap, il n'en va pas de même de la Convention internationale. Elle est méconnue à la fois des personnes en situation de handicap, des décideurs politiques et de la majorité des acteurs concernés. Elle n'a que rarement fait l'objet d'une promotion de la part des acteurs publics ou des autorités indépendantes souvent par méconnaissance même de la Convention, par le relatif désintérêt pour les textes internationaux, par souci de ne pas brouiller le message de la loi du 11 février 2005 ou par crainte d'une remise en cause des dispositifs existants. Elle est également très largement méconnue des avocats et des magistrats et donc peu utilisée par des Cours et des tribunaux devant lesquels elle n'est pas invoquée.

Si de nombreux pays européens sont actuellement à une étape de programmation de plans nationaux au regard de ses principes, la France parait encore s'en tenir à une étape de découverte, de promotion et d'appropriation de ce texte sans vouloir en mesurer tous les effets.

Dans ses premières observations à la suite de sa visite en France en octobre 2017, Catalina Devandas-Aguilar, Rapporteuse spéciale des Nations Unies, exhorte la France à « fournir à toutes les personnes handicapées davantage de possibilités pour vivre comme elles l'entendent ».

Le rôle du rapport initial d'un État Partie est justement de mesurer les écarts dans la mise en œuvre devant une autorité internationale indépendante ; cependant, le retard pris dans l'écriture du rapport français est révélateur de la valeur accordée à cet exercice et de ses éventuelles conséquences. Dès lors, comment parler d'une orientation vers une approche fondée sur les droits de l'homme en regard des questions de handicap en France? Si, dans les textes, on peut observer des avancées, il n'en va pas de même dans la réalité quotidienne des personnes et cela prendra encore du temps, beaucoup de temps…

Références

Actualités sociales hebdomadaires (ASH). (2013, 12). Europe, aide et actions sociales - Impact du droit européen sur le droit français. *Actualités sociales hebdomadaires*, no 2837 (2).

Blatman, M. (2015). *Étude de l'éventuel effet direct des stipulations de la CIDPH.* Accès : https://juridique.defenseurdesdroits.fr/doc_num.php?explnum_id=16495

Commission européenne/Direction générale Justice. (2012). *Législation de l'UE relative à l'accessibilité en dehors du secteur de l'emploi.* Accès : www.era-comm.eu/uncrpd/kiosk/speakers_contributions/…/Placencia_pres_FR.pdf

Conseil Français des personnes Handicapées pour les questions européennes (CFHE). (2010, 05). *Convention internationale des Nations Unies relative aux droits des personnes handicapées : Pour quoi? Pour qui? Comment?*

Devandas-Aguilar, C. (2017). *Observations préliminaires de la Rapporteuse spéciale sur les droits des personnes handicapées, au cours de sa visite en France du 3 au 13 octobre 2017.* Accès : https://www.ohchr.org/FR/NewsEvents/Pages/DisplayNews.aspx?NewsID=22245&LangID=F

European Disability Forum. (2014,11). *European Disability Forum Alternative Report to the UN Committee on the rights of persons with disability.*

Gouvernement de la République française. (2016). *Rapport initial du gouvernement français. Convention internationale relative aux droits des personnes handicapées.* Accès: https://www.gouvernement.fr/sites/default/files/contenu/piecejointe/2016/10/rapport_du_gouvernement_en_applicatio n_de_la_convention_internationale_de_lonu_sur_les_droits_des_person nes_handicapees_.pdf

Gouvernement de la République française. (2005). *Loi no 2005-102 du 11 février 2005, pour l'égalité des droits et des chances, la participation et la citoyenneté des personnes handicapées.*

Haut-Commissariat des Nations-Unies aux droits de l'homme. (2007). *De l'exclusion à l'égalité : réalisation des droits des personnes handicapées. Guide à l'usage des parlementaires.* Accès : www.un.org/french/disabilities/docs/handbookfrench.pdf

Journal officiel du Gouvernement français *(JORF n° 0079 du 3 avril 2010 Texte n° 16 - Décret n° 2010-356 du 1er avril 2010 portant publication de la convention relative aux droits des personnes handicapées.* Récupéré sur le site Légifrance de diffusion du droit français https://www.legifrance.gouv.fr/affichTexte.do?cidTexte=JORFTEXT 000022055392&categorieLien=cid

Quinn, G. et Degener, T. (2002). *Human rights and disability: The current use and future potential of United Nations human rights instruments in the context of disability.* OHCHR. United Nations: New York and Geneva.

2

Pour une analyse sociologique de l'exercice des droits humains des personnes ayant des incapacités au Canada

Normand Boucher

Centre interdisciplinaire de recherche en réadaptation et intégration sociale (CIRRIS) du Centre intégré universitaire de santé et de services sociaux de la Capitale-Nationale (CIUSSS CN), Institut de réadaptation en déficience physique de Québec (IRDPQ), Québec

Paula Pinto

School of Social and Political Sciences, University of Lisbon

Mihaela Dinca-Panaitescu

Research, Public Policy & Evaluation United Way Toronto & York Region, Toronto, Ontario

La Convention relative aux droits des personnes handicapées (CDPH) est le premier traité de droits humains du nouveau millénaire, adopté en 2006 par l'Assemblée générale des Nations Unies et qui est entré en vigueur en 2008. L'adoption de ce traité constitue une étape charnière dans la prise en compte historique du phénomène du handicap. De plus, selon le récent rapport produit par la Banque mondiale et l'Organisation mondiale de la Santé (World Health Organization et World Bank [WHO et WB], 2011) plus d'un milliard de personnes sont aujourd'hui confrontées au phénomène du handicap et sont victimes de discrimination et de violation des droits humains. Des niveaux d'éducation plus bas, une participation à la vie économique également plus faible, un manque de services de soutien appropriés aux besoins, aussi bien que les obstacles pour accéder aux services de transport, à l'environnement bâti et aux systèmes d'information ont engendré l'exclusion sociale, un état de santé plus précaire ainsi qu'un niveau de pauvreté plus élevé pour les personnes ayant des incapacités par rapport aux personnes sans incapacités (WHO et WB, 2011).

Ainsi, l'amélioration de l'exercice des droits humains apparait comme un besoin urgent pour les personnes ayant des incapacités. La compréhension du processus de mise en œuvre des principes et normes de la CDPH, ainsi que le suivi de la réduction de l'écart entre la théorie et la pratique, revêtent une importance singulière tant pour les activistes que pour l'analyste du social, le sociologue. Ce chapitre fait sien ce présent défi en articulant son argumentation en faveur d'une sociologie des droits humains, prenant en considération des luttes menées par les personnes ayant des incapacités pour le droit à l'égalité et l'émancipation. La question du pourquoi et la manière dont la sociologie devrait s'engager dans l'étude des droits humains et l'évolution des représentations théoriques du handicap et leurs liens avec les droits humains sont aussi discutés. Enfin, ces défis émergents et les opportunités qui s'ouvrent aux sociologues sont illustrés à partir de données provenant d'une étude canadienne menée par le Disability Rights Promotional International (DRPI)[1].

La nouvelle approche sociologique des droits humains et les luttes sociales dans le champ du handicap

Jusqu'à tout récemment, le débat entourant les droits humains est demeuré largement étranger au paysage sociologique (Hynes, Lamb, Short et Waites, 2010). Et pourtant, la question des droits humains est devenue une dimension intrinsèque du tissu social (Bartelet, 1995) au point de représenter « la détention de la moralité au sein de la modernité avancée » (traduction des auteurs) (Smith 2002, p.43). Non seulement observe-t-on un nombre croissant d'États qui adhèrent volontairement au régime du droit international (comme le nombre important de ratifications de la CDPH le montre bien), mais on note aussi que la problématique des droits humains occupe une place centrale au cœur des luttes collectives en faveur de la justice sociale et de la dignité (Stammers, 1999). Dans la mesure où la sociologie est concernée par les inégalités sociales, les relations de pouvoir et la politique, il lui est difficile de ne pas théoriser la question des droits humains. Comme Sommer et Robert (2008) l'ont affirmé : « Les droits sont des marqueurs de la citoyenneté et de la reconnaissance par les autres et détiennent ainsi un potentiel important pour faciliter le changement allant de l'exclusion vers l'inclusion sociale » (p.399). Pour les exclus, les opprimés et les défavorisés de notre monde actuel, les discours sur les droits humains fournissent une stratégie «anti-hégémonique permettant de contester et de discréditer la légitimité du système» (Connell, 1995, p.26), et ce, non seulement aux niveaux local et national, mais également au plan international. En effet, de plus en plus de violations des droits humains sont scrutées, critiquées et analysées dans la sphère publique transnationale, liant le local et le global et formant ainsi de nouvelles formes de solidarités mondiales. Alimentées par l'essor rapide des nouvelles technologies de communication, les idées et les pratiques liées aux droits humains deviennent une partie intégrante aux processus accélérés de globalisation de manières complexes et parfois contradictoires (Howard-Hassmann, 2005). En fait, si la mondialisation a accéléré le processus d'expansion capitaliste qui vient saper l'exercice des droits humains, elle a aussi facilité la résistance au capitalisme par le biais de la diffusion de la théorie et de la pratique des droits humains (Howard-Hassmann, 2005). C'est pourquoi nous soutenons qu'il est difficile de concevoir tant l'émergence d'un nouvel ordre social sans les droits humains, que leur théorisation sociologique.

Turner (1993, 1995) a développé une telle perspective sociologique en se basant sur une notion de fragilité humaine et de précarité des institutions sociales. Bien qu'il s'agisse d'une contribution importante appliquée au champ du handicap, la perspective de Turner présente certains éléments favorables, mais aussi plusieurs risques. Sa pertinence découle de l'accent qu'il met sur la précarité des institutions sociales et nous insisterons sur leur rôle dans la production du handicap. Cependant, dans la mesure où Turner base sa théorie des droits humains sur la notion de fragilité du corps humain, sa théorisation peut contribuer à la réification des images de vulnérabilité construites socialement du « corps handicapé » en opposition à la reconnaissance du handicap comme le résultat d'une construction sociale découlant de la relation entre l'individu et l'organisation sociétale.

Avec Stammers (1999), et d'autres (par exemple Hynes et al., 2010), nous pourrions soutenir également que tout effort pour comprendre et théoriser les droits humains du point de vue sociologique aura besoin de saisir le pouvoir « comme un concept structurant pour analyse ». En fait, dans la nouvelle politique mondiale, les mouvements internationaux en faveur des droits humains revendiquent bien davantage que la simple application ou la réalisation des droits en exigeant une redéfinition complète des relations de pouvoir qui structurent la vie quotidienne (Stammers, 1999). Un exercice qui nécessite une compréhension du pouvoir comme caractéristique inhérente à presque toutes les formes de relations sociales, qu'elles soient exercées par des individus et des acteurs sociaux collectifs ou qu'elles soient représentées comme un pouvoir structurel opérant dans les institutions et des systèmes sociaux. Tel peut être l'objet d'une nouvelle sociologie des droits humains.

Aborder les droits humains dans le champ sociologique, c'est d'abord se poser une question inspirée de la philosophie des sciences : « Comment devrons-nous interroger ces pratiques? » Une approche sociologique des droits humains doit débuter par une prise en compte de la situation des « personnes réelles ancrées dans leur contexte social » (Fields et Narr, 1992, p.8). Dans cette perspective, l'enjeu pour les sociologues réside ici dans la traduction des droits abstraits en une réalité concrète (Pieterse, 2007); il s'agit d'explorer l'articulation des droits humains comme des relations sociales de pouvoir et d'inégalités en expliquant leurs implications pour certains groupes sociaux, dans un contexte historique, économique et social singulier. Ainsi, une sociologie des droits humains sera une invitation à dépasser les vieilles dichotomies et, tel que souligné par Somers et Roberts (2008) : « naviguer entre le fondationnalisme philosophique normatif et le positivisme empirique explicatif; entre droits prétendument humains/naturels, universels et l'institutionnalisme particulariste de la citoyenneté, la culture et l'exclusivité de l'appartenance; entre le privilège des droits civils/politiques et les droits socio-économiques, souvent diabolisés et dévalués » (p.391).

L'approche sociologique devra concevoir les droits humains d'une manière holistique. Ceci signifie que tous les processus sociaux et les institutions - politiques, économiques, sociales et culturelles - seront compris et évalués selon leurs effets sur les droits humains (Fields et Narr, 1992). Plutôt que de soutenir une vision de la société composée d'une collection d'individus ayant tous leurs droits, cette approche sociologique situera les droits dans le contexte des arrangements relationnels et institutionnels soulignant ainsi leur caractère relationnel (Somers et Roberts, 2008, p.413). Simultanément, elle reconnaitra le caractère abstrait et normatif de toute revendication des droits humains laquelle, comme le rappelle Connell (1995), « est toujours un projet » dans la mesure où elle comprend « la vision d'un monde en devenir » (p.28). L'utilisation du langage des droits humains pour décrire et expliquer les relations de domination et d'oppression, structurées autour de la ligne de partage de la participation sociale et du handicap, aidera à révéler l'existence d'inégalités sociales persistantes en dépit des mesures d'égalités formelles établies par la CDPH; ce qui contribue à faire de l'approche des droits humains un outil de justice sociale plus efficace dans son soutien aux luttes sociales pour l'égalité dans le champ du handicap.

La compréhension sociologique de l'exercice des droits des personnes ayant des incapacités que nous proposons ici s'inscrit dans ce registre. Nous considérons l'adoption de la CDPH comme reflétant le processus politique de mondialisation (Sjoberg, Gill et Williams, 2001) et comme une reconnaissance mondiale de l'exclusion historique des personnes ayant des incapacités (Mégret, 2008). En même temps, nous explorons la « réalité concrète » de l'expérience découlant de l'exercice de ces droits qui se déroule dans des lieux donnés afin d'analyser « les luttes pour les droits humains au sein d'un contexte d'inégalités sociales » (Hynes et al. 2010, p.12) comme elles ont été réalisées par le mouvement d'émancipation des personnes ayant des incapacités au Canada. Le suivi de la CDPH apparait comme un puissant révélateur du statut social, économique, politique et culturel précaire qui caractérise la situation des personnes ayant des incapacités dans le monde. La relation entre l'universalité et la singularité est mieux saisie par le biais de l'analyse sociologique de la dynamique d'exercice des droits humains, notamment par les mécanismes de suivi de leur exercice, révélant en quelque sorte l'existence de « la vie sociale des droits » (Hynes et al. 2010, p.820). Mais il est d'abord important d'offrir un aperçu de l'évolution des conceptions du handicap afin de clarifier le sens des luttes actuelles pour l'exercice des droits et, par la suite, fournir quelques exemples d'expériences difficiles rapportées par les personnes ayant des incapacités au Canada.

Un aperçu de la compréhension du handicap : du modèle individuel au modèle social du handicap jusqu'à l'approche des droits humains

Le mouvement sociopolitique d'émancipation des personnes ayant des incapacités, dirigé par les personnes elles-mêmes, constitue l'une des innovations politiques les plus importantes du 20e siècle. C'est au cours des années 1970 qu'il apparait aux États-Unis, en Angleterre et au Canada, comme un acteur porteur d'un fort courant de changement et d'un discours critique de la représentation sociale et scientifique du handicap donnant ainsi naissance à un véritable changement de paradigme (Boucher et Charrier, 2017; Boucher, Fougeyrollas et Gaucher, 2003; Driedger, 1989; Fougeyrollas, 2010; Hasler, 2001; Oliver, 1990; Stiensdra et Wight-Felske, 2003).

Fondamentalement, le mouvement sociopolitique s'oppose à la représentation traditionnelle du handicap qui le considère comme « une tragédie personnelle » (Oliver, 1990), ou s'enracinant dans une lecture pathologique (Rioux et Valentin, 2006; Rioux, 2002; Rioux et Back, 1994), qui a pour principale difficulté de situer le problème du handicap au niveau de la personne ayant des incapacités. En opposition à ce modèle, le mouvement d'émancipation sociopolitique et certaines de ses figures intellectuelles mettent de l'avant une nouvelle approche sociale du handicap (Oliver, 1990), plus largement définie dans la perspective d'une pathologie sociale (Rioux et Valentin, 2006; Rioux, 2002). S'appuyant sur la déficience (dimension biologique) et le handicap (la construction sociale), cette approche véhicule l'idée que loin d'être un problème individuel, le handicap est le produit de l'organisation sociale et des barrières structurelles de la société qui engendrent des obstacles à l'exercice des droits pour les personnes ayant des incapacités. Dans cette perspective, ce ne sont pas les limitations fonctionnelles qui sont le problème, mais plutôt l'incapacité de la société à répondre adéquatement aux besoins des personnes ayant des incapacités (Oliver, 1990).

Bien que le modèle fasse aujourd'hui l'objet d'un consensus assez général au sein de la communauté académique s'intéressant au phénomène du handicap, il a toutefois été l'objet de diverses articulations théoriques (Shakespeare, 2006). Puisant à même la perspective du matérialisme historique, les promoteurs à l'origine du modèle social, notamment britanniques (Oliver, 1983, Finkelstein,

1980), théorisent le handicap comme une oppression sociale et situent les racines de la discrimination à l'égard des personnes ayant des incapacités dans le jeu des forces sociales et économiques des sociétés capitalistes. Sur cette base, ces auteurs se sont montrés sceptiques à l'égard des réformes législatives visant les droits humains qui ne s'appuient pas solidement sur le modèle social du handicap et qui n'assurent pas une réelle participation des personnes ayant des incapacités et des organisations qui les représentent (Barnes et Oliver 1995). De leur côté, les intellectuels et activistes nord-américains (Rioux, 2002) ont considéré les personnes ayant des incapacités comme un groupe minoritaire en insistant sur le rôle des environnements sociaux au sein du processus de production du handicap et, ce faisant, se montrant plus favorables aux réformes législatives antidiscriminatoires pour lutter contre cette exclusion sociale historique. À ces variations de la lecture théorique s'ajoute une conception interactive qui conçoit le handicap comme le résultat de la relation entre la personne et ses caractéristiques et son environnement physique et social (Fougeyrollas, 2010). Le paradigme des droits inauguré par la CDPH tente d'établir un pont entre ces différentes sensibilités et présente une définition du handicap qui rejoint l'approche interactive. Tout en étant un outil qui englobe tous les types de droits (sociaux, culturels, civils, économiques, politiques), la CDPH est clairement basée sur une approche sociale du handicap et reconnaît le rôle important que les personnes ayant des incapacités et leurs organisations doivent jouer dans la mise en œuvre et le suivi de l'exercice des droits.

L'exercice des droits humains des personnes ayant des incapacités : un changement de paradigme introduit par la CDPH

Entrée en vigueur en 2008, la CDPH constitue le premier instrument en faveur des droits humains du 21e siècle. Elle réaffirme que toutes les personnes, nonobstant le type d'incapacité, doivent profiter sur une base égalitaire des mêmes droits et libertés que les autres citoyens, et précise aussi la manière dont ceux-ci s'appliquent à la situation des personnes ayant des incapacités. Elle identifie également les domaines où des améliorations sont nécessaires et des adaptations requises afin de mieux soutenir leur exercice. Dans cette perspective, certains ont soutenu que la CDPH va plus loin que les autres traités en matière de droits humains en créant une « nouvelle manière de concevoir les droits communs » (Mégret, 2008, p.494) en se concentrant sur la dimension sociétale de l'expérience d'exercice des droits et pas uniquement sur la relation entre les individus et l'État. Elle est ainsi particulièrement sensible aux enjeux liés aux relations de pouvoir, tant dans la société en général que dans la sphère privée. Cette sensibilité s'observe notamment dans la manière dont la question du droit à la participation, une dimension centrale dans le champ du handicap, est traitée dans la Convention.

Ainsi, les personnes ayant des incapacités sont définies comme celles « qui présentent des incapacités physiques, mentales, intellectuelles ou sensorielles durables dont l'interaction avec diverses barrières peut faire obstacle à <u>leur pleine et effective participation</u> à la société sur la base de l'égalité avec les autres » (souligné par nous; Nations Unies, 2006, p.5). En ce sens, la notion de participation est mise de l'avant à l'article 3 où elle apparaît comme le principe directeur devant guider la mise en œuvre de toutes les normes de la Convention. Cette notion est, en outre, reprise dans plusieurs articles comme le 24 et le 25 qui traitent respectivement du droit à l'éducation et des soins de santé. On note que l'article 19 insiste tout particulièrement sur le fait que les personnes ayant des incapacités ont le droit de vivre dans la communauté et il requiert que : « les États Parties à la présente Convention reconnaissent à toutes les personnes handicapées le droit de vivre dans la société, avec la même liberté de choix que les autres personnes, et prennent des mesures efficaces et appropriées pour faciliter aux personnes handicapées la pleine jouissance de ce droit ainsi que leur pleine intégration et participation à la société [...] » (Nations Unies, 2006, p.15). En bref, la réalisation de la participation des personnes ayant des incapacités apparaît comme étant l'un des objectifs centraux de la CDPH.

En passant d'une reconnaissance en tant qu'objets de charité à sujets de droits, les personnes ayant des incapacités apparaissent, avec la CDPH, comme une nouvelle force sociale à même de révéler les inégalités sociales qui ont caractérisé leurs conditions de vie. D'une perspective sociopolitique, l'adoption de la CDPH est ainsi une reconnaissance formelle et un instrument de soutien des luttes du mouvement associatif, tant au niveau local qu'international. En ce sens, elle contribue également à redéfinir le handicap comme faisant partie de la diversité humaine plutôt que comme une anomalie. Comme l'a souligné récemment Harpur (2012), le défi consiste maintenant à « se rendre compte du potentiel de la CDPH et de réaliser le changement que son adoption rapide a généré » [traduction des auteurs] (p.5). Dans ce difficile processus à venir, la nouvelle sociologie des droits humains a un rôle décisif à jouer.

La démarche méthodologique

Cette dernière section du chapitre s'appuie sur des données recueillies dans le cadre du DRPI-Canada, un projet national de suivi de l'exercice des droits des personnes ayant des incapacités dans quatre régions à travers le pays soit : Vancouver, Toronto, Québec (Ville) et St-John (Terre-neuve). DRPI-Canada fait partie d'une initiative internationale plus large, le projet DRPI, qui s'applique, depuis 2002, à assurer le suivi de l'exercice des droits des personnes ayant des incapacités dans le monde. En effet, l'approche mise de l'avant par le DRPI est présente sur tous les continents et s'efforce d'assurer cet exercice avec les acteurs locaux dans les différents pays. Au Canada, le projet a recueilli des données dans trois domaines clés de la vigie : données individuelles à partir d'entretiens en profondeur auprès d'un échantillon de convenance, c'est-à-dire composé d'adultes ayant différents types d'incapacités choisis pour des raisons pratiques; des données provenant de l'analyse des lois et des politiques; et des données relatives aux attitudes de la société à l'égard des personnes ayant des incapacités provenant de l'analyse de contenu de certains médias canadiens. L'analyse des résultats ne porte que sur les entretiens individuels. Un schéma d'entretien et un cahier de codification ont été développés en s'appuyant sur les principes des droits humains contenus dans la CDPH, afin d'analyser les expériences individuelles vécues par les personnes ayant des incapacités.

Dans ce projet, une dimension centrale du processus de vigie individuelle est la notion d'« *empowerment* » ou d'autodétermination des personnes et des acteurs collectifs dans le champ du handicap. Cet objectif a été atteint en assurant la participation des personnes ayant des incapacités à titre de monitrices et des acteurs locaux à toutes les phases de la vigie[2] (Boucher et Fiset, 2015, 2013). En ce sens, un partenariat a été développé avec une organisation locale multidéficiences dans chacun des sites participants. Cette dernière avait la responsabilité de la coordination des activités de vigie, du recrutement des moniteurs, c'est-à-dire des personnes ayant des incapacités qui vont faire les entrevues et des personnes interviewées, de la réalisation des entrevues en passant par l'analyse et la rédaction du rapport avec le soutien constant de l'équipe de chercheurs. Préalablement à la collecte de données, les personnes ayant des incapacités, qui avaient été choisies pour être monitrices, en tenant compte des critères de sexe, de leur motivation et du type d'incapacités, ont pris part à un séminaire intensif de formation qui portait sur l'approche des droits humains de même que sur les outils de suivis développés par le DRPI. Au cours de la formation, elles ont acquis des compétences précieuses et essentielles à la réalisation d'entrevues sur le terrain (incluant des techniques spécifiques d'entretien, comment utiliser le schéma d'entretien du DRPI, comment obtenir le consentement éclairé des participants et s'assurer de la confidentialité des données). Le fait que les moniteurs ayant réalisé les entrevues étaient des personnes ayant des incapacités constitue un net avantage de l'approche DRPI en permettant d'établir une relation de confiance et de respect mutuel entre le moniteur et la personne interviewée, ce qui facilite le partage d'informations à l'intérieur d'une démarche méthodologique rigoureuse. En effet, la rigueur et la qualité des données ont été assurées par les chercheurs de l'équipe en assurant un suivi à toutes les étapes du projet.

Les résultats présentés proviennent des quatre sites qui ont participé à la vigie au Canada. Après l'obtention de l'approbation éthique de l'Université York, la collecte de données s'est déroulée de 2008 à 2010. Un total de 178 personnes ayant différents types d'incapacités ont été interviewées, soit 46 à Québec, 43 à Toronto, 41 à Vancouver et 48 à St-John. La taille de l'échantillon a été considérée suffisante pour ce type d'étude qui est principalement dirigée vers une analyse approfondie de la signification, du contexte et du processus qui caractérisent l'expérience vécue dans l'exercice de leurs droits. Sur cette base, une approche qualitative impliquant des entretiens en profondeur auprès d'un petit échantillon a été privilégiée au lieu d'une approche quantitative auprès d'un échantillon représentatif.

Les participants ont été recrutés avec l'aide des partenaires locaux en utilisant une approche mixte qui combine l'échantillonnage de type boule de neige, une stratégie reconnue pour sa capacité à identifier des personnes isolées et plus difficiles à rejoindre (Lopes, Rodrigues et Sichieri, 1996) et un échantillonnage stratifié non représentatif (Trost, 1986). La composition de l'échantillon repose sur trois variables indépendantes qui sont le type d'incapacités, le sexe et le groupe d'âge; un tableau a permis de combiner les types d'incapacités aux deux autres variables afin d'en dégager des sous-groupes. À l'aide des données statistiques disponibles dans chacun des sites concernant les personnes ayant des incapacités, un tableau a permis d'établir un échantillon souhaité pour les entrevues.

L'entretien était initié à l'aide de deux grandes questions de manière à briser la glace : Quelles sont les choses qui vous satisfont le plus dans votre vie? Quels ont été les obstacles ou les défis les plus difficiles que vous avez eu à affronter? Généralement, les personnes interviewées identifiaient deux ou trois situations qui permettaient aux moniteurs par la suite d'approfondir en cherchant à explorer leurs liens à l'aide des principes des droits humains de la CDPH. L'entretien semi-structuré a permis aux personnes interviewées de choisir les sujets qu'elles souhaitaient aborder.

Une grille de codification développée par le DRPI a permis de réaliser l'analyse des données relatives à l'exercice des droits humains. Cette grille permet de mesurer la réalisation et le respect de ces droits à la lumière de cinq grands principes rapportés dans les expériences des personnes ayant des incapacités et dans certains domaines de la vie comme le travail, l'éducation, etc. Ces principes sont : l'autonomie, la dignité, l'inclusion, le respect de la différence, l'égalité et la non-discrimination, l'accessibilité et la participation. Les résultats qui sont présentés ci-dessous ne touchent pas à tous ces principes; ils réfèrent à la dignité, l'autonomie, l'égalité et la non-discrimination et à l'accessibilité.

La vigie du respect des droits humains à partir des expériences des personnes ayant des incapacités

Les caractéristiques sociodémographiques des participants sont décrites dans le tableau 1. Un total de 178 entrevues a été réalisé sur les quatre sites à l'étude. Les participants regroupent tous les types d'incapacités, mais celles associées à une réduction de la mobilité y sont davantage représentées. La majorité des répondants ont 40 ans d'âge ou plus. Bien qu'ils proviennent de tous les horizons, la majorité d'entre eux ont poursuivi des études postsecondaires, soit dans un collège d'enseignement général et professionnel (CEGEP) ou dans une université. Cette situation ne représente toutefois pas la réalité de la moyenne des personnes ayant des incapacités au Canada : le profil des répondants apparaît donc comme un groupe privilégié pour des raisons qui demeurent difficiles à expliquer, mais il y a sans doute un lien avec les modalités de recrutement, de même qu'avec certaines difficultés de recrutement dans chacun des sites.

Tableau 1- Profil sociodémographique des participants

Âge	Nombre de participants	Sexe	Nombre de participants
18-25	7	Homme	81
26-40	33	Femme	97
41-55	61		
56-70	48		
70+	15		
Miss.	*14*		
Type d'incapacités	**Nombre de participants**	**Éducation**	**Nombre de participants**
Mobilité	76	Primaire	13
Sensorielle	27	Secondaire	49
Intellectuelle	8	Formation courte	8
Psychiatrique	16	Professionnelle	6
Autre	44	Collège/Univ.	91
Manquantes	*7*	*Manquant*	*9*

La présentation qui suit se concentre sur les situations de refus ou de violation du droit des Canadiennes et des Canadiens en situation de handicap *de participer activement aux processus de prise de décisions les concernant*. Le fondement d'un tel choix vient du fait que tout refus ou violation de ce droit fondamental reflète et contribue à la subordination et la désappropriation du pouvoir (*disempowerment*) des personnes ayant des incapacités dans la société canadienne. La dénonciation de telles situations se situe au cœur de leurs luttes émancipatrices. L'intérêt ici pour de tels enjeux réside dans le fait que leur exploration permet de mieux comprendre le rôle des droits humains dans la construction des luttes dans le champ du handicap.

Les barrières attitudinales et environnementales limitent la participation pleine et effective des personnes ayant des incapacités à la société. Encore aujourd'hui, plusieurs d'entre elles sont isolées et exclues socialement. Parmi les quatre sites étudiés, les principes des droits humains les plus souvent nommés par les participants comme n'ayant pas été respectés sont ceux de l'inclusion, de la participation aux décisions les concernant et de l'accessibilité.

Dans ce chapitre, plusieurs des situations rapportées illustrent la manière dont des obstacles physiques, attitudinaux et économiques, rencontrés quotidiennement par les personnes ayant des incapacités, entraînent leur exclusion systématique des lieux, des services et des activités accessibles à l'ensemble des citoyens. Ils conduisent également plusieurs d'entre elles à se sentir subordonnées et désappropriées de leur pouvoir face aux autres.

Étant donné le grand nombre de personnes à mobilité réduite interviewées, l'enjeu de l'accessibilité physique a été mentionné à plusieurs reprises. Selon l'article 19, les États doivent assurer l'inclusion dans la communauté de telle sorte que « Les services et équipements sociaux destinés à la population générale soient mis à la disposition des personnes handicapées, sur la base de l'égalité avec les autres, et soient adaptés à leurs besoins » (NU, 2006, p.14). Ainsi l'accent est mis sur la participation à la communauté qui doit se faire dans les espaces publics, où se déroulent la plupart des interactions sociales. Or ces infrastructures collectives contiennent souvent des obstacles dus à l'absence d'une prise en compte de la diversité des besoins de la population.

Les résultats montrent l'existence de nombreuses situations de non-respect des principes et des normes des droits humains en lien avec l'accessibilité physique. De telles violations surviennent lorsque les autorités mettent sur pied des services spécialisés destinés aux seules personnes ayant des incapacités au lieu de proposer des aménagements à leurs services publics généraux, de manière à ce qu'ils répondent aux besoins d'une population diversifiée. De plus, les services spécialisés ont rarement accès à des ressources suffisantes de sorte que des limites existent dans ce qu'ils peuvent offrir. Ils tiennent également souvent pour acquis que les personnes ayant des incapacités vivent différemment, possèdent des aspirations limitées et nécessitent donc des services spéciaux afin de tenir compte de leurs réalités. Le transport est l'un des domaines où cette logique est la plus apparente. Au Canada, de nombreux systèmes de transport public ne sont pas accessibles aux personnes ayant des incapacités, tout particulièrement pour celles qui se déplacent en fauteuil roulant. La solution proposée pour contrer cette situation a été de mettre en place un système de transport à l'usage exclusif des personnes ayant des incapacités. Tel est le cas de Wheels Trans, le service d'autobus offert dans la ville de Toronto et de Handy Dart à Vancouver. Aussi importants qu'ils puissent l'être pour les personnes ayant des incapacités, la façon dont ces services fonctionnent pose de nombreuses contraintes sur le droit des personnes ayant des incapacités de participer à la vie de la communauté au même titre que les autres. Une personne interviewée indique :

> « J'emploie un système ségrégué que je ne souhaite pas utiliser. Je n'ai pas accès au système de transport public comme les autres… Je ne peux pas m'organiser une sortie le soir puisque seuls mes trajets entre la maison et le travail me sont assurés… Cela m'empêche de faire ce que je veux. Je ne peux pas visiter les gens que j'aimerais voir, je ne peux pas aller au cinéma ou au théâtre ou faire du bénévolat quand je le veux » (Femme, âge inconnu, Toronto, Canada).

L'exemple ci-dessus montre que pour avoir accès au transport adapté, ses utilisateurs doivent se priver de libertés et de choix, contrairement à ceux employant les systèmes de transport public. Une telle situation limite grandement leurs possibilités de participer aux interactions sociales. L'inaccessibilité de l'environnement bâti créée des obstacles à la réalisation d'une multitude d'activités sociales : faire des courses (magasins, restaurants, épiceries, etc.), aller au théâtre ou assister à des services religieux, utiliser un guichet automatique, utiliser les passages piétons, les trottoirs ou encore accéder aux bureaux de vote afin d'exercer son devoir de citoyen. Cependant, il importe ici de souligner que ce n'est pas tant la diversité que l'importance des besoins et des ressources requises qui fait que le recours à une approche spécialisée est parfois privilégiée dans certains secteurs d'activité comme dans le logement ou encore dans les loisirs.

De simples tâches quotidiennes, que tous réalisent sans y penser, deviennent soudainement plus difficiles et, parfois, impossibles. L'inaccessibilité des lieux et des infrastructures empêche les personnes ayant des incapacités d'accéder aux lieux publics, les marginalise et les isole dans leurs communautés. Elle renforce ainsi l'image de dépendance et de désespoir que la société accole au phénomène du handicap. Au-delà des enjeux associés à l'accès, c'est la configuration de l'environnement bâti qui s'actualise « à travers les conditions matérielles, les identités et les expériences quotidiennes des personnes ayant des incapacités » (Imrie et Kunan, 1998, p.358). Elles se sentent « exclues et opprimées par l'environnement bâti et généralement impuissantes » (Imrie et Kunan, 1998, p.357). De telles dimensions spatiales sont très importantes du point de vue des droits, puisqu'elles contribuent directement à la construction sociale de la vie quotidienne des personnes ayant des incapacités (Gleeson, 1998), de leurs expériences de discrimination (Darcy et Taylor, 2009) et présentent des conséquences sur le développement de politiques publiques efficaces (Imrie, 2000).

Les attitudes affichées par la population peuvent également être facilitantes ou handicapantes. Une participante du Québec raconte :

> « *D'aller dîner avec mon employée pis elle n'était pas handicapée.*
> *D'arriver pour se faire servir et que la serveuse s'adresse à elle : "Qu'est-*

ce qu'elle mange elle?" Pis c'est moi qui payais le repas de l'autre, t'sais? » (Femme, 66 ans, ville de Québec).

Les participants ont également signalé l'existence de telles barrières attitudinales dans le milieu du travail. Ces dernières nous questionnent quant au rôle et à la place des personnes ayant des incapacités dans la sphère économique. Les situations rapportées témoignent des inégalités auxquelles elles sont confrontées au travail, mais également dans l'ensemble de leur vie. Elles montrent l'existence d'une tension constante entre l'universalité des droits et les particularités des contextes sociaux, politiques et culturels qui systématiquement les dénient. L'emploi d'une analyse sociologique se révèle utile afin de mettre en évidence les processus sociaux impliqués dans l'exercice des droits des personnes ayant des incapacités. Bien que la CDPH reconnaisse le caractère officiel et formel de leur droit au travail, son exercice dépend d'une multitude de facteurs, dont les ressources mises à la disposition des individus. Comme Prince (2009) l'écrit, « le handicap, en tant qu'enjeu public, exige d'assurer une prise en compte des aspects liés à la responsabilité individuelle et collective, de même que la nécessité de favoriser le changement social, des réformes politiques et des changements culturels » [traduction des auteurs] (p.25).

Ces aspects sont tous très importants pour les personnes ayant des incapacités puisque la seule reconnaissance des droits n'est pas suffisante si les attitudes facilitantes et les mesures de soutien nécessaires ne sont pas mises en œuvre afin d'assurer une participation sociale pleine et entière. En effet, les attitudes dévalorisantes et le manque de soutien adéquat, malgré la reconnaissance de leurs droits, ne parviennent qu'à reproduire leur statut de « citoyen invisible » (Prince 2009). Une participante décrit une situation qu'elle a récemment vécue dans son milieu de travail :

> « *Ils savent que j'ai des incapacités, ils savent que je suis sourde, mais ils ne savent pas nécessairement comment s'ajuster lorsqu'ils interagissent avec un sourd ou une personne ayant des incapacités. Je sais que monter dans l'entreprise ou être considérée pour une promotion sera difficile. Je me suis fait dire que je ne pourrais pas changer de poste parce que je ne suis pas en mesure, par exemple, d'utiliser un téléphone* » (Femme, 41 ans, Vancouver).

Un autre participant résume bien une telle situation lorsqu'il partage :
> « *C'est frustrant. Le manque d'accessibilité me fait sentir comme si je n'étais pas inclus, comme si je ne faisais pas partie de la société qui m'entoure* » (Homme, 38 ans, Toronto).

Ces exemples montrent l'existence d'importantes barrières attitudinales au Canada, lesquelles imposent des limites à ce que les personnes ayant des incapacités peuvent accomplir dans les communautés dans lesquelles elles vivent. Le manque d'accessibilité et les attitudes dévalorisantes contribuent de plus à l'établissement et au renforcement d'un cercle vicieux fondé sur la croyance qu'elles ne sont pas en mesure d'accomplir des choses, qu'elles sont dépendantes et représentent un fardeau pour leur famille et la société en général. De même, la discrimination et la stigmatisation dont elles sont l'objet encouragent leur isolement et leur exclusion, les transforment en citoyens invisibles. Une telle atteinte à leur citoyenneté se traduit dans une diminution de leurs capacités à changer leur environnement de manière à faciliter l'inclusion et la participation de tous.

Cette situation d'impuissance peut s'observer tant sur le plan individuel que collectif. Elle s'explique notamment par le fait qu'un grand nombre de personnes ayant des incapacités ont une situation économique défavorable. En effet, bien que le groupe de participants fût composé d'individus ayant un niveau de scolarité élevé, leur taux d'inactivité avoisinait les 45 %, ce qui est bien supérieur à celui de la population canadienne en général. Plusieurs d'entre eux reçoivent des pensions d'invalidité et considèrent que l'insécurité financière les empêche de vivre dans la dignité et d'exercer leur droit à l'égalité. À de nombreuses reprises, dans le cadre de cette recherche qualitative, les participants ont mentionné que l'insécurité financière accentuait les inégalités sociales, une réalité confirmée par les statistiques disponibles au Canada sur le handicap (voir par exemple Dinca-Painatescu et al. 2011; Crawford 2010; Caledon Institute 2003) et dans plusieurs autres articles (Baylies, 2002; Elwan, 1999). Nos résultats suggèrent que l'absence d'un revenu adéquat augmente la vulnérabilité et diminue les possibilités de participer socialement et de prendre part aux décisions qui les concernent. Un participant se confie :

> « *Mes temps de loisir et mes occasions d'avoir du plaisir sont plutôt limités ces temps-ci parce que j'ai de la difficulté à me rendre à l'épicerie, à mes rendez-vous médicaux, aux différents événements auxquels j'assiste. Il y a plein de choses qui me sont interdites pour le moment... »* (Femme, 43 ans, St. John's).

L'insécurité financière vécue par les personnes ayant des incapacités demeure un obstacle important à l'exercice de leurs droits humains, et ce, même s'il existe de nombreux programmes, services et interventions publics dans le champ du handicap au Canada (Furrie, 2006; Stapleton et al, 2006; Fougeyrollas et al, 2005). Certaines politiques peuvent également contribuer à l'appauvrissement des personnes ayant des incapacités (Stapleton et al, 2006). Le resserrement des critères d'admissibilité et l'incertitude quant à leur futur ajoutent au niveau d'insécurité et à leur sentiment d'impuissance, lesquels remettent en question leur droit à la dignité et le droit de participer à la société sur un pied d'égalité avec les autres. Une participante mentionne :

> « *C'est frustrant parce que l'on doit se battre pour tout et on doit faire des efforts pour accéder à tout ce à quoi on a droit. C'est parfois très stressant... Parfois je deviens nerveuse parce que tu penses qu'ils vont dire non ou qu'ils vont me confronter ou me contredire et me dire qu'une*

chose ou l'autre ne peut être faite ou, en tout cas, pas de cette manière... » (Femme, 36 ans, Vancouver).

Ces résultats montrent le long chemin à parcourir par l'État canadien afin que les idéaux des droits humains deviennent réalité. Ils appellent également l'adoption d'une nouvelle approche qui propose une compréhension globale de l'exercice des droits des personnes ayant des incapacités, tout en tenant compte des relations complexes existant entre les droits sociaux, économiques, politiques, culturels et civils.

Conclusion

Les résultats présentés dans ce chapitre révèlent l'existence de discriminations et d'exclusion fondées sur le handicap, et cela en dépit des engagements formels de l'État canadien à protéger et à assurer le plein exercice des droits des personnes ayant des incapacités tels que manifestés par la ratification de la CDPH. La démarche méthodologique du DRPI, basée sur les principes des droits humains, définis comme des catégories analytiques, a permis de mesurer l'écart entre le discours officiel et l'expérience vécue par les personnes ayant des incapacités. L'approche sociologique privilégiée rend compte des tensions qui persistent entre l'universalisme des droits et la singularité du contexte social et politique qui crée des inégalités systémiques et l'exclusion des personnes ayant des incapacités. Dans la foulée de Waters, nous soutenons également l'idée que les droits ne sont pas des créations abstraites; ils sont plutôt des constructions sociales façonnées par « des intérêts politiques spécifiques » (Walters cité dans Hynes et al, 2010, p.8).

Clément (2011) souligne que « les mouvements sociaux révèlent la manière dont les acteurs sociaux luttent pour l'application de vagues principes de droits humains universels dans un contexte local » (p.127). Par contre, la documentation des situations de non-respect des droits à partir des expériences vécues par les personnes ayant des incapacités contribue à concrétiser davantage leurs significations au sein des sociétés contemporaines, ce qui permet de rencontrer les enjeux sociologiques identifiés plus tôt par Pieterse (2007). De même, l'utilisation des principes des droits humains comme vecteur d'analyse de ces expériences, contribue d'une certaine manière à opérationnaliser leur caractère parfois abstrait. Cette démarche méthodologique permet de saisir la situation des personnes parce qu'elle est ancrée dans leur contexte et que cette dimension caractérise, selon Fields et Narr (1992), la sociologie des droits humains. Des contextes qui rendent compte de leur caractère contraignant, comme l'illustrent les expériences liées aux déplacements ou encore à l'accessibilité de l'environnement bâti. De même, on note que les interactions entre les experts du handicap et le mouvement associatif des personnes ayant des incapacités expliquent en partie le niveau de prise en compte des droits humains par les autorités politiques au sein des sociétés contemporaines. Au-delà des discours entourant la CDPH, la contribution des spécialistes, tant du champ du handicap que des droits humains et du mouvement d'émancipation des personnes ayant des incapacités, demeure essentielle si l'on souhaite que les droits ne demeurent pas « le paradoxe des promesses vides » (Hafner-Burton et Tsutsui, 2005, p.2).

Prenant comme fondement normatif la CDPH « dans l'analyse des objectifs de respect, de participation et d'aménagement » (Jongbloed, 2003, p.208) et rendant l'État pleinement responsable (Bleasdale et Tomlinson, 2002), ce chapitre a tenté d'examiner l'écart persistant entre la théorie des droits humains et l'expérience vécue par les personnes ayant des incapacités. Basée sur des données recueillies dans quatre sites au Canada, s'appuyant sur l'approche et les outils développés par le DRPI, leur analyse révèle que les personnes ayant des incapacités rencontrent des difficultés importantes dans la réalisation des activités ordinaires de la société en raison des obstacles liés aux attitudes, au manque d'accès à l'environnement bâti et aux services de transport, et, au manque de sécurité économique. En plus de provoquer leur exclusion de l'espace public, ces barrières contribuent à en faire des êtres humains dépendants et impuissants plutôt que des citoyens égaux et actifs. Vis-à-vis des inégalités de pouvoir constantes et tout particulièrement depuis l'adoption de la CDPH, le mouvement associatif des personnes ayant des incapacités, tant au Canada qu'ailleurs, tire profit du discours des droits humains pour encadrer et poursuivre sa lutte pour la justice sociale. Les récents développements de la perspective des droits humains dans le champ du handicap ne sont donc pas en opposition avec le mouvement de défense des droits des personnes ayant des incapacités, il représente plutôt une autre étape dans la lutte continue pour l'égalité et la citoyenneté.

Ce chapitre contribue au courant d'analyse sociologique émergent qui s'intéresse aux droits humains (Hynes et al. 2010) et constitue un pas supplémentaire vers le développement d'une meilleure compréhension de la relation entre l'individu ayant des incapacités et la société, par l'intermédiaire du mouvement de défense des droits des personnes ayant des incapacités. Cela montre le besoin de poursuivre l'exploration de ces rapports afin de pousser plus avant la compréhension des liens entre les droits humains, le mouvement de défense des droits et le changement social, de l'individu et de la société, et par conséquent, de donner une portée sociologique à l'égard du discours et des pratiques actuels en matière de droits humains.

Notes

---

[1] Ce projet a bénéficié du soutien financier du Conseil de recherche en sciences humaines du Canada (CRSH) dans le cadre de son programme

d'alliance recherche université – communauté (ARUC) et réalisé sous la direction de Marcia Rioux de York Université à Toronto. Je tiens à remercier également Francis Charrier pour ses précieux commentaires sur la traduction de certaines parties de ce chapitre.

² Nous avons choisi de traduire l'expression monitoring par celle de vigie au lieu de surveillance ou encore monitorage en raison notamment de la connotation médicale qui leur est généralement rattachée. La vigie tire son origine du monde maritime où elle réfère à la personne qui veille du haut d'une hune à scruter l'horizon afin que le navire se rende à bon port. Dans ce projet, la vigie de l'exercice des droits des personnes ayant des incapacités emprunte cette approche afin d'identifier les obstacles, les écarts ou encore les atteintes aux droits dans ce processus social et politique qui caractérise la citoyenneté.

Références

Barbalet, J. M. (1995). A social emotions theory of basic rights. *Australian and New Zealand Journal of Sociology*, 21(2), 36-44.

Barnes, C., et Oliver, M., (1995). Disability Rights: Rhetoric and Reality in the UK. *Disability and Society*, 10(1), 110-116.

Barton, L. (1993). The struggle for citizenship: The case of disabled people. *Disability, Handicap & Society*, 8(3), 235-248.

Baylies, C. (2002). Disability and the notion of human development: Questions of rights and capabilities. *Disability & Society*, 17(7), 725-739.

Belden Fields, A. and Wolf-Dieter, N. (1992). Human Rights as a Holistic Concept. *Human Rights Quarterly*, 14(1), 1-20.

Bleasdale, M. et Tomlinson, J. (1999). Disability and citizenship: Making the State accountable. *Social Alternatives*, 18(1), 54-59.

Boucher, N. et Charrier, F. (2017). Le mouvement de défense de la conception sociale du handicap et leur influence sur la norme juridique internationale. Dans S. Chassagnard-Pinet et A. Gonzalez (dir.), *Compensation du handicap et inclusion sociale. Les apports d'une conception sociale du handicap* (p. 33-46). Paris : Mare et Martin.

Boucher, N. et Fiset, D. (2015). Monitoring Individual Experiences: An Innovative Strategy to Initiate Social Change in the Exercise of Human Rights by Persons with Disabilities? Dans M. H. Rioux, P. C. Pinto, G. Parekh (dir.), *Disability, Rights Monitoring, and Social Change Building Power out of Evidence* (p. 257-277). Toronto : Canadian Scholars' Press.

Boucher, N. et Fiset, D. (2013). La vigie : une pratique novatrice de défense collective des droits humains des personnes ayant des incapacités. Dans E. Gardien (dir.), *Engagements citoyens et innovations sociales. La participation des personnes en situation de handicap* (p. 105-117). Toulouse : Erès

Boucher, N., Fougeyrollas, P. et Gaucher, C. (2003). Development and Transformation of Advocacy in the Disability Movement of Quebec. Dans D. Stiensdra et A. Wight-Felske (dir.), *Making Equality. History of Advocacy and Persons with Disabilities in Canada* (p. 137-162). Toronto: Captus Press,

Caledon Institute. (2003). *The disability income system in Canada: Options for reform.* Accès: http://www.caledoninst.org/Publications/PDF/1-895796-72-5.pdf

Clément, D. (2011). A sociology of human rights: Rights trough a social movement lens. *Canadian Review of Sociology/Revue canadienne de sociologie*, 48(2), 121-135.

Connell, R. W. (1995). Sociology and Human Rights. *Australian and New Zealand Journal of Sociology*, 21(2), 25-29.

Crawford, C. (2010). *Disabling Poverty and Enabling Citizenship: Understanding the Poverty and Exclusion of Canadians with Disabilities.* Accès: http://www.ccdonline.ca/en/socialpolicy/poverty-citizenship/demographic-profile/understanding-poverty-exclusion

Darcy, S., et Taylor, T. (2009). Disability citizenship: an Australian human rights analysis of the cultural industries. *Leisure Studies*, 28(4), 419 - 441.

Dinca-Panaitescu, M., Doucet, R., Patton, L., Pooran, B. et Stapleton, J. (2011). Low Income Adults Living with Disabilities in Canada: A Detailed Analysis using PALS 2006 Data. *Report for Human Resources and Skills Development Canada.* http://www.hrsdc.gc.ca/eng/home.shtml

Drieger, D. et Gray, S. (1992). *Imprinting our Image, an International Anthology by Women with Disabilities.* Ottawa: Gynergy Books.

Driedger, D. (1989). *The Last Civil Rights Movement: Disabled Peoples' International.* London: Hurst & Company.

Disability Right Promotion International (DRPI)-Canada. (2010a). *Monitoring the Human Rights of People with Disabilities in Canada :Toronto* http://drpi.research.yorku.ca/wpcontent/uploads/2015/01/TorontoF actSheetJul2010En.pdf

DRPI-Canada. (2010b). *Monitoring the Human Rights of People with Disabilities in Canada: Quebec.* http://www.yorku.ca/drpi

Elwan, A. (1999). Poverty and Disability, a Survey of the Literature. *Social Protection Discussion Paper Series, no 9932. Social Protection Unit, Human Development Network*, The World Bank. Accès:

http://documents.worldbank.org/curated/en/488521468764667300/P overty-and-disability-a-survey-of-the-literature

Finkelstein, V. (1980) *Attitudes and Disabled People: Issues for Discussion.* World Rehabilitation Fund, New York.

Furrie, A. (2006). Profiling Canadians with disabilities. Dans M.A. McColl et L. Jongbloed (dir.), *Disability and Social Policy in Canada* (2e éd., p. 22-36). Toronto: Captus University Publications.

Fougeyrollas, P. (2010). *Le funambule, le fil et la toile. Transformations réciproques du sens du handicap.* Québec : Presses de l'Université Laval.

Fougeyrollas, P., Tremblay, J., Noreau, L., Dumont, S., et St-Onge, M. (2005). Les personnes ayant des incapacités : encore plus pauvres et à part...qu'égales. *Les facteurs personnels et environnementaux associés à l'appauvrissement des personnes ayant des incapacités et leurs familles.* Québec : CIRRIS-IRDPQ.

Gleeson, B. (1998). *Geographies of Disability.* London : Routledge.

Hafner-Burton, E.M. et Tsutsui, K. (2005). Human rights in a globalizing world: The paradox of empty promises. *American Journal of Sociology,* 110(5),1373-1411.

Harpur, P. (2012). Embracing the New Disability Rights Paradigm: The Importance of the Convention on the Rights of Persons with Disabilities. *Disability & Society,* 27(1), 1-14.

Hasler, F., (2001). Developments in the disabled people's movement. Dans J. Swain, V. Finkelstein, S. French et M. Oliver (dir), *Disabling barriers – Enabling Environments* (p. 278-284). London : Sage Publications.

Howard-Hassmann, R. (2005). The Second Great Transformation: Human Rights Leapfrogging in the era of Globalization. *Human Rights Quarterly,* 27(1), 1-40.

Hynes, P., Lamb, M., Short, D., et Waites, M. (2010). Sociology and human rights: Confrontations, evasions and new engagements. *The International Journal of Human Rights,* 14(6),801-832. http://dx.doi.org/10.1080/13642987.2010.512125.

Imrie, R. (2000). Disabling environments and the geography of access policies and practice. *Disability & Society,* 15(1), 5- 24.

Imrie, R. et Kumar, M. (1998). Focusing on disability and access in the built environment. *Disability & Society,* 13(3), 357-374.

Jongbloed, L. (2003). Disability policy in Canada: an overview. *Journal of Disability Policy Studies,* 13(4), 203-209.

Lopes, C.S., Rodrigues, L.C. et Sichieri, R. (1996). The lack of selection bias in a snowball sampled case-control study on drug abuse. *International Journal of Epidemiology,* 25(6), 1267-1270.

Mégret, F. (2008). The Disabilities Convention: Human rights of persons with disabilities or disability rights. *Human Rights Quarterly*, 30, 494-516.

Nations Unies (2006). *Convention relative aux droits des personnes handicapées et protocole facultatif.* Accès : http://www.un.org/disabilities/documents/convention/convoptprot-f.pdf

Oliver, M. (1990). *The Politics of Disablement.* Basingstoke: MacMillan & St-Martin's Press.

Oliver, M. (1983). *Social Work with Disabled People.* London: Macmillan.

Pieterse, M. (2007). Eating socioeconomic rights: The usefulness of rights talk in alleviating social hardship revisited. *Human Rights Quarterly*, 29, 796-822.

Prince, M. J. (2010). *Absents Citizens. Disability Politics and Policy in Canada.* Toronto : University of Toronto Press.

Rioux, M. H. et Valentine, F. (2006). Does Theory Matter? Exploring the Nexus between Disability, Human Rights, and Public Policy. Dans D. Pothier et R. Devlin (dir.), *Critical Disability Theory. Essays in Philosophy, Politics, Policy, and Law* (p. 47-69). Vancouver: UBC Press.

Rioux, M. H. (2002). Disability, Citizenship and Rights in a Changing World. Dans C. Barnes, M. Oliver et L. Barton (dir.), *Disability Studies Today* (p. 210-227). London : Polity.

Rioux, M.H. et Bach, M. (dir.). (1994). *Disability is not measles: new research paradigms in disability.* Toronto : Roeher Institute.

Shakespeare, T. (2006). *Disability Rights and Wrongs.* London : Taylor & Francis.

Sjoberg, G., Gill, E. A. et Williams, N. (2001). A Sociology of Human Rights. *Social Problems*, 48(1), 11-47.

Smith, C. (2002). The Sequestration of Experience: Rights Talk and Moral Thinking in «Late Modernity». *Sociology*, 36(1), 43–66.

Somers, M. R. et Roberts, C. (2008). Toward a new sociology of rights: A genealogy of «buried bodies» of citizenship and human rights. *Annual Review of Law and Social Science*, 4, 385-425.

Stammers, N. (1999). Social movements and the social construction of human rights. *Human Rights Quarterly*, 21(4), 980-1008.

Stapleton, D.C., O'Day, B.L., Livemore, G.A., et Impareto, A.J. (2006). Dismantling the poverty trap: Disability policy for the twenty-first century. *The Milbank Quarterly*, 84(4), 701-732.

Stiensdra, D., et Wight-Felske, A. (2003). *Making Equality. History of advocacy and persons with disability in Canada.* Toronto: Cactus Press.

95

Trost, J. E. (1986). Statistically non representative stratified sampling: A sampling technique for qualitative studies. *Qualitative Sociology*, 9(1), 54-57.

Turner, B. (1995). Rights and communities: prolegomenon to a sociology of rights. *Australian and New Zealand Journal of Sociology*, 21(2),1-44.

Turner,B. (1993). Outline of a Theory of Human Rights, *Sociology* 27(3): 489-512.

World Health Organization and World Bank. (2011). *World Report on Disability*. Accès: http://whqlibdoc.who.int/publications/2011/9789240685215_eng.pdf

Waters, M. (1996). Human Rights and the Universalisation of Interests: Towards a Social Constructionist Approach. *Sociology*, 30 (3), 593–600.

3

Le Conseil du Québec de l'enfance exceptionnelle (1963-1976) : Pour les droits des jeunes vivant avec des incapacités intellectuelles

Lucia Ferretti
Université du Québec à Trois-Rivières

Le Conseil du Québec de l'enfance exceptionnelle (CQEE) est créé en 1961 et incorporé en 1963. C'est une association inter et multidisciplinaire à participation volontaire. Son principal fondateur, Clément Thibert, est alors président de la sous-commission de l'enseignement aux enfants exceptionnels du Département de l'Instruction publique. Or, pour Thibert, les jeunes qui ont des besoins spéciaux doivent être considérés plus globalement que sous la simple lorgnette de l'éducation.

Aussi, le CQEE inscrit-il d'emblée son action explicitement au carrefour de l'éducation, de la médecine, de l'éducation spécialisée et du travail social. L'organisme regroupe des parents, des professionnels, des fonctionnaires, des chercheurs dans les divers domaines reliés à la réadaptation. Il se veut un lieu de rassemblement de tous ceux qui s'intéressent à l'enfance dite alors « exceptionnelle » et particulièrement aux jeunes vivant avec des incapacités intellectuelles. Son bureau central situé à Québec et ses divers chapitres régionaux (jusqu'en 1973) sont autant de forums de rencontres et de discussions pour faciliter la mise en commun des expertises, l'identification de consensus et de moyens d'action. Dans sa forme d'origine, le CQEE reste actif jusqu'à la fin des années 1970.

Durant toute son existence, la question des droits a été l'une de ses principales préoccupations.

Pour faire connaître l'action de cet organisme, nous avons dépouillé exhaustivement sa revue, *L'Enfant exceptionnel*. Celle-ci fut publiée en moyenne quatre fois par an de 1965 à 1976. Chaque livraison comptait une centaine de pages. À côté d'articles de recherche, on y trouve les textes d'intervenants, ceux de parents ou d'autres professionnels qui élaborent ou examinent des projets de programmes ou de politiques gouvernementales. La revue publie aussi des documents internationaux d'intérêt, une bibliographie et des recensions d'ouvrages. En somme, pour ce qui concerne la déficience intellectuelle en ces années, elle se révèle une source incontournable. Quelques autres documents, indiqués dans la bibliographie, complètent le corpus des sources. Ils ont été choisis parce que ce sont les textes phares qui ont guidé la réflexion du CQEE dans les années où sa revue est publiée, ceux qui sont cités le plus souvent en ses pages.

Cet article comprend quatre parties. Nous commençons par présenter le contexte qui prévaut au début des années 1960, quand émerge un nouveau paradigme en déficience intellectuelle, paradigme qui se déploiera dans les vingt années suivantes, soit pendant la période de publication de *L'Enfant exceptionnel*. Puis nous faisons connaître le CQEE et ses moyens d'action. Les deux parties suivantes montrent la contribution de cet organisme à la diffusion de l'idéologie des droits et aux expériences d'intégration sociale conduite au Québec dans les années 1960 et 1970.

S'il faut tout dire en quelques mots, résumons ainsi : dès le début des années 1960, le CQEE a voulu donner aux divers milieux québécois concernés par la déficience intellectuelle une culture commune en prise sur les grands débats internationaux de l'époque, et il a fait avancer l'idée que les jeunes présentent des incapacités intellectuelles ont des droits, dont celui de vivre dans la communauté.

L'émergence du discours des droits

L'action du CQEE s'effectue au moment où le monde de la déficience intellectuelle entre dans une période de profonde transformation. Entre le début des années 1960 et le milieu des années 1970, en effet, un nouveau paradigme émerge en Occident.

De pathologie stationnaire et mesurable par un test de Q.I., la déficience intellectuelle devient un état évolutif, caractérisé non seulement par l'insuffisance mentale de l'individu, mais aussi par des limitations de l'adaptation sociale dont certaines sont désormais imputées aux exigences de la société. Dans le déficient mental on voyait autrefois seulement les manques, parfois jusqu'à presque lui dénier le statut d'être humain; à partir des années 1950 et 1960, il devient une personne dont on apprend à voir les capacités et à qui on reconnaît des droits. La réadaptation s'adressait naguère aux jeunes « éducables » uniquement, elle était effectuée en internat et était conçue comme un moment de préparation intensive à la vie adulte en société; or, au milieu des années 1970, la réadaptation commence à être repensée comme l'ensemble des mesures destinées à soutenir en tout temps les jeunes et les adultes présentant une déficience, y compris profonde, dans leur vie au sein de la communauté.

Complété seulement à la fin des années 1980, c'est néanmoins dans les années 1960 à 1975 que s'amorce au Québec ce remplacement du paradigme de l'internement par celui de l'intégration sociale pour tous. À l'époque, ce concept est connoté d'espérance et il englobe plusieurs dimensions qui ont été distinguées par la suite. Il ne signifie pas seulement l'intégration physique, au sens de résider en dehors d'une institution, partager l'espace commun et utiliser les mêmes facilités et services que tous. Il englobe aussi ce qu'on appelle aujourd'hui la participation sociale et même l'inclusion sociale, entendue au sens d'exercice de rôles sociaux accessibles à tous et d'interaction avec les autres. C'est dans ce sens général qu'il avait à ses débuts que nous utiliserons ici le concept d'intégration sociale.

Or, un des soutiens de la lutte pour l'intégration sociale est la question des droits. La grande *Déclaration universelle des droits de l'homme* de 1948 est, à cette époque, en train de donner un fondement à une série de déclarations reconnaissant des droits à des catégories spécifiques d'êtres humains. Parmi eux, il y a désormais les enfants, ainsi que les personnes présentant des incapacités intellectuelles.

Ainsi, en 1959, l'Organisation des Nations Unies (ONU) adopte la *Déclaration des droits de l'enfant*. Celle-ci stipule entre autres que « l'enfant exceptionnel a droit de recevoir le traitement, l'éducation et les soins spéciaux que nécessite son état ou sa situation ». Au début des années 1960, le mouvement continue. En avril 1963, le 8e Congrès du Bureau international catholique de l'enfance (BICE), réuni à Beyrouth, adopte une *Charte des droits des enfants inadaptés*, à laquelle les spécialistes du monde entier vont faire un large et durable écho. À l'invitation du Président Kennedy, se déroule en septembre de la même année la *White House Conference on Mental Retardation*. De son côté, le Gouvernement du Québec fait préparer un *Exposé sur la déficience mentale au Québec*, en vue de la conférence fédérale-provinciale qui se tient sur le sujet en octobre 1964. Les échanges, à cette occasion, laissent une large place à la prévention et au dépistage, mais aussi aux soins à domicile, à la réadaptation et aux services en milieu ouvert. Le Rapport Parent pour sa part, par lequel est amorcée la grande réforme de l'éducation caractéristique des années 1960, recommande de confirmer la responsabilité des commissions scolaires dans l'enseignement aux enfants handicapés. Bientôt, le gouverneur général du Canada, Georges Vanier, et le pape Paul VI lanceront à leur tour un appel en leur faveur. Bref, les jeunes handicapés intellectuels commencent à être conçus comme des personnes ayant des droits, dont celui de vivre dans la communauté avec les mesures de soutien nécessaires.

Parallèlement, la première grande expérience de désinstitutionnalisation des personnes vivant avec une déficience intellectuelle est tentée au Québec, à l'hôpital psychiatrique de Baie-Saint-Paul, sous le leadership de la congrégation religieuse catholique des Petites Franciscaines de Marie. Celles-ci mettent sur pied une école de réadaptation dans leur hôpital et créent les premières structures en milieu ouvert (foyers de groupes, ateliers protégés, service social externe) pour accueillir et suivre leurs anciens hospitalisés dans la communauté. Et elles le font explicitement au nom des droits de ceux-ci à vivre en dehors des institutions[2].

C'est dans ce contexte qu'est fondé le Conseil du Québec de l'enfance exceptionnelle et qu'il entreprend son action.

Le CQEE : ce qu'il est, ses moyens d'action

À la sous-commission de l'enseignement aux enfants exceptionnels, Clément Thibert travaille en concertation avec des collègues psychologues tels que Gérard L. Barbeau, Euchariste Paulhus, Jean-Charles Lessard, Albini Girouard. À eux cinq, ils détiennent à peu près toute l'expertise québécoise du début des années 1960 en déficience intellectuelle.

Ces premiers experts québécois se sont formés dans des réseaux d'experts européens et américains. Dans les années 1950, outre leurs nombreux contacts aux États-Unis (notamment Edgar Doll et Richard Hungerford, chercheurs respectivement à Vineland et à l'Université Columbia), les experts et intervenants québécois ont connu les expériences menées dans les pays catholiques européens grâce au réseau des organisations internationales catholiques de l'enfance, dans lesquels, à l'invitation d'Henri Bissonnier, ils sont assez présents. Henri Bissonnier est alors Secrétaire général de la Commission médico-sociale et psychopédagogique du Bureau International Catholique de l'Enfance (BICE); il est aussi le fondateur de l'Office chrétien des personnes handicapées. Au même moment, les milieux professionnels et savants du Canada anglais tissaient des liens plutôt avec leurs collègues de Grande-Bretagne, d'Australie, des États-Unis et d'Israël. La spécificité de l'expérience québécoise en Amérique du Nord, en déficience intellectuelle, est de s'être située d'emblée au confluent de deux traditions de réflexion, de recherche, et d'intervention.

Dans les années 1950, Barbeau et Thibert ont travaillé au Mont-Providence, l'internat des Sœurs de la Providence qui est aussi une école spécialisée d'avant-garde, Paulhus et Girouard ont dirigé les premiers instituts de réadaptation Val-du-Lac et Doréa. Et tous, y compris Lessard, ont conçu les programmes destinés aux futurs enseignants du secteur des services spéciaux dans les commissions scolaires. Trois d'entre eux occupent tour à tour dans les années 1960 la présidence annuelle du CQEE. D'autres experts de la déficience intellectuelle, parmi lesquels des médecins ou des pédagogues en sont chargés ensuite; c'est le cas notamment de Jean-Jacques Paquet, directeur de la Division des services spéciaux à la Commission des écoles catholiques de Montréal au début des années 1970. C'est dire qu'au sein de l'enfance « exceptionnelle », les jeunes présentant une déficience intellectuelle font l'objet d'une attention soutenue et experte au CQEE.

En 1965, à ses débuts, la revue *L'Enfant exceptionnel* tire à 1500 exemplaires puis à environ 900 à partir de 1967. Elle est le carrefour des expériences et des réflexions conduites dans toutes les régions sur l'éducation, la formation professionnelle, l'emploi protégé ou non, ou encore sur les divers types de foyers ou la vie familiale. C'est aussi dans la revue que sont diffusées les expériences du même type conduites un peu partout dans le monde ainsi que les grands textes de réflexion sur les droits et sur l'intégration sociale. La revue publie également les programmes des congrès annuels du CQEE et reproduit les textes des conférences d'ouverture et de clôture.

Ces congrès, une quinzaine entre 1963 et 1977, réunissent chaque année dans un grand hôtel de Montréal entre 1000 et 1500 personnes venues de partout au Québec. La conférence d'ouverture est toujours donnée par un ministre, un sous-ministre ou une personnalité québécoise marquante. À la rencontre des congressistes sont venus Arthur Tremblay, le puissant sous-ministre de l'Éducation, Edgar Guay représentant Émilien Lafrance, titulaire du ministère de la Famille et du Bien-être social, ainsi que son successeur Jean-Paul Cloutier. Tous ont voulu signifier l'intérêt que portent aux travaux du Conseil les divers ministères concernés du gouvernement du Québec. La conférence de clôture, quant à elle, est l'occasion d'entendre une personnalité internationale. Parmi celles-ci, on note tout particulièrement la présence d'Henri Bissonnier et celle de René Dellaert, directeur de la clinique de l'enfant d'Anvers, tous deux très engagés dans le dossier de la formation des éducatrices spécialisées.

En 1964, le Conseil devient membre du *Council for Exceptional Children*, une organisation internationale groupant alors près de 17 500 membres répartis aux États-Unis, au Manitoba et en Ontario. Et en 1968, il adhère au BICE, très actif dans la promotion des droits des enfants avec besoins spéciaux en France, en Belgique, en Suisse, en Allemagne et en Autriche.

En fait, et c'est la première conclusion à retenir, le CQEE veut être un carrefour et se donne les moyens de l'être. Son objectif est de faire connaître aux parents, aux professionnels et aux fonctionnaires québécois l'ensemble de la réflexion internationale telle qu'elle se pratique en Amérique du Nord et en Europe.

Diffuser l'idéologie des droits au Québec

Une manière de prendre en charge la déficience intellectuelle dans la première moitié du XXe siècle fut évidemment l'enfermement dans des hôpitaux psychiatriques. Cette pratique a d'ailleurs pris de l'expansion après la Deuxième Guerre mondiale, non seulement au

Québec, mais partout au Canada et en Occident. Au début des années 1960, le gouvernement du Québec forme une commission d'enquête sur les hôpitaux psychiatriques, dite commission Bédard, du nom de son président. Si la Commission préconise la désinstitutionnalisation des malades psychiatriques, elle favorise en revanche le maintien en institution des personnes qui présentent des incapacités intellectuelles. Non plus chez les sœurs toutefois, sauf pour les cas les plus lourds, mais dans un réseau public à créer, à bien financer cette fois, et à placer sous le contrôle de la profession médicale. C'est dans ce contexte qu'on peut apprécier l'action du Conseil du Québec de l'enfance exceptionnelle qui se distingue par la précocité de son action en faveur de la reconnaissance des droits des jeunes vivant avec un handicap intellectuel. Le premier congrès du CQEE se tient en 1963; à cette occasion, l'organisme reproduit et distribue les conclusions de la commission n° 5 qui, au Congrès mondial réuni par le BICE à Beyrouth, vient juste de se pencher sur les droits des enfants exceptionnels.

L'année suivante, l'organisme fait porter son deuxième congrès spécifiquement sur les droits de l'enfant exceptionnel. L'objectif général de la rencontre est de proposer au gouvernement du Québec un programme législatif et des services administratifs justifiés par les besoins et les droits de ces enfants. Dans ce but, les diverses commissions du congrès étudient l'ensemble de la législation et des programmes en vigueur dans plusieurs pays d'Europe, aux États-Unis et en Israël.

Les congrès des années suivantes reviennent souvent sur les droits. Celui de 1965, par exemple, porte sur le droit à l'éducation. Celui de 1968 donne une grande place à la déficience intellectuelle et pose la question, déjà : classes spéciales ou classes régulières? Celui de 1969 se demande : « L'enfance exceptionnelle : un enrichissement pour la société? ». On voit donc d'année en année se raffermir les préoccupations d'égalité des chances et d'intégration sociale, et le désir d'imposer l'idée que les jeunes avec besoins spéciaux sont des sujets de droits.

Sur ce point, le CQEE est tout à fait clair. Ses dirigeants ne ratent jamais une occasion de placer leur travail dans une logique des droits. La *Déclaration des droits de l'enfant* de 1959, la *Déclaration des droits des enfants inadaptés* de 1963, la *Déclaration des droits généraux et particuliers des déficients mentaux* adoptée en 1968 par le Mouvement international de parents, la *Déclaration des droits du déficient mental* adoptée par l'ONU en 1971 : autant de documents largement diffusés dans les congrès, et qui font l'objet de nombreuses publications, analyses et commentaires dans *L'Enfant exceptionnel* au fil des ans.

Ces textes sont aussi au fondement de plusieurs interventions majeures du Conseil. Par exemple, en 1968, le CQEE prépare des résumés des Déclarations de 1959 et 1963 et les fait parvenir à toutes les commissions scolaires du Québec afin de les éveiller à leur responsabilité envers les jeunes vivant avec une déficience. Autre exemple : en 1974, il propose au gouvernement du Québec son propre projet de Charte des droits de l'enfant.

Le droit à l'intégration sociale

Le CQEE participe à la réflexion qui demande qu'on tienne compte non plus seulement du degré d'intelligence, mais aussi de la capacité d'adaptation sociale dans la définition de la déficience intellectuelle, et qu'on reconnaisse la relative indépendance de ces deux variables. On sait qu'en 1961 *l'American Association for Mental Retardation* introduit la mesure du comportement adaptatif comme devant faire partie de la définition de la déficience intellectuelle, ce qui constitue une première remise en question du modèle médical du handicap au bénéfice d'un modèle plus social. Immédiatement, la revue du CQEE se fait l'écho de ce changement et encourage les divers milieux québécois d'intervention à tenir compte du comportement adaptatif dans la définition et la mesure de la déficience intellectuelle.

Cette nouvelle attention au contexte social s'exprime souvent dans les pages de la revue. Des professionnels s'interrogent : jusqu'à quel point contribuent-ils eux-mêmes à créer de l'exceptionnalité? Comment la société favorise-t-elle la « fabrication » d'inadaptés? En quoi les personnes présentant une déficience intellectuelle peuvent-elles inspirer une transformation des valeurs sociales trop axées sur la rapidité et la performance? Comment réorganiser la structure des services pour mieux soutenir les enfants et les jeunes présentant des incapacités intellectuelles? Ce sont déjà des réflexions courantes à l'époque, et qui placent la déficience intellectuelle au centre d'un complexe dynamique de facteurs sociaux ayant sur elle un impact.

En 1968, Clément Thibert propose à l'Association du Québec pour les enfants arriérés, qui est une fédération d'associations de parents, de se doter d'un Institut afin de faciliter tant la recherche fondamentale sur la déficience intellectuelle que pour proposer le développement de nouveaux services que pourraient offrir les différents ministères du gouvernement du Québec. Le projet deviendra à terme l'Institut québécois de la déficience intellectuelle (IQDI), qui est l'organisme de recherche de l'Association du Québec pour l'intégration sociale.

L'intégration sociale est au cœur du projet du CQEE. En ces années, l'idée fait l'objet de nombreux débats parmi les parents, les professionnels, les fonctionnaires. La revue *L'Enfant exceptionnel* en rend compte dans ses pages, tandis que les dirigeants du Conseil utilisent généralement les éditoriaux pour faire avancer progressivement cette cause, très liée à celle de la reconnaissance des droits. Les principales dimensions de l'intégration sociale dont il est alors question concernent le logement, l'emploi, et bien entendu l'école.

Sur la question du logement, plusieurs expériences sont rapportées, notamment celles de familles qui décident de garder leur enfant. Les avantages et inconvénients des diverses formules d'hébergement sont discutés : foyer nourricier individuel, foyers collectifs, foyers de groupes confiés à des professionnels, centres d'accueil de réadaptation. Les foyers de groupes notamment, qui proposent des programmes de réadaptation très structurés à l'intention de leur douze à quinze résidents, apparaissent sous la plume de ceux qui les font connaître comme une formule bien moins institutionnelle que les nouveaux centres d'entraînement à la vie financés par le gouvernement fédéral[3]. Des articles sur la désinstitutionnalisation en cours à l'Hôpital Rivière-des-Prairies sont aussi publiés à la fin des années 1960. Après 1971, d'ailleurs, la critique des grands établissements d'enfermement s'amplifie.

L'intégration par le travail fait aussi l'objet de plusieurs articles. Si la revue fait connaître les expériences d'intégration vécues dans le champ des loisirs et celui de l'utilisation des services communs, la préoccupation principale des professionnels qui s'expriment concerne encore surtout la préparation à l'emploi, le développement des habiletés manuelles et l'ouverture de places dans des ateliers protégés.

Le point le plus sensible est l'école. Au congrès de 1968 par exemple, au cours duquel la déficience intellectuelle occupe une grande place, plusieurs forums discutent du Règlement n° 1 adopté par le ministère de l'Éducation pour favoriser l'intégration des jeunes avec déficience dans les classes régulières, alors même que le nombre de classes spéciales connaît une croissance exponentielle au milieu des années 1960. On sent à la fois un mouvement en faveur de l'intégration en classe régulière et les réticences de certains spécialistes. Les structures spécialisées sont défendues aussi farouchement que l'intégration en classe régulière. Les professionnels ont encore du mal à s'imaginer œuvrer dans les structures communes, mais du moins ils acceptent le débat sur cette question. On voit aussi, vers la fin des années 1960, que des professionnels se soucient que le ministère de l'Éducation élabore un programme d'études de niveau secondaire pour les jeunes vivant avec des incapacités intellectuelles.

Ce qui ressort durant cette décennie charnière, c'est véritablement le questionnement des parents et des professionnels sur la valeur respective des structures séparées et des services au sein de la communauté; sans exclure les premières, on accorde de plus en plus de crédit aux seconds. Comment s'assurer que les jeunes aillent au bout de leur potentiel et croissent en autonomie, qu'ils puissent contribuer à la société à la hauteur de leurs capacités et être reconnus par elle comme des membres utiles? Et par ailleurs, comment amener la société à se remettre en question et à reconnaître la valeur de la différence? On peut dire que ce sont les termes dans lesquels l'intégration sociale est le plus souvent posée jusqu'au milieu des années 1970.

On doit donc admettre que c'est bien avant l'arrivée de Wolf Wolsfenberger qu'on a commencé à s'interroger au Québec sur la normalisation. La première fois que le mot normalisation a été employé au Québec à propos des jeunes vivant avec une déficience intellectuelle, ce fut d'ailleurs justement à la conférence d'ouverture du premier Congrès du CQEE. Arthur Tremblay, directeur du service de la recherche et de la planification au ministère de la Jeunesse, y exposait déjà la volonté gouvernementale de faire assurer l'instruction et la formation de ces jeunes par les commissions scolaires plutôt que par des programmes spéciaux offerts en internat (*Rapport du premier congrès, Hôtel Reine-Elizabeth*, 31 oct., 1er et 2 nov. 1963, imprimé, p.19-34). Et la deuxième fois, ce fut en 1964 par le docteur Jean-Louis Lapointe, surintendant médical du Mont-Providence, un établissement d'hébergement pour jeunes déficients (*Mise au point sur l'arriération mentale*, conférence prononcée à la Journée d'études organisée par l'Association canadienne pour la santé mentale, division du Québec, le 21 avril 1964, dact., 2 p.). Or, ce n'est qu'en 1970 que Wolfensberger viendra pour la première fois au Canada et l'année suivante seulement qu'il prononcera une conférence au Québec.

Après 1972, du reste, le principe de normalisation, tel que diffusé par

Wolfensberger, est abondamment présenté dans les pages de *L'Enfant exceptionnel*. Le Québec a réservé un accueil favorable à cette approche, quoique dans une version moins radicale que celle proposée par ce théoricien américain qui s'était un peu éloigné des sources scandinaves[4]. Ce bon accueil n'est pas étonnant : les parents, les professionnels, et certaines directions d'hôpitaux comme à l'Hôpital Sainte-Anne de Baie-Saint-Paul ou au Mont-Providence ont été préparés durant toutes les années 1960 à une approche de normalisation, entre autres grâce à la revue du Conseil du Québec de l'enfance exceptionnelle. Quant au gouvernement du Québec, on ne peut nier qu'il s'est intéressé à la normalisation non seulement par sensibilité à la question des droits, mais aussi par souci d'économie, car la solution institutionnelle était devenue beaucoup plus chère que celle des services en milieu ouvert.

Le CQEE participe donc de près à l'élaboration de nouvelles représentations sociales et aux efforts pour la reconnaissance des droits. On peut dire que dans les années 1960 et 1970, sa revue et ses congrès ont permis de développer dans tous les milieux concernés (familles, professionnels, établissements, gouvernement) une vision aussi commune que possible de la déficience intellectuelle, et très en prise sur les courants internationaux.

Conclusion

Ainsi, dès les années 1960, le CQEE a joué un rôle pour contrer les préjugés, aider les parents à faire face à la société, soutenir les associations de parents, créer une culture commune aux familles, aux intervenants, aux chercheurs et aux fonctionnaires, développer au sein des divers ministères québécois concernés le sens de leur responsabilité face aux jeunes présentant une déficience intellectuelle et, plus globalement, pour favoriser l'intégration sociale de ces jeunes et promouvoir leurs droits.

À partir du milieu des années 1970, tout ce travail commence à porter fruit, d'autant plus que la conjoncture internationale pousse elle aussi, comme on l'a vu, dans le sens de la reconnaissance des droits.

Plusieurs lois et politiques expriment dès lors la volonté de l'État québécois de favoriser l'intégration sociale des jeunes et des adultes vivant avec des incapacités intellectuelles. En 1977, par sa *Loi assurant l'exercice des droits des personnes handicapées*, (http://www.ooaq.qc.ca/ordre/lois-reglements/doc-lois/loi-90.pdf), puis dans sa Charte des droits et libertés de la personne, le Québec devient le premier État au Canada (provincial ou fédéral) à reconnaître des droits aux personnes vivant avec des incapacités intellectuelles et à interdire la discrimination à leur égard. L'action du Conseil du Québec de l'enfance exceptionnelle n'est pas étrangère à cette évolution.

Notes

----

[1] Je remercie de son travail très efficace mon assistante de recherche, Maélie Richard, diplômée de la maîtrise en études québécoises de l'Université du Québec à Trois-Rivières.

[2] Afin d'alléger le texte, nous ne donnons pas le détail les références aux articles tirés de la revue *L'Enfant exceptionnel.* Celles-ci sont disponibles sur demande à Lucia.Ferretti@uqtr.ca. La bibliographie fait par ailleurs connaître les ouvrages sur lesquels s'appuie cet article.

[3] Pour sortir des hôpitaux psychiatriques les jeunes qui y vivent encore, le gouvernement fédéral décide unilatéralement en 1969 de financer la construction de centres d'entraînement à la vie. Pour le Québec, Ottawa en a fixé le nombre à vingt. S'explique ainsi l'insistance du ministère québécois de la Santé puis des Affaires sociales à ériger ces internats, qu'il faut ensuite remplir. Y aboutissent non seulement les jeunes hospitalisés et, comme l'a montré Julien Prud'homme, des enfants issus des anciens orphelinats, mais surtout beaucoup d'enfants qui vivaient jusque-là dans leurs familles. On oublie trop souvent que le gouvernement fédéral, par les divers

programmes à coûts partagés dont il fixe seul les règles même s'ils empiètent tout entiers sur les compétences provinciales, a contraint les décisions qu'a dû prendre Québec pour bénéficier de sa part de financement (entre autres Rousseau, 1988).

[4] La normalisation est un principe de réforme fondé sur la volonté d'aménager pour les déficients intellectuels un cadre et des habitudes de vie se rapprochant le plus possible des coutumes communes. Des expériences menées en Suède ont permis d'en constater les effets bénéfiques. Elle suppose la déshospitalisation de tous les handicapés qui peuvent vivre dans le milieu avec des soutiens adaptés; et pour les autres, l'internement dans des établissements complètement repensés. Mes travaux cités en bibliographie ont montré que c'est un peu de cette manière, quoique beaucoup plus timidement, que, sans connaître les expériences scandinaves, on avait commencé à penser la normalisation au Québec dans les années 1960. À partir de 1970, Wolfensberger infléchit cette approche antiségrégationniste en la radicalisant. D'une part, elle prend une couleur bien plus anti-institutionnelle que dans les pays scandinaves. D'autre part, dans l'espoir de favoriser l'acceptation sociale des personnes avec déficience, Wolfensberger insiste sur leur nécessaire conformité sociale. Wolfensberger a eu beaucoup d'influence au Québec dans le contexte d'un consensus autour de la désinstitutionnalisation. Mais concrètement, celle-ci n'a jamais eu un caractère aussi radical que le prônait ce théoricien américain (Noll & Trent, 2004; Ferretti, 2011-2012 et 2016a).

Références

Sources

Commission royale d'enquête sur l'enseignement dans la province de Québec. (1964). *Rapport de la Commission royale d'enquête sur l'enseignement dans la province de Québec (Rapport Parent).* tome 2, chapitre X « L'enfance exceptionnelle ».

Congrès mondial sur les droits de l'enfant. Beyrouth, 16-23 avril 1963. *Conclusions de la commission n° 5* (Disponible à Trois-Rivières aux Archives du Séminaire Saint-Joseph dans le fonds Reynald-Rivard (FN0733), boîte 8).

Conseil des œuvres de Montréal. (1962). *L'enfance exceptionnelle : mémoire présenté à la Commission Royale d'enquête sur l'éducation.* Montréal, s.n..

L'enfant exceptionnel, Revue du Conseil du Québec de l'enfance exceptionnelle. Montréal (1965-1976). (Disponible à la bibliothèque Paramédicale de l'Université de Montréal).

Ministère de la Santé nationale et du Bien-être social. (1964). Un exposé sur la déficience mentale au Québec. Dans, *L'arriération mentale au Canada. Rapport de la conférence fédérale-provinciale*. Ottawa : Auteur.

Ouvrages

L'émergence du paradigme de l'intégration sociale
Caspar, P. (1994). *Le peuple des silencieux. Une histoire de la déficience mentale*. Paris: Fleurus.

Noll, S. et Trent, J. W. (2004). *Mental retardation in America: a historical reader*. New York : New York University Press.

Simmons, H.-G. (1982). *From Asylum to Welfare: The evolution of mental retardation policy in Ontario from 1831 to 1980*. Toronto : National Institute of Mental Retardation.

Stiker, H.-J. (2005). *Corps infirmes et sociétés. Essais d'anthropologie historique* (3ᵉ éd.). Paris : Dunod.

Winzer, M. A. (2009). *From Integration to Inclusion. A History of Special Education in the 20th Century*. Washington, D.C. : Gallaudet University Press.

Histoire de la déficience intellectuelle au Québec après 1960
Association de Montréal pour les déficients mentaux. (1993). *50 ans : Rapport sur les 50 ans de l'AMDM* (2ᵉ éd.). Montréal.

Boucher, G. (2011). *60 ans d'engagement au cœur de nos vies, 1951-2011* (2ᵉ éd.). Montréal : Association du Québec pour l'intégration sociale.

Ferretti, L. (2011, octobre). *Du « devoir de charité » au « droit à l'aide publique » : la naissance de l'État-providence au Québec*. Communication présentée à la 11ᵉ conférence Les conférences Gérard-Parizeau, Montréal, Université de Montréal. Accès : http://www.hec.ca/fonds_gerard_parizeau/ conferences/LivretFerretti2011.pdf

Ferretti, L. (2016a). Quand des parents se constituent en lobby : déficience intellectuelle et concurrence. Ottawa/Québec à l'époque de l'État providence, 1958-1985. *Bulletin d'histoire politique*, 24(2), 137-162.

Ferretti, L. (2016b). *The origins of rehabilitation for intellectual disabilities*. *International Innovation*, published March 3, 2016. Accès : http://www.internationalinnovation.com/origins-rehabilitation-intellectual-disabilities/

Ferretti, L. (aut.2011-hiv.2012). De l'internement à l'intégration sociale. L'Hôpital Sainte-Anne de Baie-Saint-Paul et l'émergence d'un nouveau paradigme en déficience intellectuelle, 1964-1975. *Revue d'histoire de l'Amérique française*, 65(2-3), 329-359.

Ferretti, L. et Bienvenue, L. (2012). Le Bureau international catholique de l'enfance : réseau et tribune pour les spécialistes québécois de l'enfance en difficulté, 1947-1977. Rennes. *Revue d'histoire de l'enfance irrégulière*, (12), 155-176.

Juhel, J.-Ch. (2012). *La personne ayant une déficience intellectuelle : découvrir, comprendre, intervenir.* Québec-Lyon : Presses de l'Université Laval/Chronique sociale.

Martin, J.-F. (2002). *La déficience intellectuelle. Concepts de base.* Montréal : Éditions Saint-Martin.

Porter, M. (2014). *Histoire de l'hôpital Sainte-Anne de Baie-Saint-Paul. « Dans Charlevoix tout se berce ». Texte édité, augmenté et analysé par Lucia Ferretti.* Québec : Septentrion.

Prud'homme, J. (2012). *Des enfants tristes à l'enfance exceptionnelle : quels enfants pour quelles institutions? La thérapie et les objets de l'éducation spécialisée au Québec, 1950-1990.* Communication au 80e congrès de l'Association canadienne française pour l'avancement des sciences (ACFAS). Montréal, Québec.

Rousseau, J. (1988). *La réinsertion sociale des personnes déficientes intellectuelles ayant vécu en institution : bilan des expériences québécoises et évaluation de la qualité de vie.* Rapport de recherche préparé pour la Direction générale de la planification et de l'évaluation, ministère de la Santé et des Services sociaux.

Tremblay, M. et al. (dir.). (2000). *Le chemin parcouru. De l'exclusion à la citoyenneté.* Longueuil : Fédération québécoise des centres de réadaptation en déficience intellectuelle (FQCRPDI).

Turmel, A. (2013). *Une sociologie historique de l'enfance : pensée du développement, catégorisation et visualisation graphique.* Québec : Presses de l'Université Laval (1ère édition anglaise, 2008).

4

Analyser l'accès aux services des personnes handicapées dans les pays à revenus faibles et intermédiaires : l'expérience de Handicap International

Priscille Geiser
International Disability Alliance

Appuyer la réalisation des droits des personnes handicapées dans des contextes fragilisés

Les personnes handicapées représentent 15 % de la population mondiale (une personne sur sept), et 20 % des personnes vivant avec moins d'un dollar par jour (une personne sur cinq) (Organisation mondiale de la santé [OMS] et Banque mondiale, 2011). Lorsque l'on se préoccupe de l'avancée des droits des personnes handicapées au niveau mondial, la question de la corrélation entre pauvreté et handicap est incontournable, et interroge les conditions de réalisation de ces droits dans les pays les plus pauvres, où vivent 80 % de ces personnes.

Dans les pays dits « en développement », en situation de crises humanitaires ou de crises chroniques, la réalisation des droits humains est souvent un défi pour l'ensemble des populations. Les ressources limitées se traduisent par un accès insuffisant aux services indispensables à la réalisation des droits civils, politiques, sociaux, économiques et culturels. Dans ces contextes, les personnes handicapées sont encore moins susceptibles que les autres d'accéder à l'eau, l'éducation, la santé ou encore l'emploi, et la reconnaissance même de leur statut de citoyen est parfois inexistante. Les actions de coopération internationale qui appuient le développement dans les pays à revenus faibles ou intermédiaires, de même que les opérations visant à répondre aux crises humanitaires ou situations de conflits, n'accordent souvent aucune considération aux besoins et priorités des personnes handicapées, qui sont pourtant parmi les plus discriminées et les plus vulnérables.

Le bilan de la réalisation des Objectifs du Millénaire pour le Développement et de la redéfinition des priorités de la communauté internationale pour le développement au-delà de 2015 (Nations Unies, 2014) a permis de constater des inégalités criantes dans l'accès aux bénéfices du développement. La volonté de « ne laisser personne de côté », désormais ancrée dans l'Agenda 2030 et les Objectifs de développement durable des Nations Unies (ODD), implique que les efforts de réduction de la pauvreté soient revisités afin de répondre aussi, et en priorité, à ceux qui en sont les plus exclus, dont les personnes handicapées, mais aussi les femmes, les enfants, les personnes âgées ou les groupes ethniques minoritaires, en reconnaissant que ces identités se combinent et résultent en des discriminations multiples.

Pour répondre à cet enjeu fondamental, Handicap International est engagé depuis sa création dans la recherche et la mise en œuvre de stratégies concrètes et opérationnelles. L'association intervient en effet dans les situations de pauvreté et d'exclusion, de conflits et de catastrophes, et œuvre aux côtés des personnes handicapées et des populations vulnérables « pour répondre à leurs besoins essentiels, pour améliorer leurs conditions de vie et promouvoir le respect de leur dignité et de leurs droits fondamentaux » (Handicap International, 2009).

Le caractère contextuel de la notion de handicap, qui résulte de l'interaction entre les caractéristiques d'une personne (les déficiences de certains systèmes organiques impliquant des limitations plus ou moins importantes en termes de capacités) et celles de son environnement de vie (accessible et inclusif ou au contraire créateur d'obstacles à la participation), implique qu'aucune réponse standardisée ne peut être proposée. La réponse aux besoins d'une femme enceinte ayant une incapacité auditive au Kenya ou à ceux d'un enfant amputé suite au tremblement de terre en Haïti implique une analyse, à chaque fois différente, des barrières et facilitateurs qui entrent en jeu. Un premier enjeu est donc de comprendre ce qui crée des situations de handicap dans des environnements extrêmement divers.

Texte fondamental dans ce domaine, la Convention des Nations Unies relative aux droits des personnes handicapées (CDPH) adoptée en 2006 rappelle qu'une réponse holistique est indispensable pour réaliser les droits humains des personnes handicapées. Elle décline les orientations stratégiques indispensables dans chaque secteur (éducation, justice, urgence humanitaire, santé, emploi, loisirs, etc.) et précise les obligations des États et responsabilités des acteurs dans tous les domaines concernés. La Convention propose une vision et un cadre et pose l'enjeu de l'opérationnalisation de ces droits, à travers la réforme des sociétés et des systèmes de services, y compris via les lois et politiques qui les encadrent, dans des contextes de ressources limitées. Les Objectifs de développement durable intègrent désormais des références explicites aux personnes handicapées, dont l'exigence de ventiler les données selon le handicap. Engagement mondial, ils sont une opportunité et apportent un cadre pour une mobilisation politique de plus grande ampleur.

Ce double défi de la complexité du handicap d'une part (notion relative, contextuelle, appréhendée différemment dans chaque environnement), et des responsabilités multiples pour répondre de manière systémique et complète à l'objectif de participation des personnes handicapées sur base de l'égalité avec les autres d'autre part, a poussé Handicap International à rechercher des méthodes d'analyse à la fois simples, mais complètes pour prioriser ses interventions. Sur base de l'expérience de terrain de l'association, un cadre d'analyse systémique a ainsi été développé pour guider l'action en répondant notamment aux deux questions suivantes :

- Quels sont les rôles et fonctions indispensables (politiques publiques, prestation, etc.) au bon fonctionnement d'un système de services?
- Quels sont les critères de qualité qui doivent être observés afin de garantir son efficacité et ses bénéfices pour les personnes handicapées, sur base d'égalité avec les autres?

Ce chapitre se propose de retracer le travail mené par Handicap International pour modéliser et simplifier son analyse de contexte afin de prioriser une réponse aux besoins des personnes handicapées dans ses pays d'intervention, ceci en gardant une approche multidimensionnelle et complète. Il explique dans un premier temps l'importance des textes de référence (modèle explicatif du handicap et Convention relative aux droits des personnes handicapées) dans le travail de l'association. Cette première partie présente notamment le double défi de la diversité des situations de handicap et des multiples responsabilités pour répondre aux priorités des personnes handicapées. Une seconde partie décrit ensuite l'émergence de la grille d'analyse « Accès aux Services » comme outil pour prioriser les interventions et définir des stratégies pertinentes, c'est-à-dire à la fois en réponse aux besoins réels, et guidés par la volonté de mettre en œuvre la vision inclusive et les obligations de la CDPH. Elle détaille aussi le travail plus récent de consolidation de cette grille, axée d'une part sur les rôles et fonctions des acteurs du système de services et d'autre part, sur les critères de qualité retenus comme essentiels pour garantir le respect des principes généraux de la CDPH.

À travers l'expérience d'une organisation de solidarité internationale guidée par l'idéal des droits humains pour tous et aux prises avec les réalités difficiles des contextes de pauvreté, conflits et catastrophes naturelles, ce chapitre souhaite ainsi apporter une contribution pragmatique à l'amélioration de la participation des personnes handicapées et de leurs droits, là où ils sont le plus en péril.

Un double défi : diversité des situations de handicap et diversité des responsabilités

Appréhender la diversité des situations de handicap

L'évolution des courants de pensée sur le handicap a permis de forger progressivement un consensus sur la nature multidimensionnelle et relative du handicap. Des textes internationaux de référence comme la Classification Internationale du Fonctionnement, du Handicap et de la Santé (CIF; OMS, 2001), le Processus de Production du Handicap (Fougeyrollas, 1998), la Convention relative aux droits des personnes handicapées (2006), ou le Rapport mondial sur le handicap (Organisation mondiale de la Santé et Banque mondiale, 2011) affirment tous le caractère central de l'interaction entre l'individu et son environnement, selon un modèle écologique.

Dans les contextes de développement, d'urgence humanitaire ou de crise chronique, ce modèle écologique permet d'expliquer le cercle vicieux qui lie handicap, pauvreté, vulnérabilité et exclusion. Les personnes vivant dans la pauvreté n'ont généralement pas accès aux services de base, tels que la santé et l'éducation, ni aux opportunités d'emploi durable ou à des conditions d'hébergement salubres. Elles sont ainsi exposées à un risque élevé d'accidents ou de problèmes de santé pouvant conduire à des maladies graves, à des blessures ou à des déficiences. Lorsqu'une personne vivant dans la pauvreté est touchée par le handicap, elle est confrontée à encore davantage d'obstacles pour accéder aux services de santé, à l'éducation, à l'emploi et aux autres services. Cela exacerbe à son tour l'exclusion sociale et économique et restreint les opportunités pour sortir de la pauvreté. Ce n'est pas la déficience en elle-même, mais la discrimination, l'exclusion sociale et le déni des droits alliés à un accès limité aux services de base qui forment le lien entre pauvreté et handicap.

Les implications de cette lecture interactive sont cruciales pour les personnes handicapées trop longtemps prises en pitié ou considérées comme de simples « corps à réparer ». Mais le corollaire de cette avancée majeure pour la reconnaissance des personnes handicapées comme sujets de droits est aussi la nécessité d'une analyse et d'une réponse multidimensionnelle et donc, nécessairement plus complexe. Il s'agit en effet, de comprendre à la fois les facteurs personnels en jeu, c'est-à-dire les facteurs identitaires comme l'âge, le sexe, l'appartenance ethnique, les systèmes organiques et aptitudes d'une personne, mais aussi les facteurs environnementaux (par ex : l'existence ou non de services, les attitudes et comportements d'une société vis-à-vis du handicap), et enfin la façon dont ces deux types de facteurs interagissent.

Pour réduire les situations de handicap (interaction négative, par exemple : ne pas pouvoir accéder à l'eau parce qu'une borne-fontaine est inaccessible ou trop difficile à manipuler) et les transformer en situation de participation sociale (interaction positive, par exemple : accéder directement aux informations sur la prévention du VIH/Sida grâce à une interprétation en langue des signes), Handicap International agit à la fois sur les facteurs personnels et les facteurs environnementaux. Il s'agit de permettre à la personne d'optimiser ses capacités individuelles (gagner en mobilité, améliorer sa confiance en soi, ses possibilités de communication, etc.) et de créer des environnements inclusifs et accessibles pour tous.

Ceci requiert une analyse des facilitateurs et obstacles propres à chaque contexte, qui permet de faire émerger les difficultés rencontrées et les facteurs de discrimination. Dans les pays à revenus faibles ou intermédiaires, des caractéristiques communes se dégagent, au-delà de la diversité des situations : *l'absence ou le dysfonctionnement des systèmes de services* aux niveaux national et local (ou leurs ruptures en cas de crise) est une des sources principales de pauvreté et d'exclusion. Les personnes handicapées sont en effet souvent face à un choix limité, entre isolement à domicile ou, dans certains contextes, placement dans une institution spécialisée. Leur potentiel en termes d'indépendance, de contribution à la société et de participation sociale est ainsi largement diminué, voire nié. Dans certains cas, leur survie même est en jeu. Une grande partie des réponses apportées par Handicap International consiste ainsi à réformer les systèmes de services.

Une approche holistique qui implique la responsabilité de tous selon une double approche

Comme évoqué précédemment, la Convention des Nations Unies relative aux droits des personnes handicapées (CDPH), adoptée en 2006, ancre légalement une lecture interactive du handicap. Reflétant les liens étroits entre pauvreté et handicap, rappelons que cette Convention est de la responsabilité première des États Parties signataires de la CDPH, qui doivent la mettre en œuvre non seulement sur leur territoire, mais aussi en assurer le respect à travers les actions extérieures de coopération internationale qu'ils engagent ou dont ils sont les bénéficiaires.

Lors des discussions qui ont précédé l'adoption de ce texte, Handicap International a milité pour faire en sorte que la perspective des personnes handicapées vivant dans les pays en développement (estimée à 80 %) soit prise en compte. Le succès de ce plaidoyer, mené à travers des actions telles que le « Projet Sud » qui a permis à des leaders handicapés de pays pauvres de faire entendre leur voix lors des négociations, ou à travers des actions collectives comme le lobbying commun des membres du Consortium International pour le Handicap et le Développement[1], est double. D'une part, le texte de la CDPH intègre de manière transversale la question de la pauvreté et du lien très étroit entre pauvreté et handicap[2]. D'autre part, la

Convention a adopté des articles spécifiques reflétant de manière explicite cette question (notamment les articles 32, 11 et 28)[3].

La CDPH qui vise à :

> « *promouvoir, protéger et assurer la pleine et égale jouissance de tous les droits de l'homme et de toutes les libertés fondamentales par les personnes handicapées de promouvoir le respect de leur dignité intrinsèque* »,

rappelle qu'une réponse holistique est indispensable à cet effet. Elle décline les orientations stratégiques indispensables dans chaque secteur (éducation, justice, urgence humanitaire, santé, emploi, loisirs, etc.). Tandis que le modèle social interactif aide à répondre à la question « qu'est-ce que le handicap? » (ou pour le dire autrement : « qu'est-ce qui crée des situations de handicap? »), la CDPH aide à répondre à la question « que faut-il faire pour permettre la réalisation des droits humains pour les personnes handicapées? ».

Elle crée des obligations pour les États Parties d'« adopter toutes mesures appropriées d'ordre législatif, administratif ou autre pour mettre en œuvre les droits » des personnes handicapées (CDPH, Article 4 a). L'enjeu dit de la « domestication » de la CDPH, c'est-à-dire de son application via une mise en adéquation de tous les niveaux requis dans un pays donné, nécessite des réformes au niveau des lois, des politiques, des systèmes encadrant l'accès des citoyens aux services, des services eux-mêmes, des infrastructures, des pratiques et attitudes sociales, des systèmes de collecte d'information, et ce dans tous les secteurs. Une étape importante est donc le processus d'harmonisation légale qui vise pour un État à adapter sa législation nationale pour la mettre en conformité et ainsi mettre en œuvre des lois, politiques et plans d'action qui traduisent de manière opérationnelle les principes et orientations de la CDPH. Ce cadre légal et politique guide lui-même la mise en place de services, d'infrastructures, de ressources humaines, financières et techniques permettant la prestation effective des services aux personnes.

Si l'État est redevable de la mise en œuvre de la CDPH devant les organes de suivis internationaux, les responsabilités sont partagées à tous les niveaux au sein d'une société. Le texte de la CDPH prévoit notamment un rôle déterminant pour les personnes handicapées elles-mêmes qui doivent être associées étroitement à toute prise de décision les concernant, directement ou « par l'intermédiaire des organisations qui les représentent » (CDPH, Article 4.3). De nombreuses références sont aussi faites aux acteurs des services dont la prestation de qualité conditionne la réduction de la pauvreté et la réalisation de nombreux droits[4]. À travers les obligations qui incombent aux États, la CDPH responsabilise et mobilise trois types d'acteurs principaux pour éliminer les discriminations fondées sur le handicap et promouvoir des sociétés inclusives permettant la participation des personnes handicapées sur base de l'égalité avec les autres : les autorités publiques, les personnes handicapées et leurs organisations représentatives, et les acteurs des services.

Elle encourage la combinaison de deux types d'approches pour ce faire : d'une part *l'intégration transversale du handicap dans toute la société, ses lois, infrastructures, services*, etc.[5], et d'autre part *l'adoption lorsque nécessaire de mesures spécifiques pour compenser le désavantage comparatif vécu par les personnes handicapées*[6]. En d'autres termes, des mesures d'équité qui peuvent impliquer un traitement différencié pour les personnes handicapées font partie du processus pour atteindre l'égalité des personnes handicapées avec les autres. Cette approche est souvent appelée la « double approche pour un développement inclusif »[7].

Elle décline en termes pratiques la formule de Thomas Jefferson : « Il n'y a rien de plus inégal que le traitement égal de gens inégaux[8] ». De par sa volonté d'agir à tous les niveaux nécessaires pour répondre aux besoins essentiels, améliorer les conditions de vie et promouvoir le respect de la dignité et des droits fondamentaux des personnes handicapées, Handicap International est confronté à la complexité des situations de handicap, qui varient en fonction des caractéristiques de chaque individu et de chaque contexte[9].

S'appuyant sur une lecture interactive du handicap et sur les orientations du texte de la CDPH auquel elle a contribué, l'association doit ainsi appréhender dans sa réponse sur le terrain, la pluralité des secteurs nécessaires (des besoins de base en urgence à l'accès à la santé, à l'éducation, au vote, etc.). Dans un souci de pérennité, elle doit aussi envisager sa réponse de manière à responsabiliser au maximum les acteurs en présence, autorités publiques, personnes handicapées et acteurs des services, selon les responsabilités qui leur incombent.

Parce que les besoins sont criants et que les violations des droits se traduisent par des situations inacceptables, une organisation de solidarité internationale n'a pas le luxe du temps. Pour agir de manière efficace, au plus près des besoins et priorités réels des personnes, et utiliser au mieux des ressources limitées, Handicap International a choisi, à partir de son expérience terrain, de développer un cadre d'analyse autour de « l'Accès aux Services ». En d'autres termes, l'accès des personnes handicapées aux services est le prisme d'une lecture pragmatique de l'association pour traduire les engagements des droits humains en actions concrètes qui permettent de les faire avancer en pratique. La seconde partie de cet article relate le développement de cette grille de lecture et son utilisation.

L'émergence de la grille d'analyse « Accès aux Services » comme outil pour définir des stratégies d'action

Handicap International facilite l'accès des personnes handicapées aux services depuis sa création. En 1982, les premières actions ont consisté à ouvrir les premiers centres orthopédiques dans les camps de réfugiés en Thaïlande, au Cambodge, en Birmanie et au Laos. En dehors des actions d'urgence ou de crise lors desquelles l'association intervient en prestation directe de services, ses actions consistent à renforcer les capacités des acteurs du pays d'intervention à fournir les services nécessaires. Les premières années de l'action de Handicap

International ont été marquées par des interventions axées sur le renforcement des acteurs des services afin d'assurer une prestation de qualité et d'améliorer la pérennité de ces services.

Cependant, la nécessité de considérer aussi le cadre plus global dans lequel ces services étaient développés est rapidement apparue comme prioritaire, afin de structurer les nombreuses initiatives complémentaires au renforcement des services eux-mêmes (appui aux associations de personnes handicapées, assistance technique aux ministères, sensibilisation des populations, etc.). Le programme de Handicap International dans les Balkans s'est notamment interrogé sur les conditions nécessaires au développement et à l'organisation d'un système efficace permettant l'amélioration structurelle de l'accès des personnes handicapées aux services. En 2004, une évaluation complète a mis en évidence les obstacles existant dans le contexte des Balkans (Chiriascescu, 2008) : services insuffisants au niveau communautaire, services gérés par des organisations non gouvernementales (ONG) avec peu de soutien des pouvoirs publics, manque de professionnels qualifiés, manque de formation continue, incapacité du secteur public à répondre aux enjeux de désinstitutionnalisation, absence de système de régulation pour identifier les besoins, définir des standards et organiser une offre de services pertinente, en évaluer la qualité, etc.

Afin de confirmer la pertinence de l'initiative du programme des Balkans dans d'autres contextes perçus comme plus difficiles, tant en termes de pauvreté que de désorganisation des structures étatiques, la Direction des Ressources Techniques de Handicap International a lancé une étude complète des projets de services mis en place de 1999 à 2009. Sur cette base, des directives opérationnelles ont été élaborées pour assister les équipes dans la planification stratégique en utilisant une approche systémique (Handicap International, 2010a, 2010b), afin d'accroître l'efficacité dans la mise en place des services, là où aucun service n'existe. Ces directives ont ensuite été étudiées et enrichies par des équipes de terrain de l'association, des partenaires et des experts internationaux à Amman, Jordanie, en décembre 2009 (Handicap International, 2010b). Ce séminaire international était une étape fondamentale dans l'adoption de la pensée systémique par les équipes de Handicap International et les partenaires opérationnels. Une démarche méthodologique a ensuite été développée pour guider de manière pratique l'analyse et la prise de décision pour les interventions de Handicap International en amélioration de l'accès aux services des personnes handicapées (Chiriacescu, 2008). Complément indispensable d'un modèle explicatif du handicap et de la vision proposée par la Convention, la grille d'analyse systémique « Accès aux Services » est ainsi un cadre opérationnel conçu par Handicap International pour prioriser ses actions et répondre à la question: « *comment* agir pour améliorer la situation des personnes handicapées et réaliser leurs droits? ».

La démarche de Handicap International à travers le développement et la systématisation de la grille «Accès aux Services» comme cadre opérationnel vise à agir de manière pragmatique tout en embrassant la complexité de la question du handicap dans des environnements fragilisés. Confrontée à l'immense défi d'appuyer la mise en œuvre d'un texte ambitieux dans des contextes fragilisés et aux ressources limitées, l'association s'est investie dans un travail de structuration et simplification de l'analyse de contexte. Pour agir de manière efficace, au plus près des besoins et priorités réels des personnes, et utiliser au mieux des ressources limitées, il fallait en effet développer des outils de diagnostic à la fois complets, simples et pragmatiques.

Le cadre opérationnel « Accès aux Services » est ainsi structuré autour de trois axes : (1) l'existence d'une gamme complète des services indispensables à la réalisation des droits dans des sociétés ou communautés inclusives; (2) l'application de neuf critères de qualité traduisant de manière concrète les principes de la CDPH et (3) le bon fonctionnement d'un système d'acteurs jouant leurs rôles, chacun selon ses responsabilités.

L'existence d'une gamme complète des services indispensables à la réalisation des droits dans des sociétés ou communautés inclusives

L'importance d'une approche holistique du handicap, considérant l'ensemble des besoins et priorités d'une personne pour mener une vie digne, a été rappelée dans la première partie de ce chapitre. Il est intéressant de rappeler également que ces besoins et priorités varient de manière significative d'un contexte à l'autre et d'une personne à l'autre, de la survie après une catastrophe naturelle à la possibilité de se présenter aux élections ou d'accéder à une profession de son choix.

Appliquant la double approche pour un développement inclusif à la typologie des services, Handicap International considère ainsi l'importance de deux grandes catégories de services. Les services dits « ordinaires » (éducation, santé, formation professionnelle, emploi, logement, protection sociale, justice…) doivent être inclusifs et accessibles aux personnes handicapées comme à tout autre citoyen. Les personnes handicapées doivent pouvoir accéder à ces services sans contrainte, sans condition et sans discrimination. Les services « spécifiques » sont par ailleurs une catégorie de services nécessaires pour répondre aux besoins plus complexes des personnes handicapées. Ces services spécifiques peuvent être subdivisés en deux sous-groupes : les services spécifiques au handicap (parfois appelés services spécialisés) qui aident les personnes handicapées à développer leurs capacités personnelles (par exemple les services d'appareillage, la formation en braille ou en langue des signes, les centres d'accueil de jour, le traitement des maladies chroniques, etc.), et les « services support » dont la fonction principale est de faciliter ce processus d'accès aux services ordinaires (par exemple : les interprètes en langue des signes, les aides techniques, les assistants personnels, les auxiliaires de vie scolaire, des services de transports adaptés, le soutien à domicile pour la vie autonome…). L'objectif de pleine participation des personnes handicapées à la vie de leur société requiert l'existence de ces services ordinaires, support et spécifiques.

Le cadre « Accès aux Services » propose ainsi des outils que les équipes de Handicap International, sur le terrain, adaptent aux réalités de chaque contexte pour recueillir une information sur la gamme des services existants et identifier les manques. À titre d'exemple, le nombre d'interprètes en langue des signes est souvent identifié comme très insuffisant, ce qui empêche la participation des personnes ayant une incapacité auditive aux services ordinaires. De même, il apparait que les besoins en fauteuils roulants sont souvent insuffisamment couverts dans les pays en développement, ce qui corrobore les analyses mondiales : en 2003, on estimait que 20 millions des personnes ayant besoin d'un fauteuil roulant pour assurer leur mobilité n'y avaient pas accès (Sheldon et Jacobs, 2006). Ce recueil d'informations sur la gamme de services est fait notamment en étroite consultation auprès des partenaires locaux, afin d'écouter les priorités des personnes handicapées elles-mêmes, d'appréhender les priorités et opportunités politiques et de comprendre les défis auxquels sont confrontés les prestataires de services, secteur par secteur.

Neuf critères de qualité reflétant les principes de la Convention

L'existence d'une gamme complète de services n'est cependant pas suffisante si ceux-ci ne fournissent pas une prestation de qualité. Il convenait ainsi de définir un ensemble de critères à observer, afin d'appréhender la manière dont les services existants permettent de répondre ou non aux priorités des personnes handicapées. Pour ce faire, une revue comparative de référentiels de qualité existants a été menée. Treize référentiels ont été sélectionnés parmi ceux utilisés par Handicap International dans ses différents corps de métiers (santé, réadaptation, services sociaux, microfinance, éducation aux risques des mines, etc.), et dans ses différents contextes d'intervention (urgence, développement). Parmi les référentiels considérés, deux sont des documents internes formalisés sur base de l'expérience de Handicap International : *l'Accès aux Services pour les personnes handicapées* (Chiriacescu et al., 2008), et *Le processus d'analyse de la pérennité : l'exemple de la réadaptation fonctionnelle* (Handicap international, 2012). Les onze autres sont des référentiels externes intentionnellement très divers : les principes généraux de la *Convention relative aux droits des personnes handicapées* (CDPH, Article 3), *Le manuel EquiFrame : Un outil d'évaluation et de promotion de l'inclusion des groupes vulnérables et des concepts clés relatifs aux droits de l'homme dans les politiques de santé* (Mannan et al, 2014), le cadre, inédit, proposé par l'Organisation mondiale de la Santé en vue de développer des *Guides pour la Réadaptation*[10], le *cadre OPERA* (Outcomes, Policy Efforts, Resources and Assessment) développé par le Centre pour les Droits Economiques et Sociaux (Centre for Economic and Social Rights, 2012), les *Guides de Réadaptation à Base Communautaire* (OMS, 2010), les *Dix caractéristiques des systèmes résilients* proposés par Overseas Development Institute (Pain et Levine, 2012), le *Cadre européen volontaire de qualité* de l'Association Européenne des Prestataires de Services pour Personnes en Situation de Handicap (2009), les *Standards universels de gestion de la performance sociale* (Social Protection Task Force, 2012) issus du domaine de la microfinance, le *European Quality in Rehabilitation Mark* (EQRM), l'*European Quality in Social Services* (EQUASS) (European platform, for rehabilitation), la *Charte humanitaire et les standards minimum de réponse humanitaire* (The Sphere Projet, 2011) et le *Guide pour la gestion de l'éducation aux risques des mines* de l'International Mine Action Standards (IMAS, 2003).

Les 141 principes ou critères de qualité mentionnés dans ces référentiels ainsi que leurs définitions ont été analysés et comparés afin de visualiser l'éventail des critères jugés importants dans une approche de qualité des services, recouvrant de nombreux domaines. À travers ce travail, des points de convergence ont été identifiés. En opérant des recoupements à partir de définitions se chevauchant, Handicap International a établi une première liste de 12 critères de qualité mentionnés de manière significative. À titre indicatif, un travail de comparaison de l'occurrence de ces critères dans les 13 référentiels a été réalisé. L'accessibilité (6.38 %) et la participation (7.09 %) ou encore l'adaptabilité (9.22 %) apparaissent ainsi plus fréquemment que l'accessibilité financière (4.96 %) des services.

Sur cette base, des discussions ont été menées avec chacun des Responsables de domaines techniques de Handicap International[11], afin de prioriser et de définir un nombre restreint de critères de qualité jugés pertinents pour l'ensemble des actions de l'association et ce, quel que soit le contexte (urgence, réhabilitation, développement) et le corps de métier (prévention, action contre les mines, éducation, emploi, etc.). Une définition a aussi été convenue afin de servir de référence commune pour les professionnels de l'association. Les résultats de ce travail sont présentés dans le tableau 1 ci-dessous. Dans cette liste de neuf critères, on retrouve notamment les trois principes clés du développement inclusif, à savoir : participation, non-discrimination et accessibilité.

Tableau 1. Critères qualité de l'Accès aux Services et définition selon Handicap International (2014)

Critère qualité	Définition adoptée
Non-discrimination	La non-discrimination consiste à prévenir toute distinction, exclusion ou restriction fondée sur le handicap ou d'autres critères (sexe, âge, origine ethnique, etc.) qui a pour objet ou pour effet de compromettre ou de réduire à néant la reconnaissance, la jouissance ou l'exercice, sur la base de l'égalité avec les autres, de tous les droits de l'homme et de toutes les libertés fondamentales dans les domaines politique, économique, social, culturel, civil ou autres. Elle comprend toutes les formes de discrimination, y compris le refus d'aménagement raisonnable.
Participation	La participation correspond à l'engagement actif des personnes concernées, en particulier les usagers des services, dans la conception, la mise en œuvre, le suivi et

	l'évaluation des services. La participation concerne idéalement : - tous les stades de la programmation, de la mise en œuvre et du suivi d'un projet - le plus haut degré de contribution pertinent dans un contexte particulier (de la simple consultation à la codécision) - la participation individuelle (personnes) ou collective (groupes d'usagers, organismes de personnes handicapées) - la participation directe ou indirecte par l'intermédiaire de représentants désignés par des processus démocratiques et transparents
Accessibilité	L'accessibilité est le degré auquel un produit, dispositif, un service, ou de l'environnement est rendu disponible au plus grand nombre de personnes possible. L'accessibilité peut être considérée comme la capacité à atteindre, à entrer, à circuler à l'intérieur d'un lieu et à bénéficier d'un service, d'un système ou d'une entité. L'objectif est un environnement sans obstacle. L'accessibilité comprend ici : - l'accessibilité des infrastructures - l'accessibilité des transports - l'accessibilité des technologies et des moyens d'information et de communication - la couverture géographique des services (distance aux services et stratégies dites d'«*outreach*»).
Adaptabilité	L'adaptabilité est la capacité de changer ses actions ou soi-même pour s'adapter aux changements qui se produisent et à une diversité de situations, de contextes et des personnes. L'adaptabilité couvre : - la rapidité de disponibilité des services (par exemple en situation d'urgence) - l'amélioration par l'apprentissage continu et l'intégration des leçons tirées de l'expérience - la capacité à se maintenir malgré les changements et les contraintes (par exemple environnementales) La capacité des services et des systèmes à s'organiser pour s'adapter à des contextes différents et utiliser les ressources et les capacités des communautés dans ces contextes.

Critère qualité	Définition adoptée
Accessibilité financière («abordabilité»)	L'accessibilité financière (parfois appelée «abordabilité») est la mesure dans laquelle les services sont abordables, telle que mesurée par leur coût par rapport à la quantité que le client ou usager est en mesure de payer. Les services d'intérêt général doivent en effet être abordables pour tous. Les coûts des services de santé par exemple doivent être fondés sur un principe d'équité, en veillant à ce que ces services, qu'ils soient publics ou privés, soient abordables aussi pour les groupes socialement défavorisés.
Redevabilité	La redevabilité est la reconnaissance et l'acceptation de la responsabilité des actions, produits, décisions et politiques, y compris la responsabilité de l'administration, de la gouvernance et de la mise en œuvre. Elle comprend l'obligation de rendre des comptes, de justifier et de répondre des conséquences qui résultent de ces choix. La redevabilité couvre : - la responsabilité envers les donateurs et bailleurs de fonds - la responsabilité envers les bénéficiaires/groupes cibles, en l'occurrence envers les usagers des services.
Qualité technique	La qualité technique correspond au respect d'un ensemble de caractéristiques qui permettent à un service, un secteur ou un système de services d'avoir la capacité de satisfaire les besoins exprimés et implicites de la meilleure manière possible. La qualité est souvent mesurée par le respect des normes techniques spécifiques à chaque secteur ou profession (par exemple les standards ISPO pour les services orthopédiques, ou IMAS pour l'action contre les mines). Remarque : Le principe de « d'abord ne pas nuire » (*do no harm*) devrait être une condition préalable aux normes techniques de qualité pour tout secteur.
Centré sur la personne	Le fait pour un service d'être centré sur la personne renvoie à l'importance accordée à « l'usager » afin qu'il bénéficie pleinement de ces services. Il s'agit d'accorder une attention centrale au rôle actif de la personne dans le processus d'accès aux services, en trouvant des options qui soient adaptées à chaque situation individuelle, et en assurant une réponse

	cohérente en matière services c'est-à-dire qui appuie la personne et valorise ou respecte : - ses choix, ses forces et ses capacités - sa contribution - son autonomie - sa vie privée, sa liberté et sa dignité - son intégrité et la protège contre les abus. Remarque : Cette définition peut être appliquée et adaptée pour les services ciblant des groupes ou des communautés (par exemple, des services de déminage axés sur la communauté, la valorisation des choix du groupe, les capacités, etc.).
Continuité	La continuité renvoie à la nécessaire coordination entre une gamme de services, référencements, programmes et systèmes (y compris la mise en place de mécanismes et de principes de collaboration), afin d'assurer une réponse globale aux besoins multiples et évolutifs d'une personne. La continuité et la coordination permettent aussi d'éviter la duplication des actions. La continuité inclut : - la couverture de la gamme complète de services nécessaires (ordinaires, spécifiques, support) dans chaque secteur - les interrelations et connexions entre les services d'un même secteur (entre les différents types de services et entre les différents lieux de prestation : communauté, institutions...) - la coordination entre les secteurs de services - un continuum de services aux divers stades de la vie. Un continuum entre les différentes phases du développement : urgence - réhabilitation - développement (URD)

Le bon fonctionnement d'un système d'acteurs jouant chacun leurs rôles, selon leurs responsabilités

Enfin, la grille de lecture « Accès aux Services » développée par Handicap International propose aussi une *analyse du système d'acteurs des services*. Une approche holistique des droits des personnes handicapées implique en effet de considérer les rôles et responsabilités de chaque partie prenante, au sein de la société.

Ces acteurs peuvent être rattachés à trois catégories principales. Tout d'abord, les autorités ou décideurs politiques sont d'abord les autorités publiques. L'État se distingue des autres institutions par son monopole de l'usage légitime de la force physique à l'intérieur de ses frontières. De ce monopole, les autorités publiques tirent le pouvoir de réglementer, de légiférer, de collecter des impôts, de définir et d'appliquer les « règles du jeu ». C'est aussi l'État qui est engagé par la signature de traités internationaux, comme les traités d'interdiction des mines ou la CDPH, et redevable des obligations qu'ils créent. Les décideurs sont définis ici comme ceux qui contrôlent ce pouvoir et assument les responsabilités fondamentales de l'État, du niveau national au niveau local. L'État peut déléguer la mise en œuvre de ses responsabilités à d'autres acteurs nationaux publics ou privés (ex. : une compagnie responsable de la gestion des déchets). Dans des situations de crise où l'État n'est plus en mesure de jouer son rôle, il peut aussi déléguer certaines responsabilités à des acteurs internationaux (ex. : l'apport d'une aide humanitaire d'urgence par des ONG internationales) qui agissent temporairement en substitution. Dans tous les cas, les autorités conservent un rôle de régulation et de contrôle.

Les prestataires de services, ensuite, répondent de manière directe aux besoins des usagers en fournissant une offre de services. Cela inclut aussi bien les organisations, les structures, et les acteurs de premier plan en contact direct avec les usagers, structures gouvernementales, non gouvernementales, bénévoles, à but lucratif ou non. Les prestataires doivent agir dans le cadre défini par les autorités locales/nationales et respecter les normes et principes de qualité définis (mécanismes de régulation guidés par des critères de qualité).

Les usagers des services, enfin, sont les individus et les ménages qui utilisent réellement ou potentiellement les services. En tant que citoyens, ils participent individuellement ou collectivement (coalitions, associations, communautés, syndicats) aux processus politiques qui définissent les objectifs et priorités collectives dans le domaine des services. La capacité d'action collective des citoyens, élément clé dans l'accès aux services, varie considérablement d'un contexte à l'autre. En tant que « clients » directs des prestataires de services, ils attendent des services de qualité (de l'eau propre, une bonne éducation pour leurs enfants, protéger la santé de leur famille, etc.). Le fait qu'on les englobe sous l'appellation générale « d'usagers » ou parfois de « société civile » ne doit pas faire oublier la diversité de leurs situations (ex. : pauvres ou non) et de leurs attentes, parfois contradictoires. Les usagers sont idéalement co-élaborateurs des services en jouant un rôle actif dans la définition des priorités et l'évaluation régulière des services (participation aux différentes étapes).

Ces trois types d'acteurs jouent chacun un rôle et sont liés entre eux au sein d'un système, par des relations de pouvoir et de responsabilités. La gouvernance du système de services peut ainsi être définie comme la régulation de l'offre et de la demande de services. En s'appuyant sur des références externes, en particulier sur le rapport de la Banque Mondiale (World Bank, 2014), Handicap International, enrichi et questionné par son expérience de terrain dans des environnements extrêmement variés, représente la gouvernance idéale d'un système de services dans une société inclusive sous forme d'un triangle d'acteurs interagissant entre eux (voir Fig. 1, ci-dessous).

Les interrelations représentées par des flèches renvoient à neuf rôles et responsabilités principaux liant les différents acteurs du triangle entre eux. Afin d'analyser un système d'acteurs dans un contexte donné, neuf fonctions ont été identifiées qui seront caractérisées pour identifier les forces et faiblesses du système, comme présenté dans le tableau ci-dessous (Tableau 2).

Lors d'un séminaire technique ayant rassemblé plus de 40 référents et experts techniques sur l'ensemble des métiers couverts par Handicap International (septembre 2014), un travail a été amorcé pour développer des indicateurs afin de mesurer l'effectivité de chacune de ces neuf fonctions. À titre d'exemple, au niveau des décideurs, il s'agira d'assurer un suivi de la proportion des documents de politique nationale qui sont conformes aux obligations et standards internationaux (notamment la CDPH), ou encore de mesurer les progrès dans l'existence d'information sur la situation des personnes handicapées, issue de collectes généralistes et fiables (statistiques nationales, recensement, évaluations rapides). Au niveau des « usagers », Handicap International s'intéressera par exemple au niveau d'influence des organisations de personnes handicapées (OPH) à travers le suivi dans le temps d'un Indice de participation[12].

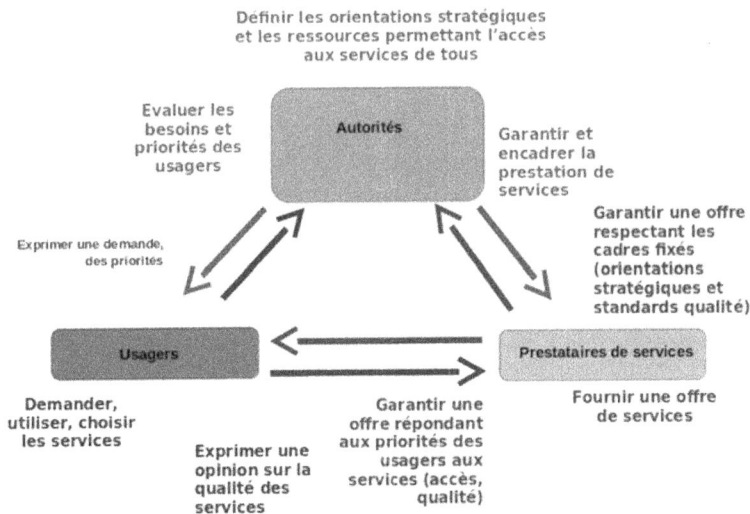

Figure 1 - Acteurs clés et modes idéaux de gouvernance du système de services. Handicap International (2014).

Tableau 2. Rôles des Acteurs et Fonctions du système de services selon Handicap International (2014)

Liens entre acteurs	Rôle et responsabilité	Fonction du système de services à analyser
Décideurs	Définir les orientations stratégiques et les ressources permettant l'accès aux services de tous	1. Cadres stratégiques, politiques et/ou législatifs développés en concertation avec les acteurs concernés
Décideurs vis-à-vis des prestataires de services	Garantir et encadrer la prestation de services	2. Mécanismes d'accréditation, de contrôle qualité et d'audit
Décideurs vis-à-vis des usagers	Évaluer les besoins et priorités des usagers	3. Systèmes de collecte d'information et de consultation sur la situation des usagers
Prestataires de services	Fournir une offre de services	4. Prestation de services efficace et de qualité
Prestataires de services vis-à-vis des usagers	Garantir une offre répondant aux priorités des usagers aux services	5. Adaptation de l'offre aux priorités des usagers
Prestataires de services vis-à-vis des décideurs	Apporter une expertise (y compris sur les besoins) pour l'amélioration du système de services	6. Mobilisation d'expertise pour le suivi des besoins et l'amélioration des standards techniques
Usagers	Exprimer, représenter les priorités des usagers	7. Niveau d'organisation des usagers, y compris via des organisations représentatives
Usagers vis-à-vis des décideurs	Exprimer une demande/des priorités	8. Expression par les usagers de leurs priorités et suivi de la réponse qui y est apportée
Usagers vis-à-vis des prestataires de services	Exprimer une opinion sur la qualité des services	9. Implication des usagers dans les services (management et évaluation)

Utilisations et opportunités de la grille d'analyse « Accès aux Services »

Les trois axes structurant la grille de lecture « Accès aux Services » sont ainsi pour Handicap International une façon de simplifier la complexité des facteurs à prendre en considération sur la question du handicap pour son travail opérationnel. Cette grille a donc pour vocation première d'aider à faire un état des lieux et à établir des priorités d'action pour améliorer l'accès effectif des personnes handicapées aux services et la réalisation de leurs droits. Plusieurs usages sont possibles et ont déjà été testés par l'association. Nous présentons ci-dessous deux niveaux différents, à l'échelon d'un programme c'est-à-dire d'un ensemble cohérent d'actions dans un pays ou une région donnée, et à l'échelon d'un projet.

Pionnier dans une utilisation poussée de cette grille d'analyse, le programme Maghreb (Algérie, Maroc, Tunisie) de Handicap International s'est saisi des outils développés dans le Guide pratique et mis à disposition dès 2010 pour structurer son travail d'élaboration d'une stratégie pluriannuelle. Pour chaque secteur pertinent et dans chacun des trois pays du programme, une analyse rapide a été menée pour identifier la gamme de services existants et interroger l'efficacité des neuf fonctions du système d'acteurs. Ce travail précurseur a d'ailleurs largement contribué à confirmer la pertinence de « l'Accès aux Services » comme cadre d'analyse et à en proposer une application pratique. Cette analyse a assumé à la fois son caractère partial (elle est principalement une lecture faite par les équipes de Handicap International, même si les partenaires locaux ont aussi été consultés) et partiel (entre autres parce que le temps consacré à cette analyse était forcément limité). Elle a cependant proposé un mode de visualisation très intéressant, consistant à graduer les neuf fonctions du système analysé pour établir des comparaisons entre secteurs.

À titre d'exemple, le schéma ci-dessous (Fig. 2) présente les résultats de cette analyse qui a été utilisée pour identifier des pistes communes d'interventions possibles entre le Maroc, l'Algérie et la Tunisie, dans le secteur de l'éducation. À l'époque de cette première analyse, Handicap International ne disposait pas d'indicateurs objectifs et la graduation de chacune des neuf fonctions du système de services s'est traduite par un exercice collectif de discussion en équipe afin d'apprécier de manière homogène les différents secteurs observés et de garder une comparabilité relative.

Malgré ses limites, l'exercice présente de multiples intérêts. Par exemple, la comparaison des tendances sur la gouvernance d'un secteur de services entre plusieurs pays limitrophes peut faciliter l'identification d'opportunités de réponses régionales à une problématique commune. La comparaison entre plusieurs secteurs dans un même pays permet d'identifier des « faiblesses structurelles » et de chercher à y remédier en travaillant plus précisément avec les acteurs concernés (par exemple, en travaillant pour améliorer le niveau d'organisation des usagers, via les OPH, pour mener un plaidoyer plus efficace, quel que soit le secteur). La comparaison dans le temps entre les photographies proposées via cette méthode peut permettre de mesurer le progrès dans la réalisation des droits. Enfin, exercice initié plus récemment au Moyen-Orient, la comparaison entre les différentes fonctions de l'accès aux services pour les personnes handicapées et pour le reste de la population peut permettre de mettre en évidence les discriminations fondées sur le handicap dans l'accès aux services.

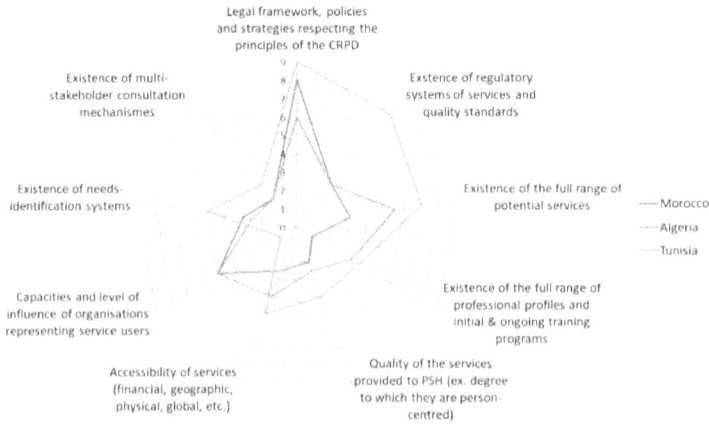

Figure 2- Comparaison de la gouvernance du secteur de l'éducation au Maroc, en Algérie et en Tunisie International Maghreb (2010)

Au niveau d'un projet (par exemple : projet de renforcement des services d'appareillage au niveau national, projet de développement local inclusif dans plusieurs districts, projet d'amélioration de l'accès des femmes handicapées aux services de santé maternelle et infantile), cette analyse rapide peut aussi être pertinente pour replacer l'intervention prévue dans un contexte plus large. Elle est ainsi située par rapport aux autres dimensions qu'il conviendrait de réformer afin d'améliorer l'accès aux services des personnes handicapées de manière systémique. Cette approche permet notamment d'identifier les complémentarités et d'encourager les liens avec des initiatives ou projets externes, lorsque cela est nécessaire. Un projet de réduction des risques de désastres au Népal a ainsi structuré sa méthodologie en identifiant quatre niveaux d'intervention interconnectés. Au niveau des villages, l'action a mis en présence les Comités de développement villageois (VDCs), les groupes d'entraide informels des personnes handicapées (Self-Help Groups) et les travailleurs communautaires responsables de la prévention des risques. Sur une même logique triangulaire, les liens ont été faits avec le niveau du district (Comités de développement des districts, associations locales de personnes handicapées, et associations de districts, notamment de la Croix-Rouge), et de même au niveau national (Gouvernement du Népal, Fédération Nationale des Associations de Personnes Handicapées, Handicap International et partenaires internationaux notamment Croix-Rouge et Disaster Preparedness Progamme for the European Commission from the Humanitarian Aid department (DIPECHO). Des synergies ont enfin été identifiées au niveau régional, avec la production d'études régionales sur la prise en compte des personnes handicapées dans les actions de réduction des risques de désastres.

Ailleurs, ce réflexe d'analyse systémique apporté par la grille « Accès aux Services » a encouragé des liens autrefois insuffisants entre différents projets dans une même région. En Afrique de l'Ouest, tout comme au Kenya, des acteurs de l'éducation, appuyés par Handicap International pour permettre la participation des enfants handicapés sur base d'égalité avec les autres enfants, ont ainsi pu mobiliser dans un travail de plaidoyer et de réforme politique des associations représentatives des personnes handicapées dont la crédibilité a été renforcée par des projets complémentaires[13].

Conclusion

Ce chapitre rend compte de la manière dont une association de solidarité internationale a relevé le défi d'analyser les dimensions multiples d'une société, conçue comme un système d'interactions complexes entre plusieurs sous-systèmes, afin d'identifier différents leviers d'action visant l'amélioration de la situation des personnes handicapées. Le cadre d'action « Accès aux Services », développé par Handicap International, est fondé sur une compréhension multidimensionnelle de la notion de handicap, qu'il cherche à appréhender de manière pragmatique, sans en réduire la complexité. Il répond au souci d'accélérer les réformes nécessaires à la mise en œuvre des principes et orientations stratégiques de la CDPH. Il fournit aux équipes de Handicap International sur le terrain, un modèle d'analyse systémique permettant de prioriser leurs interventions et définir des stratégies pertinentes, les plus pérennes possible en fonction du contexte, en réponse aux besoins réels des personnes handicapées, et dans le respect de leur dignité et droits fondamentaux.

Face à l'ampleur des défis, dans un contexte de montée des inégalités, de multiplication des risques liés notamment aux conflits et aux catastrophes naturelles, et de ressources limitées, un travail immense reste à faire. Handicap International souhaite ainsi systématiser l'utilisation de «l'Accès aux Services» comme cadre structurant l'ensemble de ses actions[14]. Cela implique de prolonger la réflexion en déclinant l'application du cadre dans le cadre de l'aide humanitaire d'urgence, par exemple en anticipant dans le cadre de plans de contingence comment un système de services peut être déstabilisé et déstructuré par une crise, pour être plus réactif dans la réponse d'urgence. Cela implique également d'étendre le modèle et de construire des passerelles pour relier d'autres types d'actions en faveur de l'inclusion d'autres groupes vulnérables et discriminés (femmes, enfants, groupes ethniques minoritaires, populations vivant dans des zones polluées par les mines, etc.). Cela implique encore de réinterroger nos pratiques dans le souci d'intégrer au niveau le plus élevé possible les critères de qualité indispensables à l'impact de toute intervention auprès des populations ciblées, par exemple : comment assurer la pérennité financière de services de réadaptation de qualité dans des contextes de ressources extrêmement limitées? Ou quels modèles inventer pour la participation des personnes ayant des incapacités psychiques à la vie de leurs communautés, en dehors des institutions psychiatriques, dont les limites ont été démontrées?

Ce travail doit bien entendu être mené dans un souci de coopération étroite avec les acteurs concernés. En premier lieu, les personnes handicapées et leurs organisations représentatives sont des partenaires privilégiés, qui guident l'identification des priorités, et que Handicap International soutient par des formations et actions conjointes pour un plaidoyer plus impactant[15]. Au niveau international, des pistes intéressantes peuvent encore être explorées pour mieux utiliser les données collectées pour appuyer le suivi de la mise en œuvre de la CDPH. Les personnes handicapées ne formant pas un groupe homogène, un souci constant d'adaptation des réponses aux priorités des personnes ayant différents types d'incapacités est indispensable, avec une attention particulière aux groupes les plus exclus, comme les femmes et les filles handicapées, ou les personnes ayant des incapacités psychiques, intellectuelles ou multiples.

Les acteurs de la coopération internationale, et les bailleurs de fonds en particulier, mais aussi les partenaires académiques, sont aussi des leviers indispensables afin qu'aucune action ne contribue à créer des discriminations pour les personnes handicapées, et que davantage soit fait pour promouvoir activement leur participation à tous les niveaux. Handicap International milite ainsi pour que l'ensemble des Objectifs de développement durable qui succèdent aux Objectifs du Millénaire pour le Développement ne soit considéré comme atteints, que s'ils le sont pour tous les groupes sociaux et économiques, y compris les personnes handicapées[16]. L'association s'inscrit ainsi, en tant qu'acteur de la solidarité internationale, dans une démarche citoyenne, convaincue que l'émancipation des personnes handicapées requiert aussi, au niveau international, un dialogue public constant et sans cesse renouvelé.

Notes

[1] IDDC: International Disability and Development Consortium, www.iddconsortium.net

[2] Voir notamment le préambule de la CDPH paragraphes m) et t), et les articles 11, 27, 28 et 32.

³ L'article 32 en particulier étend les obligations des États à mettre en œuvre la Convention à toute action de coopération internationale ; l'article 11 précise l'importance d'inclure les personnes handicapées dans les réponses d'urgence humanitaire et de prévention des risques ; l'article 28 enfin précise l'obligation de prise en compte des personnes handicapées dans les programmes d'accès aux services de base, de réduction de la pauvreté et de protection sociale.

⁴ Le terme « services » plus de 40 fois dans la version officielle française du texte, dans 12 articles différents (Articles 2, 4, 9, 16, 19, 21, 23, 25, 26, 27, 28 et 30). Mention est faite de l'importance de services qui puissent être utilisés par tous, des services ouverts au public, des services d'accompagnement, de services supports ou « médiateurs », services électroniques, les services d'information et médias, services d'urgence, services éducatifs, services de protection, services à domicile, services sociaux, services fournis via l'internet, services de santé, services d'adaptation et de réadaptation, services de santé sexuelle et reproductive, services de dépistage précoce, services en milieu rural, services de placement et de formation professionnelle, services d'eau salubre, services touristiques, etc.

⁵ En anglais *"disability mainstreaming"*.

⁶ L'article 5.4 de la CDPH reconnait ainsi la discrimination positive : « Les mesures spécifiques qui sont nécessaires pour accélérer ou assurer l'égalité de facto des personnes handicapées ne constituent pas une discrimination au sens de la présente Convention ». L'article 2 définit une autre notion importante, celle d'aménagement raisonnable, c'est-à-dire « les modifications et ajustements nécessaires et appropriés n'imposant pas de charge disproportionnée ou indue apportés, en fonction des besoins dans une situation donnée, pour assurer aux personnes handicapées la jouissance ou l'exercice, sur la base de l'égalité avec les autres, de tous les droits de l'homme et de toutes les libertés fondamentales ».

⁷ Cette double approche est pertinente pour toute démarche d'inclusion d'un groupe discriminée. Elle est adaptée du mouvement de défense des droits des femmes. Pour plus d'information, voir « Handicap et Coopération Internationale », cd-rom en ligne produit par Handicap International: http://www.hiproweb.org/fileadmin/cdroms/ Handicap_ Developpement/www/page61.html#_Mettre_en_œuvre

⁸ Traduction par l'auteure de la citation anglaise « There is nothing more unequal that the equal treatment of unequal people », Thomas Jefferson.

⁹ Handicap International intervient dans plus de 60 pays, souvent sur plusieurs sites au sein d'un même pays.

---

[10] Concept note towards Rehabilitation Guidelines (OMS), document inédit, mais jugé pertinent dans la mesure où il proposait une sélection de critères applicables à un secteur de services dans le domaine du handicap.

[11] Domaines techniques : Réadaptation, Santé et Prévention, Appui à la Société Civile, Services Sociaux, Economiques et Educatifs, Action d'Urgence, Réduction des risques liés aux armes conventionnelles

[12] Indice de participation, développé par l'association Vida Brasil et adapté par Handicap International dans divers contextes d'intervention.

[13] Il est fait référence ici notamment aux complémentarités entre les projets régionaux APPEHL (éducation inclusive) et DECISIPH (appui aux associations de personnes handicapées pour la promotion de leurs droits). Pour davantage d'information, contacter Handicap International. Au Kenya, il s'agit de la complémentarité entre le projet Education Inclusive et le projet Vital Voices, dont témoignent les acteurs concernés dans la vidéo : repéré .

[14] Handicap International a ainsi construit sa Théorie du Changement autour de cette grille d'analyse.

[15] Handicap International met en œuvre des projets spécifiques en partenariat avec les OPH et dédiés au renforcement de leurs capacités. En 2014, près de 50 projets de ce type étaient mis en œuvre, dans plus de 35 pays. Le domaine technique Appui à la Société Civile coordonne cet ensemble d'actions ainsi que de nombreuses initiatives complémentaires qui visent la promotion des droits, et l'amélioration de la participation des personnes handicapées aux processus de prise de décision, à tous les niveaux.

[16] Un engagement dans ce sens a été pris comme reflété dans le rapport du Secrétaire Général des Nations Unies, Décembre 2014: *The Road to Dignity - Ending Poverty, Transforming All Lives and Protecting the Planet,*

Références

Association Européenne des Prestataires de Services pour Personnes en situation de Handicap. (2009). *Cadre Européen Volontaire de Qualité.* Accès: http://www.easpd.eu/fr/content/qualite-des-services-0.

Center for Economic and Social Rights. (2012). *The OPERA Framework. Assessing compliance with the obligation to fulfill economic, social and cultural rights.* Accès: http://www.cesr.org/sites/default/files/the.opera_.framework.pdf

Chiriascescu, D. (2008). *Shifting the paradigm in Social Service Provision. Making quality services accessible for people with disabilities in southeast Europe.*

Disability monitor initiative South Est Europe. Accès: http://www.hiproweb.org/fileadmin/cdroms/Kit_Formation_Services/documents/Module-2/2-B-8_Shifting_the_Paradigm_in_Social_service_Provision.pdf

European platform for rehabilitation. (n/d). *European Quality in Social Services (EQUASS)*. Accès: http://www.epr.eu/.

Fougeyrollas, P., Cloutier, R., Bergeron H., Côté, J., St Michel, G. (1998). *Classification québécoise : Processus de production du handicap*. Réseau International sur le processus de production du handicap (RIPPH).

Handicap International. (2012). *Le processus d'analyse de la pérennité : l'exemple de la réadaptation fonctionnelle*. Accès : http:// www.hiproweb.org/uploads/tx_hidrtdocs/GM08Perennite.pdf

Handicap International. (2010a*). L'accès aux services pour les personnes handicapées. Guide méthodologique*. Accès :http://www.hiproweb.org/uploads/tx_hidrtdocs/HI_GM_Accessibilite_screen_A4.pdf

Handicap International. (2010b). *L'accès aux services pour les personnes handicapées dans les contextes difficiles*. Accès : http://www.hiproweb.org/uploads/tx_hidrtdocs/AccesAuxServicesAmman.pdf

Handicap International. (2009). *Déclaration de mission de Handicap International, approuvée par le Conseil d'Administration Fédéral en novembre 2009*. Accès: http://www.handicap-international.ca/fr

International Disability and Development Consortium. Accès: www.iddconsortium.net

International Mine Action Standards IMAS. (2003). *Guide for the Management of Mine Risk Education*. International Mine Action Standards (IMAS). Accès: http://www.mineactionstandards.org/fileadmin/MAS/documents/imas-international-standards/english/series-07/IMAS-07-11-Ed1-Am3.pdf

Mannan, H., Amin, M. et MacLachlan, El Tayeb, S., El Khatim, A., Bedri, N., McVeigh, J., Swartz, L., Munthali, A., Van Rooy, G., Eide, A., Schneider, M., McAuliffe, E., Mji, G., Elsamani, E. et Geiser, P. (2014, 2è éd.). *Le manuel EquiFrame : Un outil d'évaluation et de promotion de l'inclusion des groupes vulnérables et des concepts clés relatifs aux droits de l'homme dans les politiques de santé*. Center for Global Health, Trinity College Dublin, Ireland ; Ahfad University for Women, Sudan Federation; Handicap International, France. Accès: https://global-health.tcd.ie/assets/doc/EquiFrame%20 Manual%20II%20-%20Second%20Edition%20French%20&%20English%202014.pdf

Organisation Mondiale de la Santé (OMS) et Banque Mondiale. (2011). *Rapport Mondial sur le handicap*. Accès : http://www.who.int/disabilities/world_report/2011/fr/

145

Organisation Mondiale de la Santé (OMS). (2010). Guide de réadaptation à base communautaire.

Organisation Mondiale de la Santé (OMS). (2001). *Classification internationale du fonctionnement, du handicap et de la santé.* Accès: http://apps.who.int/iris/bitstream/10665/42418/1/9242545422_fre.pdf

Pain, A. et Levine, S. (2012). *Dix caractéristiques des systèmes résilients.* Overseas Development Institute (ODI).

Sheldon., S. et Jacobs, N.A. (2006). *Report of a consensus conference on wheelchairs for developing countries.* World Health Organization. Accès: http://www.who.int/disabilities/technology/Wheelchair Consensus Conference Report_Jan08.pdf.

Social Protection Task Force. (2012). *Report of the Social Protection Task Force.* Accès : http://www.instituteofhealthequity.org/file-manager/PDFs/social-mobility-task-group-full-report.pdf

The Sphere Project. (2011*). Humanitarian Charter and Minimum Standards in Humanitarian Response.* Accès: http://www.ifrc.org/PageFiles/95530/The-Sphere-Project-Handbook-20111.pdf

Nations Unies. (2014). *The Road to Dignity by 2030: Ending Poverty, Transforming All Lives and Protecting the Planet. Synthesis Report of the Secretary-General On the Post-2015 Agenda.* Accès: http://www.un.org/disabilities/documents/reports/SG_Synthesis_Report_Road_to_Dignity_by_2030.pdf

Deuxième section

Pratiques innovantes de recherche et d'action pour la prise de parole et l'exercice de la citoyenneté

5

Une expérience de réappropriation collective du droit

Martine Dutoit
Université d'Evry-Val d'Essonne, Paris

Marie Claude Saint Pé
Institut International de Recherche-Action (2IRA)

Depuis une dizaine d'années des personnes se sont regroupées dans un collectif d'associations, le Collectif Urbanités : *être et avoir le droit de cité et d'être citée*, à Paris, visant la promotion du droit à la citoyenneté. Ces personnes se reconnaissent plus ou moins usagères et usagers des services d'accompagnement et, ou de soins en Santé Mentale. Elles ont construit et mené plusieurs projets collectifs dans un processus de recherche-action soutenu par les auteures de cet article qui sont engagées dans cette forme de pédagogie émancipatrice (Freire, 1974).

La recherche-action est une méthodologie de recherche qui permet aux personnes concernées par ce qui leur fait problème, de se mettre en recherche. Ces personnes s'approprient les outils de la recherche : construction de la problématique, hypothèses, choix des outils d'investigation, analyses. Elles pensent collectivement les impacts des résultats de recherche sur les actions à mener, les stratégies à construire pour répondre à leur situation. Les auteures de cet article ont été formées à la recherche-action au Collège Coopératif de Paris, initié par Henri Desroches (1976) en 1959.

Les projets sont pensés de façon à couvrir le large spectre de l'«*empowerment*», c'est-à-dire la connaissance et l'accès aux droits fondamentaux, allant des droits plus individuels aux droits collectifs et citoyens. Ils s'inscrivent dans une démarche située qu'on pourrait qualifier de démarche de santé communautaire en référence à la définition de la santé de l'Organisation mondiale de la Santé (OMS). Ils sont fondés sur le croisement des savoirs expérientiels des personnes participantes – actrices, acteurs et auteures, auteurs. Ces personnes ont participé régulièrement à la recherche-action du Programme international d'éducation à la citoyenneté démocratique des personnes en situation de handicap (PIECD) qui permet de faire travailler ensemble des personnes concernées, leurs accompagnantes et accompagnants, ainsi que des chercheures et chercheurs de divers pays (Québec, France, Belgique).

Dans les années 2000, une première recherche-action au sein de l'association Advocacy France a permis de créer, dans différentes villes de France, plusieurs espaces autogérés (*Espaces Conviviaux et Citoyens*) par les personnes en situation de handicap psychique. À partir de celui de Paris, le Collectif Urbanités mène des actions collectives qui ont pour objectifs : d'occuper l'espace public, de retrouver un pouvoir d'agir avec d'autres, de sensibiliser aux situations de handicap et aux discriminations, de connaître et agir le droit.

L'action collective intitulée *l'Insolite de la Place des Fêtes* permet de prendre des initiatives et des rôles dans l'animation d'actions festives et de mener des actions de sensibilisation aux situations de handicap. D'autres, visent à permettre aux personnes travailleuses et travailleurs en Établissement et Services d'Aide par le Travail (ESAT), de connaître et agir leurs droits dans un atelier collectif intitulé : *J'ai le droit*. D'autres encore de s'approprier le droit pour devenir son propre défenseur et/ou soutenir d'autres personnes en difficulté pour se faire entendre et sortir des situations de discrédit ou de non-reconnaissance qu'elles vivent : c'est l'action du Réseau en pratiques de Pairadvocacy. Chacun de ces projets, dont rendront compte les auteures de cet article, démontre une autre manière de mener un projet en complète synergie avec des personnes trop souvent considérées comme incapables. Ils permettent de penser le nécessaire décloisonnement de nos sociétés organisées autour des étiquettes, diagnostics et déficiences permettant de nier les processus de discrimination et d'exclusion, maintenant ses divers publics dans des statuts d'assistés, sans possibilité d'acquérir une pleine citoyenneté, ni la liberté de choisir leur vie.

L'«*empowerment*» : se réapproprier des capacités personnelles et collectives

L'«*empowerment*» (Bacqué et Biewener, 2013) se définit comme une appropriation du pouvoir, *reprendre du pouvoir sur sa vie*, au regard de l'oppression qui se caractérise par un rapport de place dissymétrique, induisant de fait des pouvoirs d'actrices et d'acteurs sur d'autres actrices ou acteurs, dans une société, sans que ces personnes puissent faire valoir leur droit à moins de se battre. Dans la relation d'accompagnement, de fait, et malgré les bonnes intentions, s'instaure cette dissymétrie. Une professionnelle, un professionnel ou une personne mandatée par une institution possède les clés d'accès à des ressources qui font défaut à une autre personne qui devient ainsi obligée, assistée, bénéficiaire, soumise à évaluation, à diagnostic. S'instaure alors, de la part de la personne mandatée, un contrôle sur les choix et la manière dont vit la personne jugée bénéficiaire. De son côté, la personne qui a besoin d'aide et d'accompagnement est invitée à qualifier, définir ce qu'elle vit à partir des grilles de lecture que lui impose cette personne accompagnante (Dutoit, 2011). Cette relation dissymétrique a des conséquences sur le vécu et la trajectoire sociale de la personne aidée, conséquences que cette personne n'a pas choisies et qu'elle subit plus ou moins. C'est ce type de relation de pouvoir qui est identifié comme entravant le processus d'«*empowerment*». L'«*empowerment*» est un processus, on ne peut ni le hâter, ni le forcer, on ne peut que le favoriser (Garibay et Seguier, 2009). En général, il est un effet bénéfique des projets menés lorsque ces derniers sont conçus et menés par les personnes concernées par la problématique dans lesquelles ils s'inscrivent. Dans notre société où les souffrances se vivent comme identitaires (Erhenberg, 2000), où les besoins ressentis s'expriment en termes de reconnaissance (Mallochet et Gueguen, 2014), on peut vouloir initier des projets avec l'intention première de déjouer la relation de pouvoir corollaire à la relation d'aide, pour favoriser ce processus.

En 2000, à Caen, une association d'usagères et d'usagers en santé mentale, Advocacy France, crée le premier des Espaces Conviviaux Citoyens. Ce lieu est un lieu autogéré et le projet est accompagné par une recherche-action permettant aux actrices et aux acteurs du projet de l'interroger dans le temps même de sa réalisation. La recherche-action est une méthodologie de mise en réflexion des actrices et aux acteurs, autant qu'une réflexion sur l'action menée; un outil de transformation des actrices et acteurs en auteures, auteurs et par cela même, c'est un outil de transformation du social.

Les Espaces Conviviaux Citoyens[1] permettent aux personnes en santé mentale de reprendre du pouvoir sur leur vie. Support de résilience au sens de Cyrulnik (2002), ils sont à la fois des lieux d'étayage des personnes comme sujets et, dans leur dimension collective et citoyenne, une des voies d'acquisition d'un véritable *«empowerment»*. Il s'agit de proposer un cadre où les personnes vont développer leurs propres ressources, découvrir leurs capacités et tester la validité de leurs stratégies pour vivre leur vie. Le cadre de l'action est un cadre négocié par les personnes qui fréquentent le lieu. Les participantes et participants définissent les règles du vivre ensemble et ces règles sont à se réapproprier par chaque nouveau membre, notamment lors de réunions hebdomadaires. On peut alors décrire ce qui se passe comme la remise en jeu des rapports de places qui évoluent au cours des activités dans les relations quotidiennes de la convivialité et, ou des projets menés. Tel sujet en position plutôt « basse » au démarrage d'une action, peut en cours d'action « prendre le dessus », ou être, tour à tour et selon le projet, en position basse ou de leader. Peu à peu, les personnes qui fréquentent ces espaces vont revendiquer explicitement le fait qu'ici on peut se tester, s'essayer (Dutoit, 2008.).

Une référence : la démarche émancipatrice

Les actrices et acteurs vont se réclamer d'une visée émancipatrice, d'une coéducation à la citoyenneté inspirée par l'éducation des opprimés de Paolo Freire (1974), pour qui l'éducation des opprimés doit naître de leur propre initiative, et non s'imposer à elles et à eux. Elle doit leur permettre de prendre conscience d'eux-mêmes, d'elles-mêmes et de leur possibilité d'action sur leur environnement. Il s'agit d'apprendre à l'homme, à la femme à se libérer lui-même ou elle-même, à s'affranchir de la « *colonisation de l'esprit* », en proposant une conception humaniste et libératrice de l'éducation. L'expérience vécue, les émotions sont reconnues et prises en compte. Personne n'est sans culture, puisqu'elle est créée par l'homme et par la femme, par la "praxis" : la combinaison de la réflexion et de l'action, de la théorie et de la pratique. L'action est alors le résultat de la praxis, permettant à l'homme et à la femme de devenir sujet et donc de se réaliser comme humain. Elle permet de se libérer des autres et de soi-même, de son aliénation, pour gérer en conscience ses interdépendances. L'erreur est alors considérée comme faisant partie du processus d'apprentissage, d'où l'importance de s'essayer, de se confronter à d'autres en prenant la parole, en devenant visible sur la place publique (Garibay et Séguier, 2009).

Une approche transversale des discriminations : le collectif d'associations urbanites

À Caen, le premier Espace Convivial Citoyen reposait sur une association de patientes, de patients, d'usagères et d'usagers des services de santé mentale, épaulée par une association militante dans la défense et la promotion des droits de ces personnes psychiatrisées. À Paris, l'Espace Convivial Citoyen qui nait en 2001 mutualise très rapidement ses projets avec d'autres partenaires associatifs sur l'objectif commun d'occuper la place publique et de permettre l'accès aux droits et à la citoyenneté. Lors d'une manifestation intitulée *L'Insolite de la Place des Fêtes*, les personnes discriminées prennent un rôle, soit dans l'organisation, soit comme animatrices, animateurs ou comme artistes pour sortir de l'invisibilité et ainsi se mêler aux habitantes et habitants du quartier, invité-e-s à participer. Différents ateliers ludiques ou créatifs, du théâtre-forum, des débats sont proposés, ainsi qu'une scène ouverte mêlant artistes confirmé-e-s, débutantes ou débutants.

À partir de l'expérience de *L'Insolite de la place des fêtes,* en 2008 le Collectif Urbanités est créé autour du *droit de cité pour toutes et tous et celui d'être cité-e-s.* Les associations partenaires peuvent mener des actions ciblées auprès d'un public identifié, comme l'association Viens je t'emmène qui permet aux personnes à mobilité réduite ou avec une déficience sensorielle, de sortir de leur isolement par un accompagnement lors de sorties culturelles et conviviales, tout en partageant des activités avec d'autres publics. Ainsi les personnes ayant des difficultés en santé mentale peuvent devenir bénévoles et accompagnatrices de ces personnes adhérentes de Viens je t'emmène. Les préjugés sont ainsi dépassés dans la rencontre et l'entraide qui se développe entre les personnes présentant différents types de déficiences ou de problèmes de santé. D'autres associations sont dans une visée transversale des problématiques de discrimination, comme l'association 2IRA (Institut International de Recherche-Action) qui accompagne les projets des Espaces Conviviaux Citoyens Advocacy, mais mènent aussi des recherche-actions avec des personnes ayant une déficience intellectuelle ou des personnes à la rue. Dans tous ces projets, le souci de l'approche de genre est prégnant, notamment pour que soit pris en compte les rapports femmes/hommes dans les services et établissements sociaux et médico-sociaux.

Dès les années 2006, le Collectif *Urbanités* s'implique dans une recherche-action internationale avec l'Université du Québec à

Montréal autour de la question de la participation citoyenne et démocratique et de l'éducation à la citoyenneté des personnes en situation de handicap, dans le Programme international d'éducation à la citoyenneté démocratique (PIECD). Comme dans tout processus de recherche-action il s'agit de produire une connaissance réflexive des actrices et acteurs sur eux-mêmes et sur leurs propres expériences. Toute personne, quel que soit son problème de santé ou de handicap, est capable de faire preuve de cette réflexivité : les personnes concernées possèdent des savoirs complémentaires à ceux des chercheure-e-s et ces savoirs précieux pour la recherche ne peuvent être livrés que par elles. Suivant les chercheur-e-s appartenant au champ scientifique des *disability studies* « l'expérience des barrières sociales (physiques, mentales, psychiques) élevées sur la route des personnes handicapées donnent à ces dernières une parole qui peut apporter des connaissances de même valeur que n'importe quelle donnée dite objective » (Albrecht, Ravaud et Stiker, 2001, p. 44). Les savoirs s'élaborent en co-construction avec les actrices et acteurs de terrain, et le rôle du chercheur-e est alors de fournir les cadres méthodologiques adéquats pour appréhender le savoir « commun ». Outre le gain de confiance nécessaire pour s'exprimer en public, l'un des apports de cette recherche-action est la prise d'initiative des personnes concernées pour mettre en place des projets concrets d'appropriation de leurs droits (Fondation Internationale de Recherche Appliquée sur le Handicap [FIRAH], 2017).

Le Collectif d'associations Urbanités devient peu à peu un laboratoire d'innovation et, à la suite d'un voyage au Québec en 2010, devient un lieu ressource. Dans l'Espace Convivial Citoyen Advocacy de Paris, basé sur la pratique de groupes autogérés, est créé le RISC - lieu de Ressources en Inventions Sociales et Citoyennes – sur deux principes : le principe maïeutique favorisant l'autoproduction des savoirs de l'expérience, la valorisation des stratégies gagnantes pour lutter contre les discriminations et l'exclusion; le principe de coopération produisant une intelligence collective de transformation sociale. Ces principes se déclinent en pratiques coopératives permettant de construire un cadre susceptible de rendre possible une participation effective de tous et de toutes à une œuvre commune. La coopération est à la fois une façon de penser le rapport entre les personnes et de mener un projet, c'est-à-dire la méthode et les manières de le réaliser. C'est dans l'espace-temps du projet coopératif que se négocient, s'entrecroisent, se conjuguent ou se déchirent parfois l'intérêt individuel et l'intérêt collectif.

Des personnes s'en saisissent pour mener des projets qui résonnent avec leur expérience de vie. Par exemple, Christelle salariée sur un emploi aidé (Reconnaissance du statut de Travailleur Handicapé) accueille les personnes à l'Espace Convivial Citoyen. Elle a travaillé pendant plusieurs années dans un ESAT. Elle a donné sa démission, malgré la menace des professionnel-le-s de cet ESAT « *attention, nous, on sait que tu ne pourras pas travailler en milieu ordinaire* » (Rosar, 2013, p.121). Au sein de l'Espace associatif, elle prend peu à peu la parole jusqu'à convaincre le groupe de la nécessité d'ouvrir un atelier d'information sur les droits des travailleur-e-s handicapé-e-s de ces établissements. L'atelier « *J'ai le droit* » est créée en 2011, Christelle l'anime une fois par mois et les personnes viennent, à la sortie du travail, parler de leurs expériences, de leurs projets d'insertion, de leurs relations avec les encadrants ; très vite s'organisent des débats, des jeux de rôles pour apprendre à négocier, revendiquer, obtenir des droits, une pétition est même initiée à l'issue d'un atelier.

Peu à peu, une pratique citoyenne de réappropriation du droit va se formaliser. En effet, les personnes sollicitent de plus en plus l'aide associative pour être soutenues, conseillées, accompagnées afin de faire valoir leurs droits. Il n'est pas nécessaire de créer des structures professionnelles d'accès aux droits, elles sont déjà existantes (Point d'Accès aux Droits et Maison du Droit et de la Justice), mais sous-utilisées. Il est préférable de prendre en compte le vécu et l'expérience de discrimination de personnes et ce qui les empêche de faire valoir leurs droits. Ainsi, c'est avec le soutien de personnes ayant elles-mêmes une expérience de discrimination et avec lesquelles se tisse une relation de confiance et de coopération, qu'elles se saisissent de leurs droits. Le Réseau Citoyen en Pratiques de Pairadvocacy rassemble donc ces pairs par expérience en tant que citoyennes et citoyens agissant avec différentes associations de lutte contre toutes formes de discriminations.

Une pratique de pairadvocacy

Une pratique de *pairadvocacy* est une pratique citoyenne et solidaire, de soutien aux personnes momentanément en difficulté pour mener une vie libre et autonome (www.pairadvocacy.eu). Elle a pour but de leur faciliter un accès aux droits, aux recours et, ou aux services et biens communs, en soutenant leur prise de décision, en étant à leur côté comme témoin ou comme personne de confiance. Actuellement les douze personnes pairadvocates ont été formées par les deux fondatrices du Réseau, à partir de méthodes et d'outils issus de la recherche-action collective. Ces pairadvocates sont membres du Réseau lui-même soutenu, tant sur le plan de la méthodologie que pour la logistique, par les associations suivantes : Advocacy, 2IRA, Viens je t'emmène, Collectif Urbanités, Juristes solidaires, Association des groupes d'intervention et de défense des droits en santé mentale du Québec (AGIDD SMQ). Un site spécifique a été créé pour identifier cette pratique et rechercher les moyens de sa diffusion et de sa pérennisation.

Les personnes qui pratiquent la *pairadvocacy* sont des personnes qui ont connu des expériences de discrimination similaires aux vécus des personnes qu'elles épaulent. C'est à partir de cette expérience semblable, mais qu'elles ont transformée en ressource, qu'elles construisent une pratique respectueuse de la liberté de choix des personnes, du développement de leur capacité d'agir et de l'encouragement à construire leurs propres solutions.

Construire un rapport égalitaire?

Une pratique de *pairadvocacy* peut-elle construire un rapport aidant/aidé entre pairs qui ne reproduise pas les relations dominants/dominés? La première idée est de valoriser les modes de socialisation développés à partir et dans le vécu d'une expérience d'étiquetage. Cette expérience recèle des savoir être et faire qui sont importants à valoriser pour soutenir les actrices et acteurs. À rebours des évidences, c'est dans la prise de conscience du caractère construit de leur identité et dans la possibilité ouverte de jouer avec leurs différentes assignations identitaires que les personnes discriminées construisent de nouveaux rapports à elles-mêmes et aux situations qu'elles doivent affronter. La deuxième idée étant qu'un travail sur l'expérience d'étiquetage reste à faire, pas seulement pour la mettre à distance, comme on le dit souvent, mais pour changer les cadres de son interprétation. Il ne suffit pas de vivre quelque chose pour être en mesure d'occuper une place de pair-aidant, d'autant que dans la *pairadvocacy*, le positionnement espéré est un étayage vers une vie plus autonome pour faire valoir ses droits et ses choix (Dutoit, 2015).

La pratique de *pairadvocacy* exposée ici s'est donc construite sur deux postulats : premièrement, les personnes concernées par cette fonction de pair sont des personnes ayant vécu une expérience similaire de situation d'étiquetage, éprouvée comme une discrimination, et qui l'ont transformée en ressource pour mener une vie autonome. Deuxièmement, chacune de ces personnes se considère et se vit en capacité de faire des choix, de décider pour elle-même, se sent libre de gérer de façon autonome ses interdépendances. La notion de pair renvoie donc à la similitude des parcours et des processus dans et par lesquels la personne s'est construite, plutôt qu'au simple fait d'avoir été mise dans une situation en apparence semblable, telle qu'une hospitalisation psychiatrique, un vécu de handicap, etc.

Un dispositif de formation pour produire des savoirs d'expérience

L'expérience de chaque individu est le matériau même de la formation visant à développer des savoirs pratiques de *pairadvocacy*. Ce travail se fait grâce à un support, le « profil expérientiel » (Dumont et Saint-Pé, 1990), qui guide méthodologiquement la démarche individuelle de prise de conscience de son projet/parcours de vie.

Le savoir expérientiel est l'ensemble des acquis de l'expérience, les ressources, les croyances, les règles de vie, tirées de l'expérience de vie et indicatrices du sens qu'une personne donne à sa vie. Autant d'éléments qu'une personne découvre ou confirme dans le temps pendant lequel, dans la formation, elle fait son profil expérientiel, après avoir débattu collectivement des situations de discrimination qu'elle a vécues ou qu'elle a pu constater dans son entourage. La formation est basée sur la mise en œuvre d'outils d'objectivation des vécus subjectifs et sur la réflexion collective pour permettre un positionnement distancié et respectueux à instaurer dans une relation de soutien aidant-aidé.

Cette formation se compose de plusieurs modules et outils : l'approche collective de pratiques du droit, les approches de la participation et de l'«*empowerment*», des modules techniques pour être son propre défenseur, savoir argumenter, des outils pour acquérir une posture de soutien entre pairs. Pendant la formation, les personnes entrent dans un réseau de praticiennes, praticiens, se constituent des fiches techniques et des manières de faire en échangeant sur les situations de pair-aidantes, pair-aidants qu'elles connaissent.

L'«*empowerment*» n'est que trop souvent un nouveau modèle habillant des pratiques inchangées. Il est alors légitime de redouter que l'impératif de rendre les bénéficiaires plus actifs dans leur prise en charge, impose aux personnes aidées de nouvelles responsabilités dans la conduite de leur projet d'assistance et qu'il laisse en marge nombre de personnes jugées incapables, incontrôlables, inguérissables (Castel, 2003). Pourtant, s'ouvrent dans le même temps de nouvelles opportunités pour connaître, valoriser, soutenir les voies singulières par lesquelles les personnes peuvent créer des ressources pour « faire avec » ce qui s'impose à elles comme une «réalité» médicale et sociale.

Dans chacun des projets présentés, les personnes pourtant souvent qualifiées d'incapables ont pris un rôle actif et ont développé leurs propres stratégies. Les pratiques coopératives permettent de construire un cadre susceptible de rendre possible une participation effective de tous à une œuvre commune. Des propositions sont faites, des opportunités sont offertes dans un groupe en projet solidaire, mais ce sont les personnes elles-mêmes qui transforment ces propositions en ressources pour elles-mêmes. On ne connait pas à l'avance ce dont la personne a ou aura besoin. Quelquefois, ce dont elle se servira comme levier n'existe pas encore, sinon sous une forme qu'elle détournera ou reconfigurera, pour la rendre utile. Les situations les plus propices à l'émancipation sont ainsi celles qui échappent aux programmations. Il s'agit de proposer un cadre où l'on agit ensemble pour que l'expérimentation, les apprentissages conjoints soient possibles, un cadre où l'on peut s'essayer, comme le disent les personnes engagées dans un processus d'émancipation.

Ce dont il est question ici, c'est du besoin fondamental de tout être humain d'être relié à d'autres pour être lui-même (Flahaut, 2006). Il s'agit d'un processus de reconnaissance mutuelle et d'interdépendance nécessaire, dont il faut créer les conditions d'émergence. S'interroger sur ces conditions d'émergence, c'est interroger la citoyenneté, interroger les façons de vivre ensemble et de faire société aujourd'hui (Jaeger, 2012).

Ainsi, la recherche-action permanente, qui permet aux groupes d'accompagner, de dynamiser, comme d'évaluer les projets, a mis en

159

évidence des principes qui se sont peu à peu imposés comme essentiels à tout projet visant l'émancipation :

-   *Le principe maïeutique* favorisant l'autoproduction des savoirs de l'expérience, la valorisation des stratégies gagnantes pour lutter contre la discrimination et l'exclusion.
-   *Le principe de coopération* produisant une intelligence collective de transformation sociale.

Une nouvelle recherche-action menée par des usagères, usagers en santé mentale vient d'être financée et reconnue par la Fondation Internationale de Recherche Appliquée sur le Handicap (FIRAH, 2017).

Notes

[1] Créés depuis les années 2000, les Espaces Conviviaux Citoyens ADVOCACY sont agréés Groupe d'Entraide Mutuelle en 2005 par la Loi n° 2005-102 du 11 février 2005 pour l'égalité des droits et des chances, la participation et la citoyenneté des personnes handicapées.

Références

Albrecht, G.-L., Ravaud, J.-F. et Stiker, H.-J. (2001). L'émergence des disability studies : état des lieux et perspectives. *Sciences sociales et santé*, 19(4), 43-73.

Bacqué, M.-H. et Biewener, C. (2013). *L'empowerment une pratique émancipatrice*. Paris : La Découverte, coll. « Sciences Humaines/Politique et sociétés ».

Castel, R. (2003). *L'insécurité sociale : qu'est-ce qu'être protégé?* Paris : Seuil.

Cyrulnik, B. (2002). *Un merveilleux malheur*. Paris : Odile Jacob.

Desroches, H. (1976). *Le Projet coopératif. Son utopie et sa pratique, Ses appareils et ses réseaux. Ses espérances et ses déconvenues*. Paris : Éditions Ouvrières.

Dumont, J.-C. et Saint-Pé, M.-C. (1990). La méthode du profil expérientiel. *Contribution à l'analyse praxéoscopique.* Lausanne : FAR.

Dutoit, M. (2008). *L'advocacy en France, un mode de participation active des usagers en santé mentale.* Rennes : EHESP.

Dutoit, M. (2011). *Être vu, se voir, se donner à voir.* Paris : L'Harmattan.

Dutoit, M. (2015). Agir sur la délibération d'autrui : un enjeu de la figure de l'accompagnement dans une situation d'entraide en santé mentale. Dans J. Thievena et C. Tourette-Turgis. Travail, *Expérience et Formation en milieu de soin* (p. 95-111). Bruxelles : De Boeck.

Erhenberg, A. (2000). La fatigue d'être soi. Paris : Odile Jacob.

Fondation Internationale de Recherche Appliquée sur le Handicap (FIRAH). (2017). *De la disqualification à la prise de parole en santé mentale sur les conditions d'émergence de reconnaissance et de prise de parole des personnes dites handicapées psychiques par les décideurs publics.* Accès : http://www.firah.org/centre-ressources/fr/notice/313/de-la-disqualification-a-la-prise-de-parole-en-sante-mentale-recherche-sur-les-conditions-d-emergence-de-reconnaissance-et-de-prise-en-compte-de-la-parole-des-personnes-dites-handicapees-psychiques-par-les-decideurs-publics.html

Flahaut, F. (2006). *Be yourself.* Paris : Mille et Une Nuits.

Freire, P. (1974) *Pédagogie des opprimés.* Paris : Maspéro.

Garibay, F. et Seguier, M. (2009). *Pratiques émancipatrices. Actualités de Paulo Freire.* Paris : Editions Syllepse.

Jaeger, M. (dir.). (2012). *Usagers ou Citoyens? De l'usage des catégories en action sociale et médico-sociale.* Paris : Dunod.

Mallochet, G. et Gueguen, A. (2014). *Les théories de la reconnaissance.* Paris : Repères La Découverte.

Rosar, C. (2013). *J'ai survécu à la psychiatrie.* Paris : Max MILOS.

6

Droits à la vie privée et familiale : quels accompagnements pour les personnes déficientes intellectuelles?

Cyrielle Richard

Centre Hospitalier Spécialisé de l'Yonne, Auxerre, France

La notion de vie privée recouvre la protection de l'intimité, c'est-à-dire la préservation des personnes contre les intrusions extérieures dans leur vie personnelle (Badinter, 1968), ainsi que la liberté individuelle (Meulders-Klein, 1992), qui est le droit d'agir sans encourir de sanctions arbitraires ou vexatoires ainsi que le secret lié à la santé. Du droit à la vie privée découle le droit à mener une vie affective et familiale. Ce droit englobe deux réalités distinctes : celui de fonder une famille (Plazy, 2007) et celui de mener une vie familiale à l'abri des ingérences extérieures (Labayle, 2007).

Afin d'étudier de manière exhaustive la question des droits à la vie privée et familiale des personnes déficientes intellectuelles, il nous apparaît important de considérer les droits à la protection de l'intimité, à la liberté individuelle, au secret lié à la santé, à fonder une famille et à la protéger d'éventuelles menaces. Ces points seront donc traités dans notre chapitre.

Sur le plan international, les droits à la vie privée et familiale pour les personnes déficientes intellectuelles apparaissent en 1971, dans la Déclaration des droits du déficient mental (Assemblée générale des Nations Unies, 1971) et dans la Déclaration des droits des personnes handicapées de 1975 (Assemblée générale des Nations Unies, 1975).

En 2004, la Déclaration de Montréal encourage le développement de programmes d'éducation, de formation et d'information relatifs aux droits (Conférence de l'Organisation panaméricaine de la Santé et de l'Organisation mondiale de la Santé [OMS], 2004). En France, les premières lois en faveur des personnes déficientes intellectuelles, émergent à partir de 1975.

Dans ce chapitre, nous effectuerons un rappel des articles de loi internationaux et français concernant les droits à la vie privée et familiale des personnes en situation de handicap et nous présenterons les démarches entreprises pour permettre aux personnes déficientes intellectuelles, d'avoir accès aux informations concernant leurs droits et de les mettre en pratique.

Les textes de lois internationaux et français

Dans cette section, nous étudierons les droits à la vie privée et familiale à travers plusieurs textes internationaux et français. Pour les textes internationaux, nous avons sélectionné ceux ayant une valeur proclamatrice à portée universelle, des traités internationaux, des chartes, des recommandations ayant ou non force de loi, ainsi que des conférences ayant une portée internationale. Nous nous sommes également appuyée sur des décisions rendues par des agences européennes, telles que l'Agence européenne des médicaments, pour les parties traitant du secret lié à la santé.

Pour la France, nous avons retenu les codes regroupant les lois relatives au droit civil, judiciaire, social et régissant la santé publique. Nous citons également les textes législatifs élaborés spécifiquement en faveur des droits des personnes en situation de handicap, ainsi que les recommandations ayant force de loi et des chartes régissant les institutions accueillant des personnes vulnérables. Nous nous appuyons également sur les textes élaborés par les associations. Ces documents n'ont pas de valeur légale, mais ils nous renseignent sur l'application actuelle des droits des personnes déficientes intellectuelles, ainsi que sur des points à améliorer.

Les documents composant le corpus sont hétérogènes de par leur nature, leur objet, l'époque de leur rédaction, leur portée et le public auquel il s'adresse. Cependant, chacun de ces textes nous éclaire sur l'évolution des droits à la vie privée et familiale, pour les citoyens étant en situation de handicap ou non.

Protection de l'intimité

La décision du Conseil européen du 26 novembre 2009, concernant la Convention des Nations Unies relative aux droits des personnes handicapées, proscrit toutes les interférences dans la vie privée et familiale. La protection des données personnelles est garantie, cette interdiction s'applique, quelle que soit la nature des déficits et le lieu de résidence (Official Journal of the European Union, 2010). En France, les médecins ne doivent pas s'immiscer dans la vie privée de leurs patients sans raison professionnelle (Code de la Santé publique, 2014). Le Code pénal (2014), ainsi que les lois du 13 juillet 1983 (Journal officiel de la République française, 1983) et du 5 Mars 2007 (Journal officiel de la République française, 2007), stipule que le secret professionnel ne peut être rompu que pour protéger les personnes de mauvais traitements ou pour prévenir un éventuel danger. Le respect de l'intimité des personnes hospitalisées (ministère de la Santé et de la Solidarité, Direction de l'hospitalisation et de l'organisation des soins, Direction générale de la santé, 2006) et des résidents d'établissements médico-sociaux (Journal officiel de la République française, 2002) sont garantis (Code de l'Action sociale et des familles, 2014). Les établissements mettent à disposition des espaces de vie privatifs (Code de l'action sociale et des familles, 2014). Le développement des chambres pour couple, dans les structures d'accueil est encouragé (Fédération des Associations pour Adultes et Jeunes Handicapés, APAJH, 2014).

Les personnes bénéficiant d'une mesure de protection entretiennent librement des relations personnelles (Bougrab et De Broca, 2010). En cas de difficultés, le conseil de famille ou le juge des tutelles statue.

Liberté individuelle

La Convention européenne des droits de l'homme reconnaît le droit à la liberté, pour chaque citoyen des états membres (Conseil de l'Europe, 1950).

La Recommandation R (99) 4, place la mise sous protection comme dernier recours (Conseil de l'Europe et Comité des Ministres, 1999). Le principe 6 (*Ibid.*) assure le droit de voter et de donner ou non son accord pour les décisions concernant la santé ou les affaires personnelles.

Les libertés fondamentales sont garanties par la décision du Conseil européen du 26 novembre 2009 (Official Journal of the European Union, 2010). Les droits à l'autonomie, à l'indépendance ainsi que la liberté de prendre des décisions, quel que soit l'âge ou la nature des déficits, y sont rappelés. La liberté de choix du lieu de résidence et du choix de la nationalité est protégée (Official Journal of the European Union, 2010). Toutes les formes de discriminations et de restrictions de libertés en raison d'un déficit intellectuel sont prohibées. La liberté d'expression et l'accès aux médias, ainsi que le droit à l'éducation sont assurés (Official Journal of the European Union, 2010).

En France, l'exercice des libertés individuelles est maintenu pour les personnes vivant dans des logements personnels (Bougrab et De Broca, 2010) et en institution (Journal officiel de la République française, 2002). Il en va de même pour les personnes hospitalisées avec leur consentement (Ministère de la Santé et de la Solidarité, 2006) dans la limite de leur état de santé physique et mental (Bougrab et De Broca, 2010). Des restrictions s'appliquent aux personnes hospitalisées en psychiatrie sous contrainte (Ministre d'État, Ministre des affaires sociales de la santé et de la ville, 1993).

Secret lié à la santé

La Convention des Nations Unies relative aux droits des personnes handicapées garantit l'accès aux services de santé ainsi que la confidentialité des informations liées à la santé (Assemblée générale des Nations Unies, 1975). Au niveau européen, ces droits sont protégés par l'article 35 de la Charte des droits fondamentaux de l'Union européenne (Journal officiel des Communautés Européennes, 2000), la décision du Conseil Européen du 26 novembre 2009 (Official Journal of the European Union, 2010) et la Déclaration de Lisbonne de l'Association Médicale Mondiale sur les Droits du Patient (Association Médicale Mondiale, 1981). Ces droits sont garantis aux personnes hospitalisées (Association Médicale Mondiale, 1981). L'adaptation des offres de soins, notamment en ce qui concerne l'accès aux services de santé sexuelle et à la contraception, ainsi que la préservation du secret lié à la santé sont garanties par la loi française (Journal officiel de la République française, 2002). Les patients hospitalisés en France peuvent refuser les visites et demander à ce que personne ne soit informé de leur séjour (Ministère de la Santé et de la Solidarité, 2006). Le secret lié à la santé des personnes accueillies dans des établissements médico-sociaux est protégé (Journal officiel de la République française, 2002).

Les majeurs protégés consentent aux soins ou les refusent seuls (Conseil de l'Europe et Comité des ministres, 1999). Cependant, les informations concernant leur santé sont transmises au curateur ou tuteur (Bougrab et De Broca, 2010). Son avis est recherché dans le cas d'actes médicaux importants (*Ibid.*), lorsque la personne ne peut exprimer son opinion et pour les traitements psychiatriques (Conseil de l'Europe et Comité des ministres, 2004).

La vie familiale

La Déclaration universelle des droits de l'homme (Assemblée générale des Nations Unies, 1948) et le Pacte international relatif aux droits civils et politiques (Assemblée générale des Nations Unies, 1996) déclarent que tous les individus pubères peuvent se marier et fonder une famille. L'accès pour les personnes déficientes intellectuelles au mariage, aux services de planning familial ainsi qu'aux services d'aide à l'éducation est défendu par la Charte des droits fondamentaux (Journal officiel des Communautés européennes, 2000), la Convention européenne des droits de l'homme (Conseil de l'Europe, 1950) et la décision du Conseil européen du 26 novembre 2009 (Official Journal of the European Union, 2010). La famille est protégée contre toutes formes d'ingérences (Conseil de l'Europe, 1950). Le handicap des géniteurs n'est pas un critère pour imposer des traitements médicaux compromettant leurs capacités de procréation (*Ibid.*) ou leur retirer la garde des enfants (Official Journal of the European Union, 2010). En France, l'interdiction de recourir à une stérilisation forcée est posée par la loi N° 2001-588. La stérilisation ne peut être pratiquée que sur décision du juge des tutelles sur une personne majeure lorsque les autres moyens de contraception sont contre-indiqués (Journal officiel de la République française, 2001).

En France, le mariage, le Pacte civil de solidarité (PACS) et la vie en concubinage sont régis par des textes spécifiques. Les majeurs protégés doivent obtenir le consentement du conseil de famille, de leur curateur ou du juge des tutelles, avant de contracter un mariage (Code civil, 2014). Il en est de même pour les mineurs, qu'ils soient sous mesure de protection ou non (Code civil, 2014). Le curateur ou le tuteur assiste ses protégés au moment de la rédaction du contrat de mariage (Bougrab et De Broca, 2010). Les majeurs protégés peuvent contester l'éventuel refus opposé à leur demande d'union. Seul le juge des tutelles peut modifier le régime matrimonial des personnes protégées. Le curateur assiste les protégés souhaitant divorcer. Seul le tuteur peut présenter la demande de divorce, après avoir obtenu l'autorisation du conseil de famille ou du juge des tutelles. Un avis médical peut être demandé au cours de la procédure. Les personnes sous tutelle sont auditionnées. Lorsque les époux des personnes déficientes intellectuelles souhaitent divorcer, ils doivent intenter leur action contre le tuteur.

L'autorisation du tuteur ou curateur est nécessaire avant la conclusion d'un PACS. Les majeurs sous curatelle peuvent rompre seuls le PACS. Le curateur les assiste pour signifier leur décision à leur partenaire et au greffe du tribunal, ainsi que pour procéder aux opérations de liquidation des droits et des obligations liées au PACS (Fédération des APAJH, 2014). Les personnes sous tutelle, souhaitant seules mettre fin au PACS, doivent obtenir l'autorisation du conseil de famille ou du juge des tutelles. Si la rupture est voulue par le partenaire, celui-ci justifie sa demande au tuteur de son conjoint. Dans le cas où la rupture est souhaitée par les deux partenaires, le PACS est rompu par déclaration conjointe, sans assistance du tuteur (Fédération des APAJH, 2014). Seul le tuteur peut procéder à la liquidation des droits et obligations du couple. Dans le cas où l'époux ou le partenaire de PACS est le tuteur ou le curateur, le juge des tutelles nomme un tuteur ou curateur *ad hoc* qui se chargera de la procédure.

La vie en concubinage n'est pas régie par le droit français. Les personnes déficientes intellectuelles peuvent vivre en concubinage sans se référer à leur tuteur ou curateur. Les concubins ne bénéficient d'aucun droit ou devoir l'un envers l'autre. Si un proche estime que les relations entre les concubins sont préjudiciables, il peut saisir le juge des tutelles. Celui-ci recevra les personnes concernées avant de statuer.

Le droit de concevoir et de mettre au monde un enfant est pleinement reconnu pour les personnes déficientes intellectuelles, même si le tuteur légal n'approuve pas leur choix (Arnoux, 2003). Chaque année, en France, 13 000 enfants naissent de parents déficients intellectuels (Baelde, Coppin, Le Cerf et Moureau, 1999).

Les majeurs protégés déclarent la naissance de leur enfant, le reconnaissent, choisissent ou changent son nom et consentent à son adoption, sans avoir besoin de l'accord du curateur ou tuteur (Bougrab et De Broca, 2010). Les personnes exerçant dans les Établissements et Service d'Aide par le Travail (ESAT) bénéficient des congés de présence parentale (Code de l'action sociale et des familles, 2014). Concernant l'exercice de l'autorité parentale, elle est retirée aux personnes lorsqu'elles ne sont plus capables de manifester leur volonté (Code civil, 2014). Cette incapacité ne découle pas de la mise sous un régime de protection (Plazy, 2007). De même, la mise sous protection ne prive pas les personnes de la possibilité d'administrer les biens de leur enfant (Code civil, 2014). L'enfant mineur peut lui-même bénéficier d'une mesure de protection, si ses deux parents sont dans l'impossibilité de manifester leur volonté (Plazy, 2007).

Les réseaux d'écoute, d'appui et d'accompagnement des parents (ministère de la Santé et des Solidarités, 1999) ont pour mission d'épauler les parents avec et sans handicap. Les services d'aide et d'accompagnement à la parentalité (Journal officiel de la République française, 2005) guident les parents présentant une déficience intellectuelle. L'Association pour le Développement de l'Accompagnement à la Parentalité des Personnes Handicapées œuvre en faveur de l'accompagnement des personnes en situation de handicap, tout au long de la grossesse et de leur vie familiale.

Les personnes en situation de handicap peuvent bénéficier d'un placement familial. Le placement se fait sous la responsabilité d'un établissement médico-social et peut être permanent ou temporaire (Fédération des APAJH, 2014). Le Code de l'action sociale et des familles encourage les structures d'hébergement à préserver les relations familiales (Journal officiel de la République française, 2002).

Actions entreprises en faveur de la connaissance des droits à la vie privée et familiale

La France accuse un retard en matière de législations et d'infrastructures en faveur des personnes en situation de handicap (Mouloud, 2013). La première loi en faveur de l'intégration de toutes les personnes en situation de handicap dans la société date de 1975. La Loi n° 75-535 de 1975 règlemente les établissements accueillant les personnes déficientes intellectuelles (Journal officiel de la République française, 1975). Les droits à la vie privée et familiale des résidents des structures médico-sociales ne sont mentionnés qu'à partir de la Loi du 2 janvier 2002 (Journal officiel de la République française, 2002). La Convention des Nations Unies relative aux droits des personnes handicapées (Assemblée générale des Nations Unies, 1971) n'a été ratifiée par la France que le 18 février 2010.

Un rapport de l'Agence des droits fondamentaux de l'Union européenne (2012) révèle que les personnes déficientes intellectuelles sont toujours victimes de discriminations dans le domaine de la santé. Les femmes, en particulier, rencontrent des difficultés pour accéder aux soins gynécologiques et aux informations en matière de contraception (Denys, Mothe et Ndiaye, 2003).

Recherche-action sur les connaissances et l'appropriation des droits a la vie privée et familiale de résidents déficients intellectuels

Dans le cadre de notre travail de psychologue auprès de personnes déficientes intellectuelles résidant en foyer de vie, nous avons mené une enquête sur les droits des résidents. Cette enquête s'inscrit dans un travail de recherche effectué en amont de l'élaboration d'un programme de promotion des droits et de la santé. Les objectifs de l'enquête sont d'évaluer les connaissances des résidents et des professionnels du foyer sur les droits des personnes en situation de handicap, ainsi que de déterminer les moyens à mettre en place pour faciliter l'exercice de ces droits. Cette enquête vise également la prise de parole et la participation directe des personnes déficientes intellectuelles à la recherche sur leur santé et leur engagement dans leurs droits. Elle suit les démarches entreprises par la Fondation Internationale de la Recherche Appliquée sur le Handicap en faveur de l'émancipation et de la prise de parole des usagers en santé mentale (Maillard et al., 2017).

Nous n'avons pas de questionnaire standardisé pour évaluer la connaissance des droits chez les personnes déficientes intellectuelles et les professionnels. Il était donc nécessaire d'en conceptualiser un. Nous avons élaboré un questionnaire portant sur la connaissance des droits à la vie privée et familiale. Les entrées recouvrent les domaines de la protection de l'intimité, des données concernant la santé, notamment la santé sexuelle et la reproduction, la possibilité d'avoir accès aux informations personnelles et générales, la liberté de se déplacer et d'entretenir des relations intimes et familiales.

Nous avons choisi de présenter les énoncés sous la forme de questions fermées. Nous avons privilégié ce format pour plusieurs raisons. Tout d'abord, afin de ne pas parasiter les personnes interrogées par une surcharge d'informations. Ensuite, parce que l'emploi de plusieurs niveaux de cotation induit le choix d'une réponse neutre chez le répondant (Bastien, Renard et Haelewyck, 2015)

Nous avons sollicité vingt personnes déficientes intellectuelles ainsi que vingt professionnels les encadrants. Ce questionnaire a servi de support à des entretiens semi-structurés. Les entretiens se déroulaient en individuel, dans un bureau ne relevant ni du domaine médical ni du domaine administratif au sein du foyer. Les résidents et les soignants ont été reçus séparément et de manière anonyme. Les résidents vivaient dans l'institution depuis 10 ans en moyenne. Ils bénéficiaient d'un suivi psychiatrique ou psychologique et participaient à des groupes de remédiation cognitive. Leur participation aux enquêtes était volontaire. Un premier recueil a été effectué en 2014.

En 2016, nous avons animé, avec quatre soignants et un éducateur, sept séances d'information sur le thème du droit à la vie privée et familiale. Après ces sessions, nous interrogeons à nouveau les participants de la première enquête.

En 2014, les résidents ont un âge compris entre 19 et 58 ans. Leur quotient intellectuel évalué à l'aide de la WAIS-IV (Weschler Adult Intelligence Scale, fourth edition) est compris entre 55 et 69. 35 % ont vécu avec leur famille d'origine et 65 % dans des familles d'accueil ou des structures de la protection de l'enfance. 35 % sont en couple avec un autre résident, 45 % ont eu une vie maritale ou en concubinage avant d'intégrer la structure, 20 % n'ont jamais connu de vie de couple. 35 % ont des enfants, mais ceux-ci vivent soit avec l'ancien conjoint (28 %), soit en famille d'accueil (57 %), soit en foyer de l'enfance (15 %). L'ensemble des professionnels interrogés a grandi dans sa famille d'origine, 20 % sont séparés ou divorcés, 70 % ont des enfants.

Nous retranscrivons et comparons les résultats des enquêtes de 2014 et 2016.

Tableau 1. Réponses des résidents au questionnaire en 2014 et 2016

Questions	Année 2014		Année 2016	
	Pourcentage de Oui	Pourcentage de Non	Pourcentage de Oui	Pourcentage de Non
1) Avez-vous le droit et la possibilité de garder un espace personnel auquel personne d'autres que vous n'a accès sans votre autorisation?	80%	20%	85%	15%
2) Pouvez-vous donner votre opinion sur votre vie personnelle, votre suivi médical et votre avenir?	30%	70%	50%	50%
3) Avez-vous le droit de vote ?	10%	90%	75%	25%
4) Pouvez-vous contester des décisions prises sans votre accord ?	0%	100%	35%	65%
5) Si vous êtes sous curatelle ou tutelle, pouvez-vous dialoguer avec votre curateur/tuteur librement ?	20%	80%	50 %	50%
6) Votre curateur ou tuteur vous tient-il informé des décisions prises vous concernant (gestion des finances, lieu d'habitation, opérations…) ?	20%	80%	50%	50%
7) Avez-vous le droit de vous informer grâce aux journaux, à la télévision, à la radio et à internet ?	100%	100%	100%	100%
8) Avez-vous accès aux journaux, à la télévision, à la radio et à internet sans avoir besoin de demander à un soignant ou à votre famille ou à votre curateur/tuteur ?	90%	10%	100%	100%
9) Si vous êtes hospitalisé et si votre santé le permet, pouvez-vous vous déplacer, vous informer, recevoir des proches, donner votre avis sur vos soins et votre devenir à la sortie ?	40%	60%	50%	50%
10) Pouvez-vous demander des renseignements au médecin et aux équipes ? Pouvez-vous connaître votre diagnostic et vos traitements ?	15%	75%	40%	60%
11) Est-ce que l'équipe soignante a le droit de transmettre des informations sans votre consentement ?	100%	0%	70%	30%
12) Votre tuteur peut-il donner son avis sur vos soins ?	10%	90%	70%	30%
13) Avez-vous le droit de vivre en couple ? de vous marier ? de vous pacser ?	20%	80%	100%	0%
14) Votre choix d'être en couple ou de rompre avec votre conjoint dépend-il d'une autre personne ?	10%	90%	0%	100%
15) Pouvez-vous choisir librement votre contraception ?	0%	100%	40%	60%
16) Pouvez-vous choisir d'avoir ou non des enfants ?	10%	90%	30%	70%
17) Votre choix d'avoir ou de ne pas avoir d'enfants dépend-il d'une autre personne ?	100%	0%	50%	50%
18) Si vous avez des enfants ou si vous en aviez, pouvez-vous ou pourriez-vous vivre avec eux ou les recevoir régulièrement ?	0%	100%	20%	80%
19) Avez-vous ou auriez-vous le droit et le pouvoir de prendre des décisions concernant vos enfants (lieu de vie, scolarité, suivi médical…) ?	10%	90%	40%	60%
20) Pouvez-vous rencontrer les membres de votre famille ? Est-ce que ces rencontres sont facilitées ? ou bien existe-t-il des obstacles à ces rencontres ?	70%	30%	70%	30%

Tableau 2. Réponses des professionnels au questionnaire en 2014 et 2016

Questions	Année 2014		Année 2016	
	Pourcentage de Oui	Pourcentage de Non	Pourcentage de Oui	Pourcentage de Non
1) Existe-t-il des espaces privés et intimes pour les résidents au sein du foyer ?	100%	0%	100%	0%
2) Existe-t-il des circonstances pour lesquelles cette intimité n'est plus garantie?	70%	30%	60%	40%
3) Les résidents peuvent-ils exprimer leurs opinions en tous lieux et toutes circonstances ?	75%	25%	80%	20%
4) Les résidents peuvent-ils voter ?	100%	0%	100%	0%
5) Existe-t-il des situations dans lesquelles des décisions sont prises sans le consentement du résident ?	60%	40%	30 %	70%
6) Le résident en est-il informé et peut-il demander un recours ?	0%	100%	10%	90%
7) Avez-vous connaissances des actions des curateurs/tuteurs en faveur des personnes protégées et pouvez-vous échanger avec les curateurs/tuteurs sur vos propres actions ?	50%	50%	50%	50%
8) Les résidents peuvent-ils contacter les professionnels des secteurs médicaux, éducatifs et juridiques pour leur demander des informations ou un accompagnement dans leurs démarches ?	15%	85%	60%	40%
9) Les résidents ont il accès librement et sans restrictions aux médias (journaux, télévision, radio, internet) ?	100%	100%	100%	100%
10) S'il est hospitalisé, le résident garde-t-il sa liberté de se déplacer, de s'informer et de recevoir ses proches, de donner son avis sur ses soins et son devenir à sa sortie ?	40%	60%	50%	50%
11) Vous a-t-on déjà transmis des informations concernant le résident et sa santé sans que celui-ci soit averti ?	100%	0%	80%	20%
12) Parmi les résidents que vous accompagnez, est ce que certains sont ou ont été en couple ?	90%	10%	100%	0%
13) Les majeurs protégés ont-ils accès au mariage et au PACS ?	10%	90%	100%	0%
14) Un accompagnement spécifique est-il proposé à ces couples ? Etes-vous déjà intervenu lors de conflits dans les couples ?	80%	20%	60%	40%
15) Estimez-vous que les résidents ont la possibilité de choisir librement leurs contraceptions ?	0%	100%	10%	90%
16) Les personnes déficientes intellectuelles peuvent-elles planifier librement une grossesse et la mener ou non à terme ?	10%	90%	10%	90%
17) Les résidents ayant des enfants ou ayant le projet d'en avoir ont-ils la possibilité d'élever leurs enfants ou de choisir de confier leur éducation à un tiers ?	10%	90%	15%	85%
18) Ont-ils la possibilité de prendre des décisions concernant leurs enfants (lieu de vie, scolarité, suivi médical...) ?	40%	60%	50%	50%
19) Pensez-vous qu'une aide (éducative, judiciaire, sociale) serait nécessaire ?	80%	20%	80%	20%
20) Les résidents rencontrent ils les membres de leur famille ? Est-ce que ces rencontres sont facilitées ?	80%	20%	80%	20%

En 2014, les personnes en situation de handicap ont une conscience très faible de leurs droits. Elles possèdent un espace privé, mais ne sont pas en mesure de le défendre contre les immixtions. L'espace personnel des résidents reste cantonné à leur chambre et ces derniers estiment ne pas être libres d'y recevoir d'autres personnes.

En 2014, presque la totalité des personnes en situation de handicap ignore qu'elles conservent leurs libertés individuelles. Les textes officiels, tels que la charte des droits et des libertés, demeurent inaccessibles pour les personnes déficientes intellectuelles ayant peu d'acquis scolaires. Par conséquent, elles ignorent qu'elles peuvent voter et contester des décisions prises sans leur accord.

De même, les droits de connaître leur diagnostic, leurs traitements, de se déplacer au sein des établissements de santé sont ignorés. Les personnes déficientes intellectuelles s'en remettent totalement à des tiers pour gérer leur parcours de soins. Elles perçoivent les délégués à la personne comme des régisseurs de biens matériels et n'ont pas conscience que les tuteurs sont consultés pour les interventions médicales. La notion de secret professionnel est méconnue. La totalité des personnes déficientes intellectuelles méconnaît ses droits à rectifier les informations personnelles et à en limiter ou contrôler la diffusion.

Les femmes déficientes intellectuelles disent ne pas être libres de choisir, de changer ou d'arrêter leur contraception. De même, elles n'ont pas la possibilité de désigner le professionnel qui les suivra sur le plan gynécologique. Les hommes ont une connaissance encore plus limitée des moyens de contraception et de leur liberté de choix. Les membres des deux sexes laissent des tiers choisir et mettre en place leur contraception. Ils perçoivent celle-ci comme étant un traitement obligatoire supplémentaire et non comme un outil qu'ils seraient libres de débuter, de gérer, de changer ou d'arrêter.

Les résidents ayant eu des enfants avant leur entrée en institution voient d'un œil favorable le fait que ceux-ci soient élevés par des tiers. Ils vivent leur intégration en foyer de vie comme un échec personnel et pensent qu'ils ne seraient pas capables de subvenir aux besoins de leur progéniture. Certains ont une représentation négative de leurs déficits et disent être soulagés que leurs enfants soient élevés par des « personnes normales ». Les résidents en couple et n'ayant pas d'enfant pensent que leur handicap freine leur possibilité d'engendrer et d'élever des descendants.

L'idée que l'accès au mariage est incompatible avec la déficience, le manque d'autonomie, la mise sous protection et la vie en institution est largement répandue chez les personnes déficientes intellectuelles. Pour la totalité des personnes interrogées, les séparations des couples et familles sont causées par le départ d'un des membres dans une autre structure ou lors d'hospitalisations. Les résidents considèrent ces séparations comme des fatalités.

Nous observons des disparités entre les réponses des soignants et celles des résidents. Les professionnels connaissent les droits à la vie privée des personnes déficientes intellectuelles.

En 2014, la totalité des soignants estime que les résidents possèdent un espace privé. Toutefois, plus de la moitié des personnes interrogées reconnaissent que ce lieu subit de nombreuses intrusions. Les dépendances physiques et cognitives des résidents sont évoquées pour justifier ces immixtions.

Les professionnels pensent que les libertés individuelles sont préservées au sein de l'établissement. Cependant, ils estiment que ces libertés sont affaiblies pour les résidents ayant des troubles et des dépendances importantes, des limitations dans leurs capacités d'expression, ainsi que des appareillages. Ces éléments entrainent le confinement des personnes les plus dépendantes dans leurs unités de vie et induisent une réduction des possibilités d'exercice des droits.

La notion de « secret partagé » est largement répandue parmi les soignants, bien que celle-ci n'ait aucune base légale ou réglementaire. La transmission des informations entre professionnels ne devrait se faire qu'avec le consentement éclairé des résidents. Toutefois, les informations sont échangées à l'intérieur et à l'extérieur de la structure à leur insu.

Les professionnels encouragent les relations affectives entre les résidents et leur famille. Ils sont plus réservés par rapport aux relations amoureuses entre personnes déficientes intellectuelles. La crainte que des abus surviennent au sein des couples est présente. Les professionnels se sentent tiraillés entre leur volonté de respecter la vie privée des résidents et leur obligation de protéger les personnes vulnérables (Code de la Santé publique, 2014). Concernant la vie maritale, un nombre important de soignants ignore que l'autorisation de convoler dépend du juge des tutelles et non du médecin. De même, ils méconnaissent le fait que les personnes déficientes intellectuelles puissent mener une grossesse à terme sans l'accord de leurs représentants légaux et des thérapeutes. L'idée d'une incompatibilité entre déficience, dépendance et exercice des droits demeure répandue. Il en est de même pour la représentation de l'institution médico-sociale comme d'une société autarcique, dans laquelle les pouvoirs exécutifs et législatifs sont détenus par le personnel médical et paramédical.

À partir des éléments relevés en 2014, nous avons élaboré des sessions d'information. Notre hypothèse était qu'une plus grande connaissance des droits faciliterait leur appropriation.

Après les sessions d'information, les droits sont mieux perçus par une partie des résidents. Les pourcentages progressent peu. Les connaissances des droits liés à la protection de l'intimité et aux libertés individuelles progressent de 25 %, celles sur le secret lié à la santé et la vie familiale augmentent de 31 %. Toutefois, le savoir théorique ne garantit pas l'appropriation et l'application sur le plan pratique.

Quatre-vingt-cinq pour cent des personnes en situation de handicap estiment que leur espace intime est protégé. Les résidents connaissent leur droit de consultation de leurs dossiers médicaux, mais aucun ne l'applique. Il nous apparaît que ces situations perdurent à cause de la dépendance dans laquelle ces personnes sont maintenues vis-à-vis des membres de leur famille ou des personnels soignants et éducatifs.

Le droit de fonder une famille est peu revendiqué. Les incertitudes et craintes concernant leurs capacités à vivre de manière indépendante et à assurer le bien-être d'un conjoint et d'un enfant demeurent au premier plan. Les réticences sont fondées sur les incapacités cognitives et non physiques. Ces dernières ne sont pas perçues comme de véritables limitations. Un autre élément perçu par les personnes déficientes intellectuelles, comme préjudiciable à la construction d'une famille, est leur conviction que leurs relations affectives pourraient être brisées par des changements de foyer de vie. Cette rupture est une réalité pour de nombreuses personnes institutionnalisées (Giami et De Colomby, 2008).

Cependant, la transmission des informations concernant leurs droits a permis une évolution. Un couple a pris la décision de se marier et a formulé la demande auprès du juge des tutelles. Cette démarche leur semblait irréalisable en 2014. Ils pensaient que le corps médical opposerait son véto, du fait de leurs troubles physiques et psychiatriques. Savoir que leurs incapacités physiques ne coïncident pas avec leurs capacités légales et leur autodétermination a permis de lever de nombreux freins psychologiques chez ce couple et d'envisager des projets à long terme.

Des séances d'information sur les règles de confidentialité, les mesures de protection, les droits et devoir des membres d'un groupe familial et sur les moyens de contraception sont proposées par les soignants.

Les pratiques des professionnels ont évolué. La passation du questionnaire a permis une prise de conscience des droits des personnes déficientes intellectuelles. Un questionnement de la posture des soignants et des éducateurs face au respect des libertés a été initié. En 2016, les soignants estiment que l'intimité des résidents est davantage préservée. Le personnel n'intervient plus sans l'approbation et la présence des résidents. Concernant les soins et interventions des professionnels des secteurs sanitaires et judiciaires extérieurs à la structure, les équipes paramédicales et éducatives de l'institution continuent à accompagner les résidents les plus dépendants. Les personnes autonomes sont à présent laissées libres de prendre leurs rendez-vous, de s'y rendre et de participer aux entretiens avec les professionnels extérieurs. Cependant, les professionnels constatent que les intervenants extérieurs continuent de ne transmettre les informations qu'aux représentants légaux. De même, ils déplorent que les offres de soins ne soient pas assez diversifiées pour permettre aux personnes déficientes intellectuelles d'effectuer un choix. Il apparaît qu'un travail de communication, entre l'institution et ses partenaires est nécessaire, afin que les expériences d'autonomisation des résidents, entreprises à l'intérieur de la structure, puissent être généralisées hors ses murs.

Des mesures sont prises pour que les résidents soient mieux informés de leurs droits (par exemple : « traduction » sous forme de pictogrammes de la charte des droits et des libertés, affichage de celle-ci sur les murs du foyer) et pour qu'ils aient la possibilité de les exercer (par exemple : participation à la rédaction du projet de soins personnalisés et aux réunions du conseil de vie sociale).

Concernant le droit à la vie familiale, les réponses varient peu. Les inquiétudes quant à une éventuelle mise en danger des résidents demeurent. Ces réticences ont un effet négatif sur la perception que les résidents ont de leur capacité à mener des relations affectives et les conduit soit à dissimuler leurs liens affectifs, soit à rechercher l'approbation des professionnels concernant ceux-ci. Ces comportements sont induits par l'institutionnalisation (Giami, 1999).

À partir des témoignages recueillis, nous formulons les conclusions suivantes :

1) Les résidents ont une meilleure connaissance de leurs droits grâce aux actions entreprises entre 2014 et 2016.
2) Du fait de distorsions cognitives sur la déficience intellectuelle et le handicap, ces droits ne sont ni revendiqués ni exercés pleinement.
3) Les prises en charge médicales, éducatives et juridiques ne répondent qu'incomplètement aux besoins des personnes déficientes intellectuelles.
4) Les communications entre services médico-sociaux et services juridiques sont peu développées.

Nos prochaines actions seront axées sur :
- Le développement d'articulations entre intervenants des services sanitaires, médico-sociaux et juridiques afin d'assurer la cohérence des accompagnements vers l'autonomie des personnes déficientes intellectuelles.
- La mise en place d'une prise en charge psychologique et éducative basée sur l'affirmation de soi en individuel et en groupe.
- Le déploiement d'outils permettant de limiter le nombre d'intermédiaires entre patients et soignants. Concernant ce point, plusieurs solutions sont proposées par la Haute Autorité de Santé et les associations. Par exemple, la traduction de tous les documents officiels selon les principes du « Facile à lire et à comprendre » (Union nationale des associations de parents, de personnes handicapées mentales et de leurs ami [UNAPEI], 2013) ou sous forme de pictogrammes, la conception d'un carnet de santé ou d'une fiche de liaison spécifique aux soins des personnes en situation de handicap (Haute Autorité de Santé,

2008), la nomination d'un référent de parcours de santé (Fédération APAJH, 2014) et la constitution d'équipes intra-hospitalières (*Ibid.*) spécialisées qui faciliteront la circulation des informations nécessaires au suivi médical des personnes en situation de handicap et les guideront au cours de leur séjour. Ces mesures favorisent l'autonomie des personnes et la préservation du secret lié à la santé en limitant le nombre d'intermédiaires entre patients et soignants.

Conclusion

Le droit évolue en faveur d'une plus grande autonomie pour les personnes déficientes intellectuelles. L'application des textes législatifs européens et nationaux sur le plan pratique est à encourager. Une plus grande place est accordée au libre arbitre et à l'autodétermination des personnes déficientes intellectuelles afin que celles-ci soient moins dépendantes des tuteurs, des professionnels ou de leurs familles pour les décisions privées. L'évolution positive du droit doit s'accompagner d'une progression sur les plans psychologiques et sociaux. Un travail important, centré autour de la transmission et de la compréhension des droits, est à entreprendre. Au niveau des personnes déficientes intellectuelles, le développement de l'autodétermination est à soutenir. L'autodétermination se définit par la capacité des personnes à agir de manière autonome, à planifier des objectifs ainsi qu'à mettre en place des stratégies pour s'autoréguler et résoudre des problèmes, à connaître leurs potentialités et limites pour faire preuve d'«*empowerment*» et s'autoréaliser (Haelewyck et al. 2004).

La connaissance des droits permet aux personnes de prendre conscience de leurs capacités sur le plan légal. Le fait de se sentir légitime sur le plan légal, pour entreprendre certaines actions, permet de sortir les personnes de la logique purement médicale ainsi que de lever des freins psychologiques. La connaissance de sa capacité juridique permet de soulager les personnes des sentiments d'impuissance apprise qu'elles expérimentent depuis des décennies.

Le fait que les professionnels perçoivent les résidents, comme pouvant légitimement agir sur leur avenir, a un effet favorable sur l'autodétermination de ces derniers.

L'appropriation d'un savoir théorique est une condition nécessaire, mais non suffisante pour l'émancipation des personnes. Ce savoir doit s'accompagner de mises en pratique. Les expérimentations suivent plusieurs étapes. Une première phase comporte la prise de conscience et la gestion de ses aptitudes et incapacités. La deuxième consiste à déterminer et à fixer des objectifs. La troisième étape est consacrée à la transmission et à l'appropriation d'outils thérapeutiques, pour communiquer de manière assertive et de stratégies pour compenser les déficits et accepter ceux ne pouvant être remédiés. Enfin, les personnes sont encouragées et accompagnées dans la réalisation de leurs objectifs.

Ces étapes conduisent à l'«*empowerment*» psychologique qui comporte le sentiment d'efficacité personnelle, le locus de contrôle interne (avoir la conviction que ses actions et non des forces extérieures ont un impact sur son devenir) et des attentes de solution positives. L'adoption d'un locus de contrôle interne est d'autant plus importante pour les personnes qui, de par leur handicap, ont vécu sous la tutelle d'instances extérieures (Wehmeyer, 1993).

La mise en pratique des droits, n'est possible que lorsque les personnes ont une connaissance de ceux-ci et croient en leur légitimité et leurs capacités. L'appropriation des droits s'opère à travers l'avancée psychologique des personnes.

Références

Textes officiels et gouvernementaux

Agence des droits fondamentaux de l'Union européenne. (2012). *Inégalités et discrimination multiple dans le domaine des soins de santé.* Luxembourg : Office des publications.

Agence des droits fondamentaux de l'Union européenne. (2013). *La capacité juridique des personnes souffrant de troubles mentaux et des personnes handicapées intellectuelles.* Luxembourg : Office des publications de l'Union européenne.

Assemblée générale des Nations Unies. (1948). *Déclaration Universelle des Droits de l'Homme* (A/RES/217 A (III)). New York.

Assemblée générale des Nations Unies. (1971). *Déclaration des droits du déficient mental* (A/RES/2856 (XXVI)). New York.

Assemblée générale des Nations Unies. (1975). *Déclaration des Droits des personnes handicapées* (A/RES/3447 (XXX)). New York.

Assemblée générale des Nations Unies. (1989). *Convention des Droits de l'enfant* (A/RES/44/25). New York.

Assemblée générale des Nations Unies. (1993). *Règles pour l'égalisation des chances des handicapés* (A/RES/48/96). New York.

Assemblée générale des Nations Unies. (1996). *Pacte international relatif aux droits civils et politiques* (résolution 2200 A (XXI)). New York.

Association Médicale Mondiale. (1981). *Déclaration de Lisbonne de l'AMM sur les Droits du Patient.* Ferney-Voltaire.

République française. Code Civil. (2014).

Conseil de l'Europe. (1950). *Convention de sauvegarde des Droits de l'Homme et des libertés fondamentales* (4.XI). Rome.

Conseil de l'Europe. (1980). *Convention européenne sur la reconnaissance et l'exécution des décisions en matière de garde des enfants et le rétablissement de la garde des enfants* (20.V.1980). Luxembourg.

Conseil de l'Europe et Comité des Ministres. (1999). *Recommandation sur les principes concernant la protection juridique des majeurs incapables* (R (99)4). Strasbourg.

Conseil de l'Europe et Comité des Ministres. (2004*). Recommandation relative à la protection et à la dignité des personnes atteintes de troubles mentaux* (Rec(2004)10). Strasbourg.

Cour administrative d'appel de Bordeaux 2ᵉ chambre. (2012). 11BX01790. Inédit au recueil Lebon.

Cour de Justice des Communautés Européennes. (2008). Coleman contre Attridge Law, arrêt du 17 juillet 2008 (C-303/06). Luxembourg.

Haute Autorité de Santé. (2008). *Audition publique, Accès aux soins des personnes en situation de handicap. Rapport de la commission d'audition.* Paris.

Journal officiel des Communautés Européennes. (2000). Charte des droits fondamentaux de l'Union européenne. 2000, C 364,01. Nice.

Ministre d'État, Ministre des Affaires sociales de la santé et de la ville. (1993). Circulaire DGS/SP n° 48du 19 juillet 1993 (circulaire Veil) portant sur le rappel des principes relatifs à l'accueil et aux modalités de séjour des malades hospitalisés pour troubles mentaux. Paris, 1-2.

Ministère de la Santé. (1996). Circulaire DAS/TS1 n° 96-743 du 10 décembre 1996 relative à la prévention de l'infection à V.I.H. dans les établissements et services accueillant des personnes handicapées mentales. Bulletin officiel du ministère chargé de la santé, 97 (3), 153-159.

Ministère de la Santé et des Solidarités. (1999). Circulaire DIF/DGAS/2B/DESCO/DIV/DPM no 2006-65 du 13 février 2006 relative aux réseaux d'écoute, d'appui et d'accompagnement des parents, REAAP.

Ministère de la Santé et de la Solidarité, Direction de l'hospitalisation et de l'organisation des soins, Direction générale de la santé. (2006). *Usagers vos droits, Charte de la personne hospitalisée.* Paris, France : Sicom Editions. 06042.

Official Journal of the European Union. (2010). Council Decision of 26 November 2009 concerning the conclusion, by the European Community, of the United Nations Convention on the Rights of Persons with Disabilities, 2010 (48), EC. Brussels.

République française. (1957). *LOI n° 57-1223 du 23 novembre 1957 sur le reclassement des travailleurs handicapés. Journal officiel de la République française (JORF)* du 24 novembre 1957, 10858-10861.

République française. (1958). *Constitution du 4 octobre 1958.* JORF, 0238, 9151-9173.

République française. (1975). *LOI n° 75-534 du 30 juin 1975 d'orientation en faveur des personnes handicapées.* JORF, 1er juillet 1975, 6596-6603.

République française. (1975). *LOI n° 75-535 du 30 juin 1975 relative aux institutions sociales et médico-sociales.* JORF, 1er juillet 1975, 6604-6607.

République française . (1983). *Loi n° 83-634 du 13 juillet 1983 portant droits et obligations des fonctionnaires. Loi dite Loi Le Pors.* JORF, 14 juillet 1983, 2174-2176.

République française. (2001). *LOI no 2001-588 du 4 juillet 2001 relative à l'interruption volontaire de grossesse et à la contraception* (MESX0000140L). JORF, 156, 10823-10827.

République française. (2002). *LOI n° 2002-2 du 2 janvier 2002 portant rénovation de l'action sociale et médico-sociale* (publication n° MESX0000158L). JORF, 3 janvier 2002, 124-142.

République française. (2002). *LOI n° 2002-303 du 4 mars 2002 relative aux droits des malades et à la qualité du système de santé* (publication n° MESX0100092L). JORF, 54, 4118-4159.

République française. (2004). *Décret n° 2004-287 du 25 mars 2004 relatif au conseil de la vie sociale et aux autres formes de participation institués à l'article L. 311-6 du code de l'action sociale et des familles* (publication n° SANA0323646D). JORF, 74, 27 mars 2004, texte 48, 5909-5911.

République française. (2004). *Décret n° 2004-1274 du 26 novembre 2004 relatif au contrat de séjour ou document individuel de prise en charge prévu par l'article L. 311-4 du code de l'action sociale et des familles.* JORF, 274, 27 novembre 2004, texte 30, 1-3.

République française. (2005). *Décret n° 2005-223 du 11 mars 2005 relatif aux conditions d'organisation et de fonctionnement des services d'accompagnement à la vie sociale et des services d'accompagnement médico-social pour adultes handicapés* (SANA0424257D). JORF, 61, du 13 mars 2005, texte n° 6, 1-4.

République française. (2007). *LOI n° 2007-293 du 5 mars 2007 réformant la protection de l'enfance* (publication n° SANX0600056L). JORF, 55, 1-14.

République française. (2010). *LOI n° 2010-209 du 2 mars 2010 visant à créer une allocation journalière d'accompagnement d'une personne en fin de vie* (publication n° SASX0904030L). JORF. Texte n° 9, 1-4.

République française. (2014). *Code de l'Action sociale et des familles.* Auteur.

République française. (2014). *Code de la santé publique.* Auteur.

République française. (2014). Code Pénal. Auteur.

Articles et livres

Agence des droits fondamentaux de l'Union européenne. (2013). *La capacité juridique des personnes souffrant de troubles mentaux et des personnes handicapées intellectuelles.* Luxembourg : Office des publications de l'Union européenne.

Arnoux, I. (2003). *Le droit de l'être humain sur son corps.* Pessac, France : Presse Universitaire de Bordeaux.

Badinter, R. (1968). *Le droit au respect de la vie privée.* J.C.P., I (38).

Baelde, P., Coppin, B., Le Cerf, J-F. et Moureau, B. (1999). *Comprendre et accompagner les parents avec une déficience intellectuelle.* Paris, France : Gaëtan Morin Ed.

Bastien, R., Renard, C., et Haelewyck M-C., (2015). *L'autodétermination : une porte d'entrée vers la promotion de la santé des personnes avec déficience intellectuelle. Biennale Internationale de l'Education, de la Formation et des Pratiques professionnelles.* Paris, France. Accès : https://hal.archives-ouvertes.fr/hal-01186599/document

Bougrab, J. et De Broca, A. (2010). *Code du handicap 2011* (2e édition). Paris, France : Dalloz.

Castoriadis, C. (2000). Pour un individu autonome. *Le Monde diplomatique. Manière de voir (Penser le XXIe siècle)*, 52, Paris, 18-21.

De Vos, S. (1980). Sexualité et institution psychiatrique (enquête au sein d'un hôpital breton). *Santé mentale au Québec*, 1(5), 63-73.

Fédération polyhandicap de l'AP-HP (Assistance Publique-Hôpitaux de Paris). (2011). *Promotion de la bientraitance et de l'éducation thérapeutique dans la prise en charge des personnes polyhandicapée, relativement aux privations de libertés et aux contentions, au sein de la Fédération polyhandicap de l'AP-HP.* Paris.

Fédération des APAJH. (2014). *Handicap le guide pratique* (12ᵉ édition). Issy-les-Moulineaux, France : Prat éditions.

Giami, A. (1999). Les organisations institutionnelles de la sexualité. *Handicap - Revue de sciences humaines et sociales*, CTNERHI, 3-29.

Giami, A. et De Colomby, P. (2008). Relations socio-sexuelles des personnes handicapées vivant en institution ou en ménage : une analyse secondaire de l'enquête « Handicaps, incapacités, dépendance ». *Alter*, 2(2), 109-132.

Haelewyck, M-C. et Nader-Grosbois, N. (2004). L'Autorégulation : Porte d'entrée vers l'autodétermination des personnes avec retard mental? *Revue Francophone de la Déficience Intellectuelle*, 15(2), 173-186.

Labayle, H. (2007) La diversité des sources. Dans J.J Lemouland et M. Luby (dir.). *Le droit à une vie familiale*. Paris, France : Dalloz, Thèmes et Commentaires Actes.

Lemouland, J.-J. et Luby, M. (dir.). *Le droit à une vie familiale*. Paris, France : Dalloz, Thèmes et Commentaires Actes.

Maillard I., Advocacy France, FIRAH, Centre Ressources Recherche Appliquée au Handicap. (2017). De la disqualification à la prise de parole en santé mentale : revue de littérature sur la recherche-action participative en santé mentale impliquant des personnes ayant un « handicap psychique ». Accès : http://www.firah.org/centre-ressources/upload/publications/rl/advocacy/rl-advocacy-fr-vdef.pdf

Meulders-Klein, M-T. (1992a). Vie privée, vie familiale et droits de l'Homme. *Revue internationale de droit comparé*, 44 (4), 767-794.

Meulders-Klein, M-T. (1992b). Le printemps des grands-parents et le Droit. Dans *Mélanges en l'honneur du Professeur J.M. Grossen*. Bâle, Suisse : Helbing et Lichtenhahn, 165-180.

Mouloud, L. (2013). Handicap : La France très en retard. *L'Humanité*. Saint-Denis. Accès: http://www.humanite.fr/societe/handicap-la-france-tres-en-retard-516599

Plazy, J.-M. (2007). Le droit à une vie familiale pour les incapables, dans J.-J Lemouland et M. Luby (dir.). *Le droit à une vie familiale*. Paris, France : Dalloz, Thèmes et Commentaires Actes.

Union nationale des associations de parents, de personnes handicapées mentales et de leurs amis (UNAPEI). (1995). *La vie affective et sexuelle de la personne handicapée mentale et son incidence sur sa prise en charge familiale et pédagogique, d'une part, et sa fonction parentale, d'autre part : synthèse des travaux du groupe d'étude réalisés au cours de l'année 1994.* Paris, France : UNAPEI.

UNAPEI. (2013). *Livre Blanc, Pour une santé accessible aux personnes handicapées mentales.* Paris, France : Sipap Oudin.

Wehmeyer, M. L. (1993). Perceptual and psychological factors in career decision making of adolescents with and without cognitive disabilities. *Career Development of Exceptional Individuals*, 16, 135-146.

Zribi, G. et Sarfaty, J. (2003). *Handicapés mentaux et psychiques vers de nouveaux droits.* Rennes, France : Editions de l'Ecole Nationale de la Santé Publique.

Conférences

Conférence de La Haye de Droit International Privé. (1993). *Convention sur la protection des enfants et la coopération en matière d'adoption internationale.* Communication présentée à la Conférence de La Haye de Droit International Privé, La Haye, Pays-Bas, 1-10.

Conférence Organisation panaméricaine de la Santé et Organisation mondiale de la Santé de Montréal sur la déficience intellectuelle et le Centre collaborateur OPS/OMS de Montréal. (2004*). Déclaration de Montréal sur la déficience intellectuelle.* Lachine, Centre de réadaptation Lisette-Dupras & Centre de réadaptation de l'Ouest de Montréal, Québec. 1-5.

Denys, P., Mothe, E. et Antonetti Ndiaye, E. (2003, Mars). *Présentation des résultats des enquêtes de suivi gynécologique.* Communication présentée au Colloque de l'Assistance Publique des Hôpitaux de Paris : Mission Handicap de l'Assistance Publique Hôpitaux de Paris, Vie de femme et handicap moteur. Sexualité et maternité. Garches, 15-18.

Fédération Hospitalière de France et Agence Nationale d'Accréditation et d'Evaluation en Santé. (2004). *Conférence de consensus, Liberté d'aller et venir dans les établissements sanitaires et médico-sociaux et obligation de soins et de sécurité.* Textes de recommandants. Paris, France.

Fédération des Associations pour Adultes et Jeunes Handicapés (APAJH). (2014). *Charte de Paris pour l'accessibilité universelle.* Communication présentée au 38e Congrès de la Fédération APAJH, Paris, France.

7

Pratique émergente de participation fondée sur la prise de parole au sein d'un conseil des salariés handicapés : Une expérience dans un atelier protégé au Grand-Duché de Luxembourg

Tarik Guenane
Structure de travail, Ligue HMC, Luxembourg

Depuis quelques années, la participation des personnes en situation de handicap est devenue un élément incontournable pour les travailleurs sociaux et même un modèle de société. Or, dans bien des cas, sa mise en application remet à la fois en question le rôle de l'éducateur et le fonctionnement de l'institution accueillant les personnes handicapées. Ces institutions émanent de l'État, mais aussi d'associations de parents qui, par leur fonctionnement, ont tendance à surprotéger les personnes en situation de handicap. Cette surprotection engendre une infantilisation de celles-ci, marquée par une déresponsabilisation voire une mise sous tutelle, les plaçant de fait dans un statut de mineur prolongé.

Nous assistons actuellement à un changement de paradigme concernant l'image et la place des personnes handicapées. Les notions de participation et d'environnement occupent ainsi une place primordiale dans la définition que donne la Convention des Nations Unies relative aux droits des personnes handicapées (2006, Art.1 et 2).

L'accès à une réelle participation ne se résume pas à une réforme du droit. Sa complexité doit nous interroger, d'une part, sur la manière de l'intégrer dans notre structure de travail adaptée et d'autre part, sur notre pratique professionnelle. Ces interrogations vont nous confronter aux limites de cette participation, limites qui se situeraient entre une protection nécessaire et une surprotection inhérente au métier d'éducateur. En effet, celui-ci est juridiquement responsable et devra donc protéger non seulement son intégrité professionnelle, mais aussi s'adapter. Cet antagonisme engendrera dans un premier temps des situations conflictuelles et des moments d'incertitude, tant du côté des personnes handicapées que du côté des travailleurs sociaux, avec comme conséquences à terme, une augmentation de la participation des salariés handicapés, un désir d'engagement de ceux-ci et une évolution du travail de l'éducateur. Notre travail éducatif devra prendre en compte ces paramètres pour donner la possibilité aux salariés handicapés, avec leurs caractéristiques propres et inhérentes à chaque handicap, de participer activement à la vie de notre entreprise protégée.

La seule volonté des personnes en situation de handicap d'accès à une participation active ne suffit bien sûr pas ; à leur motivation doivent venir se greffer trois autres éléments importants, pour qu'une dynamique de la participation se mette en place.

Tout d'abord, il doit y avoir une volonté politique, induite par des proclamations telles que celle des Nations Unies de 1981 ou la Déclaration de Madrid (2002), dans le but de porter le débat sur la place publique. Ensuite, comme le souligne Loubat (2003), il faut une amélioration concernant « l'accessibilité spatiale et physique, mais aussi professionnelle, culturelle et sociale » de la personne handicapée. (Loubat, 2003, par.17). Enfin, un accompagnement professionnel, visant le respect du droit des personnes en situation de handicap et influençant l'environnement proche et l'autonomie de ces personnes, est bien sûr nécessaire.

Le fil conducteur de ce chapitre présentera le cheminement d'une réflexion menée par un groupe de travail composé d'éducatrices et d'éducateurs, d'une assistante sociale et d'un infirmier psychiatrique. Leur objectif a été la mise en place d'un Conseil des salariés handicapés, visant une participation active au sein d'un atelier protégé. Dans ce chapitre, je reviendrai plus en détail sur cet atelier protégé et sur la Structure de Travail et de Formation dont il fait partie. Nous commencerons par exposer le contexte légal luxembourgeois. Suivra la présentation de la Ligue Luxembourgeoise pour le Secours aux Enfants, aux Adolescents et aux Adultes mentalement ou cérébralement handicapés (Ligue HMC) et de ses différentes structures. Nous parlerons aussi du Conseil des salariés handicapés, de sa genèse, de sa composition, de ses missions, de ses résultats et des différents services gravitant autour de lui. Enfin, inspirés par différents auteurs, nous confronterons l'expérience du Conseil des salariés handicapés aux notions de participation, de valorisation des rôles sociaux et de représentation sociale.

Le contexte légal luxembourgeois

Pour comprendre la loi de septembre 2003 concernant le revenu des personnes handicapées, il faut revenir en 1992. Cette même année, la politique en faveur des personnes en situation de handicap a pris un tournant décisif dans l'approche du handicap en passant du modèle individuel au modèle social. Ce changement a eu pour conséquence la création en 1995 d'une instance de coordination en matière de handicap sous l'autorité d'un ministre aux Handicapés et Accidentés de la Vie. Actuellement, cette coordination est effectuée par le Ministère de la Famille, de l'Intégration et à la Grande Région.

En août 1999, la Déclaration gouvernementale met en exergue la situation économiquement et socialement précaire des personnes en situation de handicap. Elle propose la création d'un revenu de remplacement pour les personnes handicapées n'étant pas en mesure de gagner leur vie et la mise en place d'un système de rémunération dans les ateliers protégés, afin de garantir un véritable revenu à ses travailleurs.

Madame Marie-Josée Jacobs, Ministre de la Famille, de l'Intégration et à la Grande Région à l'époque, a présenté ce projet de loi concernant la situation de revenu des personnes en situation de handicap :

> « *Le présent projet de loi a pour objectif de promouvoir la sécurité et l'indépendance économique des personnes handicapées qui sont en âge de travailler, mais qui ne peuvent pas ou pas encore gagner leur vie sur le marché du travail ordinaire. Ce dispositif légal vise les personnes qui travaillent dans un atelier protégé ainsi que celles qui, en raison de la gravité de leur déficience, sont inaptes à un travail quelconque* » (Jacobs, 2001).

Cette loi octroie donc le statut de salarié handicapé à toute personne qui présente une diminution de sa capacité de travail d'au moins 30 % et reconnue apte à exercer un emploi salarié sur le marché du travail ordinaire ou dans un atelier protégé. Ainsi, elle poursuit quatre objectifs :

- la promotion de l'accès à des emplois stables et de qualité pour toute personne capable de travailler, prévenir l'exclusion du travail et faciliter l'accès de tous aux ressources, aux droits, aux biens et aux services, y compris à la garantie de ressources minimales;
- la prévention des risques d'exclusion sociale;
- l'action pour les plus vulnérables, en prenant en compte leurs besoins et leurs conditions de vie par un moyen d'action spécifique;
- la mobilisation de tous les acteurs concernés et l'intégration de la lutte contre l'exclusion sociale dans d'autres politiques.

Une autonomie économique, grâce à un revenu de remplacement, et l'obligation pour les employeurs de respecter le droit du travail, sont les corollaires de cette loi. Elle implique alors la connaissance de ces droits. Selon l'Union européenne « l'inclusion sociale permet aussi aux groupes et aux personnes vulnérables […] de pouvoir exercer leurs droits fondamentaux » (2010, p.1).

La loi du 12 septembre 2003 représente l'élément déclencheur de notre réflexion sur la participation active des salariés au sein de notre atelier protégé. Le premier constat que nous avons établi est que tous les salariés handicapés, bien qu'étant contractuellement liés à l'atelier protégé, ne bénéficient pas des mêmes droits. En effet, de nombreux salariés handicapés sont sous tutelle et, par conséquent, n'ont pas le droit de vote. Les premières élections sociales en ont été la preuve flagrante et seuls certains ont pu voter et se présenter, avec quelquefois des motivations hors contexte comme le désir de devenir chef ou d'avoir un bureau. Les élections sociales ont lieu tous les cinq ans et ont pour objectif d'élire les délégations du personnel qui auront comme mission de sauvegarder et de défendre les intérêts du personnel salarié de l'entreprise en ce qui concerne les conditions de travail, la sécurité de l'emploi et le statut social du personnel.

Dès lors, un groupe de travail s'est constitué pour réfléchir à la mise en place d'un Conseil des salariés handicapés, dans l'atelier protégé de la Ligue HMC, qui travaillerait hors cadre juridique et représenterait l'ensemble des salariés en situation de handicap de la structure de travail. Il serait épaulé dans ce travail par la délégation officielle du personnel. Au-delà de sa mission de représentation et de garant des droits des salariés handicapés, le Conseil des salariés handicapés aurait aussi comme objectif la formation à la participation en entreprise. C'est alors que ce projet a vu le jour.

Parallèlement, depuis 2011, la Life ACADEMY/académie de la vie

> « est un service qui fonctionne comme un forum de discussion pour les personnes en situation de handicap. Deux fois par mois, des workshops pour personnes handicapées sont organisés sur des sujets relatifs au droit et à la manière d'exprimer son opinion. L'objectif étant l'augmentation

de l'autonomie, de l'autodétermination et de l'autoreprésentation des personnes en situation de handicap. Le concept tient compte du fait que les personnes en situation de handicap sont expertes dans les domaines qui les concernent et qu'il faut les intégrer dans les discussions les concernant et leur donner la possibilité de faire leurs propres choix de vie » (Grand-Duché de Luxembourg, 2014, Article 12).

Tous ces services font partie intégrante de la Ligue HMC. Celle-ci, créée en 1963, est une association qui a pour objectif l'amélioration du sort des personnes affectées d'un handicap mental et de les aider à s'adapter le mieux possible à la vie professionnelle et sociale.

Actuellement La Ligue HMC est constituée de trois entités :
• La Fondation Ligue HMC
• La Ligue HMC, association sans but lucratif (ASBL) regroupe les services d'accueil, d'hébergement et de formation. Ces services sont conventionnés par les ministères de la Famille et de l'Intégration;
• La Ligue HMC Coopérative regroupe les 26 ateliers qui composent la Structure de Travail, et est conventionnée par le ministère du Travail et de l'Emploi.

Aujourd'hui, la Ligue HMC accueille 300 personnes en situation de handicap dans ses différents services, en plus d'une centaine de professionnels dans ses centres de propédeutique professionnelle, ateliers protégés, services d'activités de jour, services d'accueil et d'hébergement, centres de rencontres (Day Center) et service d'accompagnement et de suivi.

À la sortie de sa formation et après des stages en ateliers, le salarié signe un contrat de travail avec la Ligue HMC et intègre l'atelier de son choix. Dans les ateliers, il trouvera un environnement adapté, mais aussi des conditions de travail proches des conditions ordinaires de travail.

Le Conseil des salariés handicapés

La présence du Conseil des salariés handicapés dans la vie des ateliers de production entretient l'idée que le travailleur possède les capacités pour participer et agir sur son environnement. Il traduit aussi dans sa genèse et son mode de fonctionnement une volonté institutionnelle qui, faisant abstraction du législateur (le Conseil des salariés handicapés travaille hors du cadre juridique), permet à l'ensemble de nos salariés, sous tutelle ou non, de se présenter et de représenter leurs pairs dans ce même conseil. Les corollaires de ces dispositions sont une participation accrue à travers l'apprentissage de la prise de parole, une augmentation des capacités d'expression de chacun, une valorisation des rôles sociaux et sans doute, à terme, une modification chez les professionnels de leurs représentations sociales du handicap, ce qui devrait influencer leur travail éducatif.

La réalisation de ce projet a connu plusieurs phases. La première, que l'on peut considérer comme l'élément déclencheur de la réflexion, est due au changement de statut juridique de nombreux salariés handicapés : peu d'entre eux avaient le droit de se présenter aux élections sociales et de voter à cause de leur statut juridique (leur placement sous tutelle). Face à cette impossibilité de nature juridique, nous avons proposé la mise en place d'un groupe de personnes élues pour représenter l'ensemble des salariés en situation de handicap de la structure de travail, par la suite appelé Conseil des salariés handicapés.

Il fonctionne comme une délégation du personnel, mais, contrairement à elle, ne possède pas de légitimité juridique. Dans un premier temps, ses membres avaient un 'mandat formation' d'un an pour permettre une rotation des candidats. Ensuite, le 'mandat formation' est passé à deux ans, car nous estimions que la première formule était trop courte. Depuis les dernières élections de mai 2015, le Conseil des salariés handicapés est élu pour un mandat de cinq ans.

Actuellement, il se réunit tous les mois en présence d'une personne ressource qui joue le rôle de formateur, d'accompagnateur et de secrétaire, ou avec la Life ACADEMY (le volet formation revêt une grande importance). Une de nos observations, lors des élections sociales, est que les salariés handicapés n'avaient que peu ou pas de notion de ce qu'étaient la participation, la représentation et leurs corollaires. Il a été décidé que le Conseil des salariés handicapés serait aussi un lieu de formation à la participation, à la représentation et aux moyens d'y parvenir: comme les séminaires et rencontres auxquels nous participons dans le cadre du Programme international d'éducation à la citoyenneté démocratique (PIECD), la création d'un journal ou encore les permanences hebdomadaires. Toujours dans un souci de participation et d'engagement, tant du côté du personnel dans son entièreté que du côté des représentants fraîchement élus, un appel à candidatures pour la fonction de personne ressource est effectué.

Un vote démocratique par les membres du Conseil des salariés handicapés désigne la personne ressource qui les accompagnera durant leur mandat. Leur offrir les conditions environnementales et matérielles propices pour maximiser la participation active du Conseil des salariés handicapés, mais aussi de tous les salariés au sein de notre structure, permet à nos travailleurs d'agir sur la vie de l'entreprise. Ainsi, en effectuant des choix non imposés, ils seraient capables d'agir de manière autorégulée et hétérorégulée.

Dans cette démarche nous nous référons à ces deux notions que sont l'autorégulation et l'hétérorégulation. La première se définit comme étant la capacité d'une personne en situation de handicap d'identifier une tâche, de planifier des objectifs, de trouver des pistes de résolution de problèmes, de s'autoévaluer (Haelewyck et Nader-Grosbois, 2004) et de demander, le cas échéant, l'avis de la personne ressource. Dans le cas de l'hétérorégulation, la personne ressource identifie les tâches et objectifs, propose des pistes et planifie les actions dans une relation d'échanges. Elle va amener les salariés vers plus de participation afin de tendre vers la finalité du travail-projet qu'est l'autodétermination.

Pour Whitman (1990), une des caractéristiques des personnes ayant une déficience intellectuelle « est un déficit généralisé d'autorégulation qui impliquerait des difficultés à s'adapter à son environnement » (cité dans Nader-Grosbois et Leveau, 2009. p. 297). Ce manque est généralement marqué par une non-prise de décision, un manque d'expérience dans l'ajustement des comportements qui est le plus souvent la conséquence d'une déresponsabilisation et d'une surprotection provenant de leur environnement immédiat (institutions et/ou famille) et, comme le font encore remarquer Mithaug (1996), Martin et Marschall (1997) Palmer et Wehmeyer (1998), un « niveau peu élevé d'attente et de motivation » (cités dans Haelewyck et Nader-Grosbois, 2004, p. 178).

> « *L'autorégulation est incluse dans le processus de développement de l'autodétermination et peut donc contribuer à soutenir la participation active de la personne ayant une déficience intellectuelle à l'élaboration et à la mise en œuvre de son projet de vie au sein de la société* » (Nader-Grobois et Leveau, 2009, p.295).

Notre travail est donc de mettre en évidence chez les salariés handicapés et particulièrement parmi les membres du Conseil des salariés handicapés, les stratégies autorégulatrices qu'ils sont capables de mettre en œuvre, mais aussi de déceler celles dont ils auraient besoin dans le cadre de ce 'mandat formation' en tant que représentants des salariés. Cette mission est bien sûr assurée par la personne-ressource, mais aussi par l'ensemble du personnel éducatif. Les permanences hebdomadaires, qui sont des moments de rencontre entre les salariés en situation de handicap et des membres du Conseil des salariés handicapés, nous ont permis de déceler certaines stratégies autorégulatrices de membres du Conseil des salariés handicapés. Ainsi, lors d'une période pré-électorale, un des membres élus du Conseil des salariés handicapés a été pris en train de menacer certains salariés pour qu'ils votent pour lui. Le Conseil des salariés handicapés décide alors, dans l'urgence et sans la personne ressource, de se réunir avec le membre accusé. À la sortie de cette réunion à huis clos, la décision est prise avec l'accord du membre coupable de l'exclure de la campagne et des élections. Ce qui est intéressant dans cet épisode, c'est la réaction du Conseil des salariés handicapés qui se prend en charge, sans intervention extérieure et propose une solution qui finalement satisfait tout le monde.

Dans un premier temps, nous avions envisagé, en collaboration avec les représentants des salariés, que ces moments de permanence seraient des périodes durant lesquelles les rencontres entre les salariés et leurs délégués se feraient sans la personne ressource. Ils auraient donc dû développer des stratégies d'autorégulation pour répondre à leurs pairs. Certains délégués ont effectivement développé des capacités d'écoute, proposé des pistes de solution aux problèmes qu'on leur avait posés et entamé certaines démarches. Mais, après un certain temps, les délégués ont pris l'initiative de changer le mode de fonctionnement et ils ont décidé de faire appel à des personnes ressources qui les assistent pour répondre aux questions posées dans certaines situations.

Il existe donc des moments d'autorégulation, mais aussi d'autres situations où une aide extérieure est nécessaire. Ces difficultés pour s'autoréguler, nous les retrouvons aussi chez les salariés qui ne font pas la démarche de venir aux permanences. Rares sont ceux qui se déplacent de leur propre chef, alors qu'ils ont le droit de quitter l'atelier pendant les heures de travail pour s'y rendre. Les raisons sont multiples et sont sans doute dues à l'histoire personnelle des salariés handicapés et à leur environnement, mais peut-être également à la représentation sociale du handicap mental qu'en ont les professionnels. Celle-ci, basée sur les incapacités associées au handicap, minimise encore les capacités qu'ont les salariés handicapés de participer activement au sein des ateliers. Mais nous le constaterons à la lecture de ce chapitre : un vent de changement se fait peu à peu sentir.

197

La participation

Pour la Classification internationale du fonctionnement du handicap et de la santé (CIF), la restriction de la participation est un des éléments du handicap. « La participation sociale correspondrait à la réalisation des habitudes de vie d'une personne dans son contexte de vie réel » (Fougeyrollas, 2009, p.119). Celles-ci étant « une activité de vie quotidienne ou domestique, ou un rôle social valorisé par le contexte socioculturel pour une personne selon son âge, son sexe, son identité sociale et personnelle » (Fougeyrollas et Roy, 1996, p.35). Pour Loubat (2003), la participation sociale serait un concept dynamique ouvert et flexible, s'adaptant aux personnes handicapées et aux caractéristiques inhérentes à leur handicap. Ce serait donc à la société de s'adapter aux personnes en situation de handicap et non le contraire : c'est ce qu'on appelle la société inclusive. Pour le même auteur, si l'accessibilité institutionnelle et/ou matérielle constituent les conditions de départ d'une participation sociale, d'autres éléments comme se présenter, débattre d'un sujet, prendre la parole, connaître ses droits et ses devoirs (tout aussi primordiaux), doivent être pris en compte. Telle est l'ambition du Conseil des salariés handicapés et de la Life ACADEMY.

Une autre définition intéressante de la participation sociale, parce qu'elle suppose une démarche proactive de la part des personnes handicapées, insiste sur l'importance de « l'implication et l'engagement de la personne intégrée au sein d'une structure » (Rocque et al., 2002, p.66). Ainsi, la participation sociale est « un concept par lequel un individu ou un groupe d'individus s'associe pour prendre part aux décisions et aux actions d'une entité ou d'un regroupement de niveau plus global, relativement à un projet de plus ou moins grande envergure » (Rocque et al., 2002, p.63). Ces deux éléments ont été les pièces maîtresses de notre élection qui demandait de la part des salariés handicapés (et c'était inédit pour eux) de s'inscrire sur des listes (pour les candidats), d'aller voter et de participer à des réunions d'information pour l'ensemble du personnel. Et pour les personnes élues, de suivre des formations et de se rendre chaque mois à la réunion du Conseil des salariés handicapés (ce qui fut parfois compliqué sur le plan pratique, pour certaines personnes travaillant à l'extérieur du Centre).

Tremblay, Lequien, Delacroix et Herman (2010) associent la participation à la reconnaissance des droits politiques des personnes présentant une déficience intellectuelle, et ce, en mettant en exergue la dimension citoyenne et démocratique de ce concept. Pour Baril, Tremblay et Tellier (2006) « la participation sociale se caractériserait par la relation qui se noue entre un individu et son environnement ainsi que par l'exercice de rôles sociaux valorisés » (cité dans Lebigue, 2009, p. 29). L'élection comme délégué du personnel du président du Conseil des salariés handicapés aux dernières élections sociales en est l'illustration.

Notre base de réflexion concernant la participation en atelier protégé est fondée sur la Convention des Nations Unies (2006) relative aux droits des personnes handicapées et notamment l'article 27 concernant le travail et l'emploi,

> *« Les Etats Parties reconnaissent aux personnes handicapées, sur la base de l'égalité avec les autres, le droit au travail, notamment à la possibilité de gagner leur vie en accomplissant un travail librement choisi ou accepté sur un marché du travail et dans un milieu de travail ouvert, favorisant l'inclusion et accessibles aux personnes handicapées. Ils garantissent et favorisent l'exercice du droit du travail, y compris pour ceux qui ont acquis un handicap en cours d'emploi, en prenant des mesures appropriées, y compris des mesures législatives pour notamment :*
> * *protéger le droit des personnes handicapées à bénéficier, sur la base de l'égalité avec les autres, de conditions de travail justes et favorables, y compris l'égalité des chances et l'égalité de rémunération à travail égal, la sécurité et l'hygiène sur les lieux de travail, la protection contre le harcèlement et des procédures de règlement de griefs;*

- *faire en sorte que les personnes handicapées puissent exercer leurs droits professionnels et syndicaux sur la base de l'égalité avec les autres. »*

Elle s'appuie d'autre part sur la législation luxembourgeoise en matière de droit du travail. En somme, nous intégrons dans la notion de participation le respect des droits des salariés handicapés sur la base de l'égalité avec les autres, quel que soit leur statut juridique (sous tutelle ou non), mais aussi les notions de représentation et de responsabilisation des salariés en situation de handicap.

Mais de quelle participation parlons-nous? En effet, la notion et les éléments qui constituent la participation en entreprise adaptée sont multiples et variés. Tous ces éléments doivent être pris en compte pour une participation de qualité.

Selon Acef (non daté), la participation se décline en différents niveaux :
- L'expression et la communication : c'est l'état d'affirmation de son point de vue par une prise de parole, sans connaître la portée de sa parole sur l'environnement (cf réunions quotidiennes de groupe).
- La consultation : recueillir des informations et effectuer des choix sans que la décision finale ne soit le reflet des désirs des personnes consultées. Nous pouvons estimer qu'avec le Conseil des salariés handicapés, nous nous trouvons à ce niveau de participation.
- La concertation : à ce niveau, les personnes en situation de handicap sont associées à la recherche de solutions communes à des problèmes ou attentes partagées.
- La cogestion / codécision : à ce stade, les différentes entités coopèrent dans l'élaboration des décisions et des actions à mettre en œuvre nécessitant une négociation, pour parvenir à un accord dans une logique de compromis et de consensus.

Il va de soi que ces différents degrés de participation sont le résultat d'une volonté institutionnelle (travailleurs sociaux, direction, voire même pouvoir subsidiant) d'une approche du handicap respectueuse de la personne (qui ne se pense qu'avec celle-ci et qui serait l'exercice d'un droit et non d'une contrainte à la participation), mais aussi de l'expérience du conseil des salariés.

Nous constatons aussi que le Conseil des salariés handicapés est impliqué à différents niveaux de la participation. Par exemple au niveau de la concertation lors de réunions avec les cuisiniers concernant les repas, ou encore au niveau de la consultation lors de réunions avec la direction concernant la construction de nouveaux bâtiments. Ces niveaux ne sont pas figés et l'un des objectifs du Conseil des salariés handicapés est d'évoluer et de progresser vers le stade qu'est la cogestion/codécision.

Depuis l'élection du Conseil des salariés handicapés et ses premières interventions, l'évaluation de ses actions est un sujet de réflexion. Comment mesurer l'action du Conseil des salariés handicapés en tant qu'entité et le situer sur une échelle reprenant les différents niveaux de participation?

Pour Olga Nirenberg (non daté),

> « L'évaluation est une activité programmée de réflexion sur l'action. [….] L'évaluation se déroule à travers un processus systématique de collecte, d'analyse et d'interprétation d'informations et à travers des comparaisons selon des paramètres prédéfinis. Sa finalité est d'émettre des jugements d'appréciation communicables et fondés sur les activités et les résultats (présumés ou concrétisés) des interventions sociales afin de formuler des recommandations qui permettent une prise de décision visant à améliorer l'action ».(Niremberg, par.2).

C'est dans ce sens, depuis l'élection du Conseil des salariés handicapés et ses premières interventions, que l'évaluation de ses actions a été, pour nous, un sujet de réflexion. Comment mesurer l'action du Conseil des salariés handicapés en tant qu'entité et le situer sur une échelle reprenant les différents niveaux de participation? La grille d'évaluation proposée par Acef lors d'une formation sur la « participation des usagers » est intéressante, non seulement dans son utilisation relativement simple, mais aussi pour son efficacité. Cette grille modulable permet d'avoir une vision globale des actions menées par le Conseil des salariés handicapés et des répercussions de celles-ci. Elle permet aussi au personnel, en situation de handicap ou non, d'évaluer ses actions et le niveau de participation du Conseil des salariés handicapés.

Tableau 1- grille d'évaluation

	Intitulé des actions du Conseil des salariés	Objectifs concrets	Comment les salariés sont-ils associés à cette action?	Mise en œuvre	Comment les salariés participent-ils à cette action?	Évaluation par le Conseil des salariés	Évaluation par les salariés
Conditions de travail							
Droit du travail							
Personnel encadrant et administratif							
Conseil des salariés							
Pause							
Repas							
...							

Actuellement et faute de temps, le groupe de travail à l'origine du projet ne se réunit que lorsque les autres activités de ses membres le permettent. Nous ne recourons pas à un outil d'évaluation : nous avançons uniquement sur base des comptes rendus de réunion, en appliquant les modifications ou améliorations induites. Mais à terme, il semble nécessaire d'utiliser une méthode d'évaluation afin de disposer des informations nécessaires pour que le Conseil des salariés handicapés demeure une entité autonome, dynamique et créative.

La valorisation des rôles sociaux et les représentations sociales

« Le regard d'autrui, selon moi, construit, structure notre personnalité. Cependant, il peut aussi, condamner, blesser » (Jollien, 2011, p.50).

En 1982, Wolfensberger et Tullman propose que « des rôles sociaux positifs sont fondamentalement importants pour comprendre et contrer la dévalorisation sociale » (cité dans Lemay, 1996, p.4). En 1983, Wolfensberger crée un nouveau concept qui inclut la normalisation et qu'il nommera la valorisation des rôles sociaux (Lemay, 1996, p.4). Le rôle social étant pour lui : « un ensemble de comportements, de responsabilités, d'attentes et de prérogatives conformes à un modèle social » (cité dans Lemay, 1996, p.5). Dans sa réflexion, il fait la distinction entre le fait de valoriser quelqu'un et lui attribuer un rôle social. Dans ce cas, la communauté reconnaît les compétences de la personne handicapée et non pas les limites de son handicap. Ce mécanisme, nous le retrouvons notamment chez des personnes handicapées qui font de l'art, où l'on insiste plus sur leur travail d'artiste que sur les incapacités liées à leur handicap. Tout le monde connaît Pascal Duquenne, prix d'interprétation masculine au festival de Cannes 1996, reconnu non pas comme une personne trisomique, mais comme acteur. En tant qu'outil pour une valorisation des rôles sociaux des salariés dans notre entreprise, le Conseil des salariés handicapés doit permettre à ceux-ci de mettre l'accent sur les compétences des délégués et non sur une stigmatisation de l'incapacité liée au handicap. C'est donc une reconnaissance de compétence et une mise en valeur de l'image de la personne en situation de handicap qui va permettre à la fois à cette personne de se construire une légitimité, mais aussi d'accroître sa participation sociale. On est loin de l'association déficience-incapacité. Cette révolution nous amène à avoir un autre regard sur certaines représentations sociales que nous avons du handicap, tout en nous amenant à travailler autrement.

La représentation sociale « est une forme de connaissance socialement élaborée et partagée ayant une visée pratique et concourant à la construction d'une réalité commune à un ensemble social » (Jodelet, 2003 p. 53). Celle-ci est « toujours la représentation de quelque chose (l'objet) et de quelqu'un (sujet). Les caractéristiques du sujet et de l'objet auront une incidence sur ce qu'elle est » (Jodelet, 2003, p. 59-61). Dans son approche structurale des représentations sociales Abric (2001) propose cette définition :

> « Une représentation sociale est un ensemble organisé et structuré d'informations, de croyance, d'opinions et d'attitude, elle constitue un système sociocognitif particulier composé de deux sous-systèmes en interaction : un système central (ou noyau central) et un système périphérique » (p.82).

Pour Flament (1994), le noyau central « organise l'image de l'objet, et par là-même, le construit » (p.46).

Ces représentations déterminent notre conception du handicap et sont souvent contradictoires : valorisation, participation, égalité des chances d'un côté et dévalorisation, incapacité et déficience de l'autre. La structure de la représentation sociale est composée d'un noyau central, qui est dit stable et non négociable, et d'éléments périphériques. Dans son noyau central, la personne handicapée sera envisagée en fonction de sa déficience, incapable de s'autoréguler, de se prendre en charge ou d'avoir des relations sexuelles ou affectives.

Les éléments périphériques qui gravitent autour de ce noyau représentent la partie la plus accessible aux changements et aux influences extérieures. Ils jouent deux rôles : le premier est une fonction de décryptage qui va permettre de mieux appréhender des événements qui surviennent. Ainsi, par rapport à une personne handicapée, on ajustera notre comportement en fonction de notre représentation sociale basée, par exemple, sur la pitié ou sur sa capacité d'autodétermination. Le second, qui est une fonction de tampon, se met en place dès qu'une information contradictoire vient perturber son système de représentation. Prenons l'exemple du président du Conseil des salariés handicapés, une des représentations sociales possibles du handicap est basée sur l'aspect « incapacité du handicap ». Son élection lors des élections sociales prouve le contraire et est, peut-être, l'amorce d'une évolution.

Les éléments périphériques sont plus souples que le noyau central. Ainsi, ils peuvent se modifier sans pour autant changer la représentation sociale : on parlera alors d'évolution. Pour que les représentations sociales que nous avons du handicap changent, il faudrait que la réalité ne corresponde pas ou plus à notre représentation. Pour que le système périphérique ne joue plus son rôle de stabilisateur, il faut que cette incohérence soit conséquente, surtout dans la durée. Tout changement au niveau du noyau visant à changer la représentation sociale du handicap est un processus de très longue durée.

Pour le Conseil des salariés handicapés, la mise en place de stratégies autorégulatrices et/ou hétérorégulatrices, ainsi que la valorisation des rôles sociaux des délégués et, plus largement, de tous les salariés de la structure de travail, sont des événements susceptibles d'envoyer des informations fortes et contradictoires aux professionnels et aux parents. Elles pourraient agir comme déclencheurs, sinon d'un changement au niveau des représentations sociales du handicap, au moins d'une évolution au niveau des éléments périphériques. Ce bouleversement est nécessaire dans le cadre d'une participation accrue. L'exemple ci-dessous est assez révélateur du chemin encore long à parcourir.

Une recherche de Dupont (2009), directrice de l'Institut du Bon Pasteur (Université Libre de Bruxelles) a porté sur la pratique des éducateurs en tenant compte du vocabulaire professionnel utilisé par ceux–ci. Cette enquête devait déterminer dans quelle mesure des notions telles que handicap, incompétence, incapacité... étaient encore d'actualité alors que les nouveaux paradigmes plaident pour des notions telles que droit, «*empowerment*», autonomie... Il ressort de cette enquête auprès d'étudiants éducateurs, d'éducateurs en fonction et de responsables, que la connotation négative du handicap, imprégnée de paternalisme et de besoins d'aide, est encore bien présente dans leur représentation sociale du handicap ; ce qui constitue un véritable obstacle à tout changement.

Les objectifs poursuivis par la Ligue HMC sont, d'une part, d'accroître la participation en vue d'une possible autodétermination des salariés handicapés au sein de l'entreprise et d'autre part, de changer la perception qu'ont les travailleurs sociaux de leur travail. Si à l'origine du projet des doutes subsistaient quant à la capacité de nos salariés à se présenter, à voter et à représenter leurs pairs au sein d'un conseil, l'expérience menée depuis cinq ans nous permet de constater l'étendue des possibilités qu'offre le Conseil des salariés handicapés dans un environnement aménagé et adapté aux particularités de ses membres. Ainsi, grâce au travail effectué par celui-ci durant ses mandats et par ses nombreuses et fructueuses implications dans la vie de l'entreprise (concertation avec le cuisinier concernant les repas, participation à des séminaires du PIECD, ou de l'Association Internationale de Recherche scientifique en faveur des personnes Handicapées mentales [AIRHM], relations avec la délégation du personnel et avec la direction...), nous avons vu se transformer l'image de ses membres et des salariés.

Cette évolution a permis au président du Conseil des salariés handicapés de se présenter et d'être élu délégué du personnel aux dernières élections sociales de novembre 2013. De ce fait, plébiscité par l'ensemble du personnel, il en devient leur représentant. En 2008, nous lui avions demandé s'il voulait être candidat aux élections sociales qui se tenaient cette même année et nous lui avions expliqué l'importance et le rôle de la délégation ; bien que très intéressé, il n'a pas osé franchir le pas à ce moment-là. Nous pensons que sans sa participation au Conseil des salariés handicapés, son élection n'aurait pas été possible en 2013.

Ainsi, des changements au niveau périphérique des représentations sociales des personnes handicapées conditionnent en partie l'accroissement de la participation des personnes en situation de handicap et, par là-même, leur autodétermination au sein de la structure. Ce changement dépend de la valorisation des rôles sociaux de chacun des salariés handicapés et plus particulièrement des délégués siégeant au Conseil des salariés.

En somme, le Conseil des salariés handicapés permettrait une amorce de changement concernant la valorisation des rôles sociaux et certaines modifications au niveau périphérique des représentations sociales pour accroître la participation des salariés en situation de handicap au sein de l'entreprise.

Conclusion

Le Conseil des salariés handicapés est le fruit d'une réflexion menée par un groupe de travailleurs sociaux et de salariés handicapés en matière des droits des personnes handicapées, qui conçoivent le handicap comme étant une restriction à la participation sociale.

Développer une dynamique de la participation du salarié en situation de handicap dans un atelier protégé, tel est un des objectifs du

Conseil des salariés handicapés. Mais sans une volonté institutionnelle étayée par le personnel (y compris la délégation du personnel) et les salariés handicapés, cet objectif est vain. Le résultat des dernières élections sociales en est la preuve, car sans ces trois pôles, l'élection du président du Conseil des salariés handicapés au sein de la délégation du personnel n'aurait, nous semble-t-il, pas été possible.

Cependant, nous devons mettre certaines contradictions en évidence, comme celle du législateur octroyant le droit de vote à certains et le refusant à d'autres, ou du personnel éducatif penchant, pour des raisons inhérentes à la responsabilité juridique de son travail d'éducateur, tantôt pour une participation accrue, et tantôt pour plus d'encadrement. Ainsi, le regard porté sur la personne handicapée conditionne la reconnaissance de celle-ci dans l'entreprise adaptée. Dans le cas qui nous concerne, le Conseil des salariés handicapés ne peut fonctionner que hors cadre juridique, car la majeure partie des salariés est sous tutelle et, paradoxalement, sous contrat de travail avec l'atelier protégé. Il y a donc clairement un manque de visibilité concernant le débat sur la représentation et la participation des personnes handicapées. Celui-ci ne sort pas du cercle restreint des personnes concernées. L'extérioriser en utilisant les médias comme moyen d'ouverture et comme vecteur d'évolution des représentations sociales semble être une piste de solution et, puisqu'ils ne viennent pas vers nous, allons vers eux!

Car si le Conseil des salariés handicapés, qui est un instrument interne, ne peut pas s'extérioriser dans sa forme actuelle, son expérience positive peut servir de modèle et être le déclencheur d'une réflexion plus large concernant notamment l'aspect contraignant et, d'une certaine manière handicapant, d'un cadre juridique (trop) protecteur de la personne handicapée.

Dans notre démarche, le salarié en situation de handicap est un sujet de droit et responsable. Nous sommes aussi conscients qu'il ne suffit pas de le décréter. Ces deux éléments sont le fruit d'un travail quotidien basé sur la formation à la participation et la responsabilisation.

Attention aussi à ne pas tomber dans une dictature de la participation, car l'imposer la viderait de toute sa substance, car « il s'agit d'un processus complexe de mise en œuvre d'une citoyenneté effective et durable. C'est l'exercice d'un droit et non d'une contrainte à participer » (Acef, n.d.).

Pour éviter cet écueil, il est essentiel à la réussite de ce projet, d'évaluer les conditions d'application de cette participation et de déceler les obstacles à l'exercice de ces droits. Travailler dans le sens de la participation, c'est offrir le choix d'être actif dans l'atelier protégé. Telle doit être la philosophie de cette action. Nous pourrons alors constater que ce modèle ne va pas simplement toucher la personne en situation de handicap, mais contaminer l'ensemble de l'entreprise et vraisemblablement, à terme, provoquer une remise en question du travail social, du rôle de l'intervenant et de sa relation avec la personne en situation de handicap.

Références

Abric, J-C. (2001). L'approche structurale des représentations sociales : développements récents. *Psychologie et société*. Accès : https://www.s3.amazonaws.com/academia.edu.documents/34799735/ Abric-unknow

Acef, S. (non daté). *La participation des usagers*. Recueil inédit, Institut régional de travail social, Paris.

Dupont, N. (2009). Nouveaux paradigmes et pratiques des éducateurs : quelle résonance ? Dans V. Guerdan, G.Petitpierre, J.-P. Moulin et M.-C. Haelewyck (dir.), *Participation et responsabilités sociales. Un nouveau paradigme pour l'inclusion des personnes avec une déficience intellectuelle* (p.359-369). Berne : Peter Lang SA.

Flament, C. (1994). Structure, dynamique et transformation des représentations sociales. Dans J.-C. Abric (dir), *Pratiques sociales et représentations* (p.37-58). Paris : PUF.

Fougeyrollas, P. (2009). Construire le sens de la participation sociale. Dans
V. Guerdan, G. Petitpierre, J.-P. Moulin et M.-C. Haelewyck (dir.),
*Participation et responsabilités sociales. Un nouveau paradigme pour l'inclusion des
personnes avec une déficience intellectuelle* (p.115-125). Berne : Peter Lang SA.

Fougeyrollas, P. et Roy, K. (1996). Regard sur la notion de rôles sociaux.
Réflexion conceptuelle sur les rôles en lien avec la problématique du
processus de production du handicap. *Service social* 45(3), 31-54.

Grand-Duché de Luxembourg. (2003). *Loi du 12 septembre 2003 relative aux
personnes handicapées* Accès :
http://data.legilux.public.lu/eli/etat/leg/loi/2003/09/12/n1/jo

Grand-Duché de Luxembourg. (2014). *Mise en œuvre de la Convention des
Nations Unies relative aux droits des personnes handicapées, premier rapport
périodique.*
Accès :https://mfamigr.gouvernement.lu/content/dam/gouv_mfamigr
/le-minist%C3%A8re/attributions/personnes-
handicap%C3%A9es/premier-rapport-mise-en-oeuvre-convention-des-
nations-unies-droits-personnes-handicapees.pdf

Haelewick, M-C. et Nader-Grosbois, N. (2004). L'autorégulation : porte
d'entrée vers l'autodétermination des personnes avec retard mental ?
Revue Francophone de la Déficience Intellectuelle, 15(2), 173-186.

Jacobs, M-J. (2001, août). *Projet de loi concernant le revenu des personnes
handicapées.* Conférence de presse, (21août 2001).
Chambre des députés. Luxembourg. Accès : https://gouvernement.lu
/fr/actualites/toutes_actualites/articles/2001/08/21jacobs.html

Jollien, A. (2011). *Éloge de la faiblesse.* Paris : Marabout.

Jodelet, D. (2003). Représentations sociales : un domaine en expansion.
Dans *Les représentations sociales* (p. 45-78). Paris : Presses Universitaires de
France. DOI : 10.3917/puf.jodel.2003.01.0045.

Lebigue, T. (2009). *La participation sociale des personnes en situation de handicap :
En quoi les activités proposées en foyer de vie permettent une participation sociale des
usagers considérés inaptes au travail.* (Mémoire, diplôme d'Etat relatif aux
fonctions d'animation). Moulins. Accès : http://www.arfatsema.fr/
uploads/documents/Memoires/120H/120-Lebigue.pdf

Lemay, R. (1996). La valorisation des rôles sociaux et le principe de
normalisation : des lignes directrices pour la mise en œuvre de
contextes sociaux et de services humains pour les personnes à risque de
dévalorisation sociale. *La Revue Internationale de la Valorisation des Rôles
Sociaux*, 2 (2), 15-21.

Loubat, J. R. (2003). Pour la participation des personnes handicapées. *Lien
social*, (675). Accès : http://www.lien-social.com/Pour-la-participation-
sociale-des-personnes-handicapees

Nader-Grosbois, N. et Leveau, S. (2009). Stratégies d'autorégulation d'adultes en divers secteur de vie. Dans V. Guerdan, G. Petitpierre, J.-P. Moulin et M.-C. Haelewyck (dir.) *Participation et responsabilités sociales. Un nouveau paradigme pour l'inclusion des personnes avec une déficience intellectuelle* (p.295-320). Berne : Peter Lang SA.

Nations Unies. (2006). *Convention des Nations Unies relative aux droits des personnes handicapées.* Accès : http://www.un.org/french/disabilities/default.asp?id=1413

Nirenberg, O. (n.d.). *La participation et l'éthique de l'évaluation et du renforcement des organisations.* Accès : http://www.iteco.be/revue-antipodes/Evaluer-l-evaluation/Et-l-ethique-de-l-evaluation

Rocque, S., Voyer, J., Langevin, J., Dion, C., Noël, M-C. et Proulx, L.-M. (2002). *Participation sociale et personnes qui présentent des incapacités intellectuelles. Actes du colloque recherche défi 2002.* Revue Francophone de la Déficience Intellectuelle (2002), Numéro Spécial, mai 2002, 62-67

Tremblay, M., Lequien J., Delacroix, P. et Herman N. (2010). L'apprentissage de la participation citoyenne démocratique et la prise de parole des personnes présentant un handicap mental ou une déficience intellectuelle. Dans C. Routier, et A. d'Arripe (dir.), *Communication et santé : enjeux contemporains* (p. 245-254). Villeneuve d'Asc : Presses universitaires du Septentrion.

Union Européenne. (2010). *Le fond social européen et l'inclusion sociale. Panorama des interventions du FSE dans l'U.E.* Accès :http://ec.europa.eu/employment_social/esf/docs/sf_social_inclusion_fr.pdf

8

Les groupes d'expression en institutions socio-éducatives en Suisse romande : quelle participation pour des adultes ayant une déficience intellectuelle?

Manon Masse
Haute École Spécialisée de Suisse Occidentale (HES-SO) et
Haute École de Travail Social (HETS) de Genève

Yves Delessert
Haute École Spécialisée de Suisse Occidentale (HES-SO) et
Haute École de Travail Social (HETS) de Genève

Maëlle Dubath
Organisation vaudoise du monde du Travail
des domaines de la santé et du travail social
pour la formation professionnelle initiale et supérieure

En Suisse, contrairement au Canada ou aux pays du nord de l'Europe, la majorité des personnes ayant une déficience intellectuelle vit ou travaille en institution. Cette situation n'a pas empêché les institutions de s'ouvrir sur la cité. Les vingt dernières années furent ainsi marquées par une volonté de rendre les personnes accueillies davantage actrices de leur vie. Les projets personnalisés réalisés avec elles et leur entourage ont largement contribué à favoriser l'autodétermination dans différents domaines de la vie (formation, loisirs, travail, vie quotidienne, etc.) et à développer leur «*empowerment*» individuel[1]. Toutefois, la place attribuée au développement de l'«*empowerment*» collectif au sein de ces institutions mérite un questionnement.

Ce chapitre présente une recherche qualitative et participative qui a analysé pendant trois ans les groupes d'expression mis en place en milieu socio-éducatif dans les régions de la Suisse francophone.

Un livre en décrit la démarche et les résultats de manière plus détaillée (Masse, Delessert, Dubath, 2016). Par groupe d'expression, nous entendons toute réunion ayant une certaine régularité, qui est proposée par l'institution socio-éducative, que ce soit en milieu résidentiel ou de travail, et qui regroupe au moins trois résidants ou travailleurs afin de leur permettre de s'exprimer et d'entendre l'expression des autres participants. Cette démarche visait à dresser une typologie de ces groupes et à mieux comprendre, parmi les multiples groupes d'expression repérés, lesquels sont les plus aptes à favoriser l'«*empowerment*» collectif, à savoir l'articulation et le passage de la participation individuelle à la participation collective, jusqu'à la participation représentative.

Après un bref retour sur le contexte suisse et les concepts qui ont guidé la démarche, nous présentons les groupes observés et les institutions qui les ont créés puis, nous décrivons des dimensions du fonctionnement de ces groupes (compétences communicationnelles nécessaires à la participation; forme et contenu des débats; animation) qui permettent de mieux saisir le type d'«*empowerment*» qui y est présent. Nous analysons ensuite d'autres caractéristiques des groupes observés qui nous ont permis d'en dresser une typologie.

En conclusion, nous avançons quelques recommandations afin de mieux articuler parole individuelle et collective, puis représentative au sein de ces groupes.

Le contexte juridique et politique en suisse concernant les personnes en situation de handicap

Comme la plupart des États, la Suisse a opéré une profonde évolution dans sa manière de considérer les personnes en situation de handicap, tant au niveau de sa législation qu'au niveau de sa mise en œuvre dans les politiques publiques. Cette évolution est inspirée du droit international, qui considère ces personnes comme vulnérables et nécessitant une protection particulière, à l'instar des personnes âgées, des chômeurs, des veuves et des malades, comme cela apparaît dans la Déclaration universelle des droits de l'homme (ONU, 1948). Plus tard, dans l'article 4 de la Déclaration des droits du déficient mental adoptée par l'Assemblée générale des Nations unies (ONU, 1971), elles seront décrites comme des personnes qui devraient jouir des mêmes droits civils que les autres et, lorsque cela est possible, participer à différentes formes de vie communautaire. Enfin, ce n'est qu'au début de ce siècle, avec la Déclaration de Madrid adoptée en 2002, sous l'égide de l'Union européenne, puis dans la Déclaration de Montréal sur la déficience intellectuelle (Organisation mondiale de la Santé [OMS], 2004), que l'on tiendra compte du fait qu'il ne suffit pas de proclamer que les personnes en situation de handicap sont des citoyens comme les autres, pour les faire sortir de l'invisibilité sociale et politique, dans laquelle elles ont été placées durant des siècles. Les États, s'ils veulent réellement permettre à cette population d'accéder à une citoyenneté active, doivent prendre des mesures positives pour favoriser leur inclusion sociale, scolaire et professionnelle en s'attaquant aux barrières physiques et symboliques auxquelles elles sont quotidiennement confrontées. C'est dans cet esprit qu'en 2008, 60 ans après la Déclaration universelle des droits de l'homme, est entrée en vigueur la Convention relative aux droits des personnes handicapées (CDPH). Cette convention prévoit, à l'article 29, la participation à la vie politique et à la vie publique, et enjoint les États Parties « à faire en sorte que les personnes handicapées puissent effectivement et pleinement participer à la vie politique et à la vie publique sur la base de l'égalité avec les autres, que ce soit directement ou par l'intermédiaire de représentants librement choisis ».

À l'instar du droit international, le droit suisse a longtemps considéré la personne en situation de handicap comme une personne à protéger, notamment en introduisant une assurance invalidité en 1960. C'est seulement en 2000, après plusieurs interventions parlementaires, qu'un projet de loi sur l'élimination des inégalités frappant les personnes en situation de handicap (LHand) a été soumis en consultation. Ce texte impose aux propriétaires de bâtiments et aux exploitants de transports publics, des mesures actives pour leur accessibilité. Les milieux de défense des personnes en situation de handicap considèrent que ce projet ne va pas assez loin et lancent alors une initiative populaire « Droits égaux pour les personnes handicapées », qui inclut notamment des mesures plus contraignantes dans différents domaines comme la scolarité, le travail, la formation et les loisirs. Toutefois, cette initiative est estimée trop onéreuse et elle est combattue par le gouvernement, le parlement et les partis conservateurs. Elle est refusée le 18 mai 2003 par 62.3 % des votants. C'est finalement la LHand, beaucoup moins incitative, qui entre en vigueur le 1er janvier 2004. Durant cette même année, le peuple et les cantons ont accepté une réforme de la répartition des tâches entre les cantons et la Confédération (RPT), qui transfère aux cantons toutes les prestations destinées à la construction et à l'exploitation d'institutions visant à procurer un logement et un travail aux personnes en situation de handicap, alors que ces compétences étaient jusque-là assurées par la Confédération. Ce transfert de prestations dépasse les enjeux financiers. Il s'accompagne d'un transfert de compétences qui permettra aux 26 cantons de mener leur propre politique en matière d'intégration des personnes en situation de handicap.

En 2014, la Suisse a adhéré à la CDPH, soit sept ans après le Canada qui l'a fait, dès l'ouverture des signatures. Ce retard s'explique en partie par le chantier législatif et politique initié par la RPT, dont l'achèvement était indispensable pour engager internationalement la Confédération qui n'était plus compétente en la matière. Avec cette adhésion, la Suisse s'engage pour la première fois à mener une politique active afin que les personnes en situation de handicap puissent effectivement et pleinement participer à la vie politique et à la vie publique sur la base de l'égalité avec les autres, conformément à l'art. 29 de la CDPH. Cet engagement doit cependant être relativisé pour deux raisons. Premièrement, la Suisse estime que cette adhésion n'implique, ni l'adoption de nouvelles lois, ni de nouvelles mesures de la part des cantons. Autrement dit, la législation actuelle et sa mise en œuvre, seraient suffisantes pour garantir ces droits. Dans les faits, cela est loin d'être le cas, puisqu'aucune disposition n'oblige les institutions à mettre en place des dispositifs favorisant la citoyenneté et la parole collective, alors que la France et la Belgique, pour ne prendre que les pays francophones européens, ont rendu obligatoires les conseils de vie sociale et autres conseils d'usagers. Deuxièmement, la Suisse n'a pas l'intention de ratifier le protocole additionnel permettant aux personnes en situation de handicap de se plaindre d'une violation de la CDPH, auprès du Comité des droits des personnes handicapées, ce qui en limite fortement son utilité pour les justiciables.

À lire ce qui précède, on pourrait penser qu'en l'absence de base légale effective, et compte tenu des disparités cantonales en matière d'intégration, la Suisse n'est pas prête à garantir à l'ensemble des personnes en situation de handicap résidant sur son territoire, une mise en œuvre efficace et surtout égalitaire de la CDPH. Cependant, il ne faudrait pas conclure que rien ne se fait dans les institutions suisses en matière de groupes d'expression, parce qu'aucune disposition légale ne les y oblige. Cela donne l'opportunité aux institutions d'expérimenter sans contrainte ni balise, et favorise la création d'espaces d'expression très diversifiés, tant par les concepts qui en sont à l'origine, que par l'étendue des compétences qui leur sont accordées. Pour finir, il ne faudrait pas négliger la tradition de démocratie semi-directe qui influence inévitablement les politiques publiques dans ce pays. L'initiative populaire et le référendum font partie des traditions politiques de la Suisse, si bien que les chercheurs ont choisi d'analyser le contenu de ce qui est échangé dans les groupes d'expression observés, à l'aune de ces processus politiques.

Le contexte juridique suisse nous livre ici l'un de ses paradoxes dont il a le secret. D'une part, la méfiance des règles contraignantes, qui pourraient porter atteinte au fédéralisme ou à la démocratie directe, maintient les personnes en situation de handicap dans une invisibilité juridique ne leur permettant pas réellement de revendiquer les droits fondamentaux dont ils sont pourtant titulaires. D'autre part, ce cadre légal, qui donne néanmoins des orientations sans imposer leur mise en œuvre, permet de développer librement des groupes d'expression et des expériences participatives au sein des institutions qui accueillent des personnes en situation de handicap, et ces expériences sont une manière de lutter contre l'invisibilité. Cette recherche offre aussi l'occasion aux institutions participantes de mutualiser leurs expériences de groupes d'expression.

Les concepts qui ont permis les changements dans l'accompagnement des personnes en situation de handicap

L'autodétermination et l'«*empowerment*»

Dans le domaine du handicap, c'est Nirje (1972) qui emploie en premier le terme d'autodétermination concernant la situation singulière d'une personne en situation de handicap :

> « *Une des facettes majeures du principe de normalisation est de créer des conditions par lesquelles une personne handicapée expérimente le respect normal qui est dû à tout être humain. Pour cela, les choix, les souhaits, les désirs, et aspirations doivent être pris en considération [...]. En cela, la route de l'autodétermination est, à la fois, la plus difficile et la plus importante pour une personne handicapée* » (p.176-200).

L'évolution des représentations sur le handicap et des droits des personnes vivant avec une déficience intellectuelle amène à donner une place prépondérante dans leur accompagnement à leur citoyenneté. Elle incite les institutions à revoir leurs prestations de telle sorte que les résidants[2] et travailleurs bénéficient de nombreuses occasions pour développer leur autodétermination et leur participation sociale dans différents domaines de leur vie (loisirs, vie associative, travail, politique, etc.).

Plusieurs auteurs (Lachapelle et Boisvert, 1999; Haelewyck et Lachapelle, 2003 ; Wehmeyer, Lachapelle, Boisvert, Leclerc et Morrissette, 2001) définissent l'autodétermination comme le pouvoir d'agir sur sa vie, de se déterminer sur sa qualité de vie en prenant les décisions importantes la concernant. L'autodétermination impliquerait un double processus, d'une part une prise de pouvoir individuelle par la personne sur sa propre vie et ses conditions de vie, et d'autre part, la mobilisation des ressources autour et dans son environnement (famille, institution, professionnels, amis, société, politique, ressources financières) pour susciter les modifications attendues. À l'instar de Ninacs (2008), nous nommerons ce processus «*empowerment*» et en distinguerons deux composantes : l'une individuelle et l'autre collective. Dans le champ du handicap, nous constatons que le terme d'«*empowerment*» individuel serait le plus souvent synonyme de celui d'autodétermination. Il inclut des capacités que la personne doit développer afin qu'elle puisse mobiliser ses ressources personnelles et celles de son environnement.

Dans l'accompagnement des personnes en situation de handicap, l'«*empowerment*» collectif reste abordé de façon exceptionnelle et surtout associé à une dimension politique (Tremblay et Pigeon, 2004; Tremblay, 2006; Tremblay et Lachapelle, 2006), il est aussi mentionné dans un contexte militant, par exemple au sein de l'association People First[3]. L'«*empowerment*» collectif apparaît comme une étape complémentaire qui renforce l'«*empowerment*» individuel. Pour Ninacs, l'«*empowerment*» communautaire renvoie à un état où la communauté est capable d'agir en fonction de ses propres choix et où elle favorise le développement du pouvoir d'agir de ses membres » (Ninacs, 2008, p.39). Les compétences à développer se rapportent à l'exploitation des forces du milieu en mettant les compétences de chacun au service du groupe. De cette manière, les membres du groupe s'entraident afin de progresser vers des buts et objectifs communs favorisant leur mieux-être. Il existe un va-et-vient entre l'«*empowerment*» collectif et l'«*empowerment*» individuel. Un milieu favorisant l'«*empowerment*» communautaire contribuera d'autant plus à l'«*empowerment*» individuel de ses membres.

Cette démarche de recherche, menée dans 47 institutions en Suisse romande, analyse l'«*empowerment*» collectif développé par les personnes adultes ayant une déficience intellectuelle lors de leur participation à des espaces d'expression.

La citoyenneté

La participation individuelle et collective d'une personne à sa vie et à celle de sa communauté nous amène à introduire le concept de citoyenneté qui y prend tout son sens. Parmi les nombreuses définitions de la citoyenneté, nous retenons celle de Weinstock (2000), car elle met bien en évidence trois dimensions du concept :

1. Un statut juridique : par opposition au simple résident, le citoyen est porteur de certains droits et responsabilités.
2. Un certain nombre de pratiques : est citoyen celui qui participe à la vie des institutions politiques et au façonnement du bien commun.
3. Un pôle identitaire : cette dimension est pleinement réalisée lorsque le statut de citoyen a une importance subjective pour l'individu (p. 16-17).

Si l'on applique cette définition aux personnes ayant une déficience intellectuelle, on peut dire que leur statut juridique de citoyen est théoriquement acquis, grâce aux législations internationales et nationales qui obligent désormais les États à mettre en place des politiques permettant à ces personnes d'exercer leurs droits et de comprendre leurs responsabilités. Toutefois, cette acquisition se heurte à des obstacles. Comme le souligne Servière (2006) :

« L'accès à la citoyenneté des personnes en situation de handicap mental dépasse la simple mise en œuvre de leurs droits. Nous constatons qu'il ne suffit pas de mettre en présence les conditions de reconnaissance d'un sujet de droit. Cette dernière semble interroger une nouvelle forme de positionnement social, fait de choix et de responsabilités. C'est une démarche aux multiples conséquences, bouleversant, certes, les représentations sociales des professionnels et celles de leur entourage, mais aussi les propres représentations des personnes accueillies » (p.36).

L'application des principes d'autodétermination peut jouer un rôle essentiel afin que ces choix et ces responsabilités soient au maximum exercés par la personne elle-même, et non plus par son représentant légal ou institutionnel. Il s'agit ici du domaine de la participation individuelle par exemple : faire valoir ses droits à l'intégrité physique et psychique, le libre choix des relations personnelles, le droit à la formation et au travail...

La pratique citoyenne, même si l'on réduit la vie politique à celle de l'institution et de son environnement (quartier, lieu de travail...), suppose une participation collective des personnes à la création d'une identité collective, dans laquelle on aura nécessairement laissé une partie de ses choix personnels. C'est l'apprentissage du consensus, de l'acceptation de l'opinion majoritaire, de la nécessité de se mettre à la place de l'autre, de s'intéresser à des sujets qui ne sont pas prioritaires pour la personne. Le pôle identitaire est atteint, lorsque les personnes déficientes intellectuelles sont conscientes de leurs particularités et de leurs droits, qu'elles se reconnaissent et s'identifient en tant que minorité unie par les mêmes préoccupations et les mêmes droits subjectifs à faire valoir pour améliorer leur situation. C'est le « pour nous tous » de Hansotte (2008), et c'est ce que Habermas (1998) définit comme le « patriotisme constitutionnel », à savoir une référence non pas à un État-nation qui repose sur une identité nationale, mais à une identité culturelle commune de personnes qui partagent et exercent les mêmes droits subjectifs. Le pôle identitaire se réalise lorsqu'il y a participation représentative, à savoir lorsque la personne porte le bien commun, le représente auprès d'instances de concertation institutionnelles, au sein d'associations, voire d'instances politiques. Cette participation suppose non seulement que la personne défende le bien commun au détriment parfois de ses intérêts individuels, mais qu'elle comprenne également que cet acte fait avancer la collectivité qu'elle représente, et qu'elle trouve ainsi une satisfaction personnelle en termes de reconnaissance et d'«*empowerment* psychologique », pour reprendre les concepts de Wehmeyer et Lachapelle (2006).

Ainsi, les trois dimensions de la citoyenneté sont également des étapes à la réalisation de ce concept pour les personnes ayant une déficience intellectuelle[4]. Ces étapes sont cumulatives et interactives, et non successives, dans la mesure où la participation collective renforce, et non remplace, la participation individuelle. De même, la participation représentative améliore l'estime de soi nécessaire pour l'exercice de la participation individuelle et collective, si bien que les va-et-vient entre les étapes sont constants.

Si, dans notre recherche, le concept d'«*empowerment*» est souvent associé à celui de citoyenneté, c'est parce que le premier est un processus qui permet à la personne d'accéder aux différents stades du second. Ainsi une démarche d'«*empowerment*» individuel permet à la personne de se percevoir comme sujet de droit et de responsabilités, puis l'«*empowerment*» collectif l'incitera à exercer ses droits pour elle-même, mais également pour la communauté.

Citoyenneté et participation

La démocratie participative, également nommée démocratie délibérative, s'est développée dans les années 1960 en réaction à la démocratie représentative (Bacqué et Rey, 2005; Blondiaux et Sintomer, 2009). Elle apparaît suite à un constat des limites de la représentation du peuple par des experts élus, qui empêche tout un chacun de participer aux débats et d'exprimer son opinion sur les sujets et décisions à prendre. La démocratie représentative instaure une distance entre la base et les élus.

Certains auteurs ont tenté de décrire la participation qui s'instaure dans les processus de démocratie participative. Ainsi, Arnstein a développé, en 1969, une première échelle de participation. Celle-ci définit huit échelons regroupés en trois catégories. Les deux premiers échelons, formant la catégorie de la non-participation, sont ceux de la manipulation et de la thérapie, où le but est d'éduquer et de traiter la pathologie des participants. Puis viennent les échelons de l'information, de la consultation et de la réassurance, qui forment la catégorie de la coopération symbolique, où l'accent est surtout mis sur la transmission des règles établies par l'autorité aux participants, mais ceux-ci peuvent être invités à donner leur avis, sans que cet avis engage celui qui le recueille. Pour finir, les échelons du partenariat, de la délégation de pouvoirs et du contrôle citoyen, forment la catégorie du pouvoir effectif des citoyens, où la participation prend tout son sens. Dans cette catégorie, le pouvoir peut être négocié avec des groupes de participants, certaines tâches entièrement déléguées, ou le processus entièrement confié aux citoyens qui le gèrent de A à Z.

Le rapport particulier qu'entretiennent les personnes ayant une déficience intellectuelle avec les institutions qui les accueillent n'est certes plus aussi totalitaire que le décrit Goffman (1968); ces dernières jouent cependant un rôle bien plus important dans le développement de l'«*empowerment*» et de la citoyenneté que celui qu'entretiennent les citoyens « ordinaires » avec les différents services étatiques qui n'ont que peu ou pas de liens entre eux, et sur lesquels la société civile exerce souvent une surveillance citoyenne. Comme le mentionne Ebersold (2009) :

> *« Il appartient ainsi aux institutions d'être des espaces d'affiliation soucieux de la contribution des individus à l'édification de la société et transformer à ce titre le citoyen abstrait des lois et des textes administratifs en un usager percevant concrètement sa condition de citoyen »* (p.62).

La démarche de recherche

Questions de recherche

Cette recherche (Masse, Delessert & Dubath, 2016) vise à répondre à deux questions :

- La première est : quels sont les types d'espaces collectifs d'expression mis en place au sein des institutions en Suisse romande?
- La deuxième est : parmi les formes d'espaces collectifs d'expression repérées, lesquelles sont les plus aptes à favoriser l'*«empowerment»* collectif, à savoir l'articulation et le passage de la participation individuelle à la participation collective, puis à la participation représentative?

Méthodologie et déroulement

La recherche est divisée en deux phases.

La première phase a permis de faire une recension des groupes d'expression et d'en dresser une première typologie (Masse, Delessert et Dubath, 2011). Elle repose sur un questionnaire envoyé aux institutions romandes (N=47) offrant des prestations d'hébergement et, ou d'occupation à environ 7 000 adultes ayant une déficience intellectuelle (DI).

La deuxième phase de la recherche (Masse, Delessert, Dubath, 2013) a permis d'approfondir et de préciser cette typologie à partir d'une analyse qualitative de groupes d'expression, réalisée dans les quatre institutions où se réunissent ces groupes, et de vérifier lesquels sont les plus aptes à favoriser l'«*empowerment*» collectif, à savoir, selon les définitions de Hansotte (2008), l'articulation entre la participation individuelle (parole en « Je »), la participation collective (parole en « Nous ») et la participation représentative (parole en « pour nous tous »).

Le choix des quatre institutions s'est opéré en tenant compte de trois critères, typologique, géographique et historique, à partir de l'échantillon d'institutions de la première phase de l'étude. Les méthodes de recueil du corpus de la deuxième phase ont été celles de l'observation de deux séances de chaque groupe, suivie d'entretiens collectifs des membres des groupes, de leurs animateurs et des directions. Pour l'entretien avec les personnes en situation de handicap, nous les avons réunies sans les animateurs, puis nous leur avons fait écouter des extraits sonores de la première séance afin qu'elles réagissent et commentent ces extraits. Pour la deuxième phase de l'étude, les participants à la recherche sont répartis en 12 groupes d'acteurs qui totalisent 68 personnes, soit 43 personnes en situation de handicap, 12 professionnels et 13 membres des directions.

Les institutions participantes

Les institutions dans lesquelles nous avons mené la deuxième phase de la recherche sont assez représentatives de celles que l'on trouve le plus communément en Suisse romande : de taille moyenne à grande[5] et surtout situées en campagne.

L'institution A

Cette institution située dans le canton de Vaud comprend des écoles, des résidences et des ateliers pour adultes, elle a ouvert ses portes en 1977. Aujourd'hui, elle est au service d'environ 600 personnes en situation de handicap, dont environ 250 adultes, reçus quotidiennement dans 30 lieux différents de 13 communes vaudoises, et encadrés par près de 400 collaborateurs. Son site principal se trouve en périphérie d'une ville de 130 000 habitants.

Trois types d'espace collectif d'expression sont présents dans cette institution : les colloques des résidants, axés sur le vécu au sein des résidences, qui ont lieu mensuellement; les colloques hebdomadaires d'ateliers, plus informels, où s'échangent autant des vécus du week-end ou de la semaine, que des questions organisationnelles liées à l'activité de travail; et les trois groupes « donner son avis » qui permettent de débattre de sujets liés à la vie institutionnelle (préparation d'une fête, départ d'un résidant, invitation, menus des repas, etc.), qui ont lieu semestriellement. C'est l'un de ces groupes que nous avons observé.

L'institution B

Cette institution se présente sous la forme d'un village, avec des habitations, des ateliers dans lesquels travaillent les Villageois[6] (poterie, menuiserie, tissage, etc.), des installations sportives, des commerces et une exploitation agricole. Elle a été créée en 1960 de par la volonté d'une association de parents et d'amis, afin de contribuer à l'intégration sociale et économique de personnes en situation de handicap. Cette institution accueille actuellement 115 Villageois et 15 Compagnons[7], encadrés par 165 collaborateurs, dans 17 lieux de vie. Les résidants sont âgés de 18 ans à plus de 65 ans, et leurs problématiques principales, outre la déficience intellectuelle, sont les troubles du comportement et les troubles du spectre de l'autisme.

Les structures participatives de l'institution B sont le Conseil des Villageois et Compagnons qui est composé de neuf membres élus tous les deux ans – que nous avons observé plus particulièrement dans le cadre de cette recherche –, avec son Bureau (quatre membres) et ses Commissions de travail (environnement; culture, sports et loisirs; citoyenneté). L'Assemblée des Villageois et Compagnons est composée de tous les Villageois et Compagnons, elle se déroule dans la Mairie deux fois par année. La Mairie, lieu symbolique où s'exerce la vie participative du village, possède son propre bâtiment.

L'institution C

L'institution C est sise dans un château dans la campagne vaudoise. Elle a été créée en 1946 selon des préceptes anthroposophiques (Steiner, 1923), et recevait alors des enfants ayant une déficience intellectuelle. En 1988, elle devient une Fondation de droit privé, et dès 1994, elle n'hébergera plus que des adultes. Au moment de la recherche, l'institution accueille 80 personnes, dont quatre externes. Une ferme attenante au bâtiment principal a été inaugurée en 2006. C'est un lieu de vie, de travail et de culture, visant l'épanouissement des adultes accueillis : les résidants sont âgés de 18 ans à plus de 65 ans, et leurs problématiques principales, outre la déficience intellectuelle, sont les troubles psychiques et les troubles du comportement. Il existe différents lieux d'expression dans cette institution : les colloques de résidants ont lieu par maison; les Ouvertures sont des séances pour débuter la semaine; le Groupe Écoute est un lieu d'expression libre; la Plénière regroupe tous les membres de l'institution; le Conseil des Résidants est un organe représentatif qui peut créer des commissions de travail. Nous avons observé le Conseil des Résidants.

L'institution D

C'est en 1967 que s'est créée cette institution, à l'initiative des parents de personnes mentalement handicapées, soutenus par l'État de Neuchâtel. Elle accueille environ 550 personnes enfants et adultes répartis dans divers lieux de formation, de travail et d'hébergement.

L'institution se compose d'un siège principal et de 25 sites répartis sur l'ensemble du canton proposant des prestations. Cette institution emploie environ 480 collaborateurs et une centaine de remplaçants et stagiaires. Cette recherche se déroule plus particulièrement dans un foyer urbain, en ville de Neuchâtel, dont les bénéficiaires adultes, au nombre de 12, ont un niveau d'indépendance relativement important et bénéficient d'un accompagnement quotidien afin de développer leur autonomie. Ce foyer est situé dans un immeuble locatif comprenant 3 étages; il est situé en centre-ville. Dans l'ensemble de l'institution, nous avons recensé 13 types d'espaces d'expression. Au sein du foyer urbain existent deux espaces d'expression : soit le Comité des résidants que nous avons observé et qui regroupe tous les résidants du foyer, il s'articule avec un colloque de résidants par étage.

Résultats de la recherche

Nous présentons dans cette partie quelques résultats émanant des deux phases de la recherche. Pour le lecteur intéressé, un ouvrage à paraître décrira l'ensemble des résultats de cette recherche.

Comprendre l'articulation entre une parole en « Je » et une parole en « Nous »

La deuxième phase de la recherche nous a permis de suivre les groupes décrits, afin de répondre à notre deuxième question de recherche. De plus, l'analyse de ces données a contribué à étoffer une typologie élaborée à partir de l'ensemble du corpus de données des deux phases de l'étude. Cette typologie identifie cinq catégories de groupes participatifs intitulés : de reproduction politique, associatif, de satisfaction, de développement personnel et d'organisation de vie, que nous présentons plus loin. Les observations des groupes et les entretiens réalisés à leur suite nous ont permis d'identifier des facilitateurs et des obstacles à l'articulation entre une parole en « Je » en « Nous » et en « Pour nous tous », au sein de ces groupes. Pour identifier cette articulation dans les séances observées, les chercheurs ont établi des diagrammes de communications qu'ils ont remplis en temps réel, et qu'ils ont comparés a posteriori, avec les enregistrements audio de la séance, afin d'en retrouver la dynamique dialectique. Cette méthodologie s'est avérée efficace pour l'analyse d'une séance d'un groupe d'expression, mais prenait peu en compte la dimension temporelle, la durée nécessaire pour que ces mécanismes d'allers-retours de l'individuel au collectif s'instaurent à l'intérieur du groupe. Cette articulation se trouve encore à l'état embryonnaire dans deux des groupes les plus récents, ce qui nous amène à émettre l'hypothèse de l'importance de la durée dans le développement d'une identité de groupe.

Cependant, il s'avère également que la parole en « Nous » est peu développée dans les deux groupes les plus anciens et que la parole en « Pour nous tous » se trouve quasi inexistante dans les quatre groupes observés. Trois éléments ressortent pour expliquer cette survalorisation de la participation individuelle dans ces espaces collectifs d'expression. Il s'agit de développer chez les participants des compétences communicationnelles pour permettre une expression collective, puis de bien choisir les thèmes abordés et la manière de les traiter, et enfin d'acquérir les compétences requises pour animer des groupes favorisant une expression collective.

Le développement de compétences communicationnelles et les occasions de les exercer

L'expression collective suppose l'acquisition de compétences individuelles particulières, telles que l'expression orale, la compréhension et le respect du discours de l'autre ou l'acquisition des conduites sociales nécessaires à la participation en groupe. Ces compétences spécifiques peuvent s'acquérir tant de manière individuelle que collective, mais elles ne se développent que lorsque différentes occasions permettent de les exercer en situations réelles de groupe, dans et hors de l'institution.

Nos observations mettent en exergue que seules certaines institutions ont développé parallèlement différents groupes dans lesquels ces compétences sont travaillées, ce qui facilite la participation collective au sein du groupe observé. Ces groupes parallèles (commissions, groupe d'écoute, comité de rédaction du journal interne, assemblée, cours, etc.), rattachés à celui observé, facilitent l'acquisition de compétences chez le participant. De plus, pour certaines personnes, un accompagnement individuel et des aides à la communication seront nécessaires en complément.

Le choix des thèmes et la manière de les traiter
La manière d'introduire et de traiter les sujets au sein des quatre groupes observés ainsi que l'opportunité de décider collectivement limitent une expression de la parole en « Nous » et favorisent l'expression individuelle. Nous avons pu identifier certains mécanismes qui illustrent notre propos, notamment :
- Les sujets amenés par les institutions ne nécessitent pas de décision ou de recommandation de la part du groupe. L'animateur recueille plutôt des avis exprimés par chacun des membres successivement. Les questionnements appellent un nombre illimité de réponses (par exemple faire des propositions pour la fête de l'institution ou le recours à la boîte à idées), ce qui dispense le groupe de se déterminer sur l'une ou l'autre des réponses à donner.
- Les propositions qui viennent des institutions appellent un nombre limité de réponses, telles que le choix d'une destination pour une sortie récréative, alors que le groupe ne dispose pas des informations qui lui permettraient de se prononcer sur le fond, à l'issue d'un débat qui ne peut s'instaurer faute de renseignements suffisants transmis et par manque d'analyse des options possibles.
- L'absence de proposition binaire de la part des institutions limite la prise de décision sous forme de votation et surtout la

confrontation du groupe au phénomène de majorité et de minorité, qui reste difficile à comprendre pour la plupart des membres.

- Toute proposition individuelle est traitée comme s'il s'agissait d'une proposition du groupe. Elle est transmise directement à la direction alors même que le groupe n'a pas débattu ni ne s'est prononcé à son sujet. L'analyse des propositions s'en trouve escamotée. Dans l'un des groupes observés, un membre a émis la proposition de goudronner le parking de l'institution, car il avait fait une chute peu de temps auparavant sur un parking en ville à cause de l'irrégularité de revêtement. Cette proposition n'a pas été discutée au sein du groupe, alors qu'aucun des membres n'a de véhicule. Elle a été transmise à la direction sans débat préalable.

D'autre part, le choix des thèmes abordés compromet le passage du collectif institutionnel à un collectif élargi s'étendant à la cité, le passage du « Pour Nous » au « Pour nous tous » ne dépasse pas le cadre institutionnel. Nous avons constaté que les thèmes abordés, qu'ils soient amenés par les membres du groupe (initiatives) ou par l'institution (référendums), sont principalement liés à la vie et, ou au travail dans l'institution, et très peu au « monde extérieur », comme si tout se jouait dans le vase clos institutionnel et cela malgré le fait que dans deux des groupes observés, les résidants habitaient hors de l'enceinte institutionnelle.

Les compétences requises pour l'animation des groupes

L'animation de ces groupes est assumée, la plupart du temps par des membres du personnel accompagnant qui ne disposent d'aucune formation spécifique ni de supervision pour tenir ce rôle.

La participation des personnes en situation de handicap au rôle d'animation est limitée, ces dernières prennent part à certaines fonctions de l'animation (lire les règles du groupe ou les points à l'ordre du jour, diriger le tour de parole). Elles occupent plutôt des fonctions de secrétariat (en duo avec l'animateur principal), ou exceptionnellement un rôle dans la trésorerie ou une représentation au sein d'instances tierces.

Les animateurs membres du personnel bénéficient, en règle générale, de peu de temps pour préparer cette activité, ce qui les amène à improviser une bonne part de l'animation in situ. De plus, attentifs à donner la parole à chacun, ils privilégient le tour de table qui permet à chaque membre de s'exprimer à tour de rôle. L'animateur recueille les points de vue des uns et des autres sans mise en débat. La parole se déplace des participants vers l'animateur, et ne circule pas entre les membres du groupe.

Comme nous l'avons mentionné précédemment, l'analyse, la mise en confrontation et les débats restent quasi absents des groupes observés.

D'autre part, ces animateurs peuvent se retrouver dans un conflit de loyauté entre les injonctions de l'institution et la volonté de développer le pouvoir d'agir du groupe : comment abandonner le contrôle sur le groupe, en donnant le leadership à ses membres?

La composition et la légitimité des groupes d'expression

Si l'on veut faire jouer aux groupes d'expression un rôle politique au sein de l'institution et dans la cité, il faut les doter d'une certaine légitimité, qui découle du mode de désignation de ses membres, et, qui va avoir une influence directe sur leur représentation et leur représentativité face à l'ensemble des personnes concernées.

Nous avons recensé, à partir de la littérature et d'expériences d'engagement dans des groupes, quatre modes de désignation des membres qui peuvent légitimer les groupes d'expression auxquels participent les personnes en situation de handicap.

Les modalités de désignation des membres et leur légitimité quant aux groupes observés sont analysées dans les catégories de la typologie finale présentées dans une prochaine section.

La légitimité basée sur un échantillonnage
C'est la légitimité que l'on retrouve dans les sondages d'opinion ou les recherches quantitatives en sciences sociales, qui postulent qu'un groupe restreint est le reflet du groupe social dont il est issu, selon les lois de probabilité des statistiques inférentielles. On peut choisir les membres du groupe restreint au hasard (c'est l'échantillonnage aléatoire simple), mais on peut également améliorer cette « correspondance » en choisissant des membres en proportion de leur représentativité du groupe dans son entier (proportion hommes-femmes, catégorie d'âge…) – c'est l'échantillonnage aléatoire stratifié.

Dans une logique d'échantillonnage, il n'est pas besoin de consulter les personnes ne faisant pas partie du groupe pour asseoir sa légitimité : celle-ci découle des formules de probabilités propres aux statistiques inférentielles qui permettent de connaître l'avis de l'ensemble des résidants et travailleurs de l'institution à partir de celui des groupes constitués, avec une marge d'erreur acceptable.

La légitimité basée sur la représentation
La légitimité basée sur la représentation est subordonnée au choix d'une communauté d'envoyer un ou plusieurs de ses membres pour les représenter au sein d'un groupe composé intégralement de personnes choisies par la même communauté. Pour Godbout (2004) :
> *« Le représentant est quelqu'un qui doit gouverner, prendre des décisions, quelqu'un qui doit représenter au sens de défendre. « Mon » représentant sera donc quelqu'un qui sera, éventuellement, différent de moi, idéalement mieux que moi. "Il nous représente bien, on n'a pas honte de lui"»* (p.98).

Dans le milieu institutionnel, il s'agira de choisir les personnes en situation de handicap qui vont représenter l'ensemble des personnes accueillies au sein de l'institution. Ce choix se fera inévitablement par une élection plus ou moins formelle, et le corps électoral appelé à se prononcer sera constitué de l'ensemble des personnes accueillies.

La légitimité basée sur la représentativité
La représentativité est une notion relative qui s'intéresse au degré de similitude entre la population et ses élus. Dès que l'on met des filtres dans une élection représentative, on agit sur la représentativité en l'augmentant (droit de vote accordé aux résidants étrangers, par exemple) ou en la diminuant (suffrage censitaire, inéligibilité des femmes…). Dans le cadre institutionnel, on parlera de légitimité basée sur la représentativité dès que le groupe d'expression doit obligatoirement être composé de représentants des différentes unités de l'institution, par exemple. La représentativité est cependant indissociable de la représentation en ce qui concerne la légitimité. Qui dit représentativité, dit consultation régulière des personnes représentées, afin que le représentant puisse parler au nom de la communauté qu'il représente, alors que dans un système de représentation sans représentativité, le représentant n'a pas de compte à rendre aux personnes qui l'ont élu avant les prochaines élections.

La légitimité basée sur la démocratie directe
Toutes les personnes accueillies au sein de l'institution font partie du groupe d'expression. C'est en quelque sorte la *landsgemeinde*[8] institutionnelle. Sa légitimité est absolue, puisqu'il n'y a ni représentation ni représentativité. Dans un contexte institutionnel, la *landsgemeinde* peut séduire les personnes ayant une déficience intellectuelle lorsqu'elle s'accompagne, à l'instar des *landsgemeindes* cantonales suisses, de rites et de coutumes auxquelles il est facile de s'identifier.

Typologie

La deuxième phase de la recherche nous a permis d'affiner la typologie que nous avions élaborée à partir des questionnaires envoyés aux institutions, dans la première phase. Cette typologie finale ne donne pas de classement des bonnes pratiques participatives : l'articulation entre une parole en « Je », en « Nous », puis en « Nous tous », pourrait se faire dans n'importe quelle catégorie décrite. Chacune d'elle présente des avantages et des inconvénients en termes de participation. Il reste aux institutions de faire évoluer leurs pratiques afin de :

> « *promouvoir activement un environnement dans lequel les personnes handicapées peuvent effectivement et pleinement participer à la conduite des affaires publiques, sans discrimination et sur la base de l'égalité avec les autres, et à encourager leur participation aux affaires publiques* » (art. 29 let. b, CDPH).

Les quatre groupes observés et les institutions qui les ont mis en place sont assez bien répartis dans cette typologie. Ils présentent en effet des caractéristiques principales que l'on peut mettre aisément dans quatre catégories différentes. Les frontières entre les catégories sont perméables, celles-ci décrivant des modèles qui ne sauraient circonscrire parfaitement les caractéristiques d'un groupe ou d'une institution.

Les groupes de reproduction politique

Les institutions qui mettent en place ce type de groupe essaient de reproduire une partie du système politique en leur sein. La reproduction consiste tout d'abord à considérer l'institution comme un système communautaire et bienveillant, constituant une entité administrative propre. Le village va souvent servir de référence, mais d'autres entités toponymiques, comme une ferme ou un château, peuvent également servir de référence. L'entité se dote ensuite des attributs économiques (magasins qui vendent les produits de l'institution) et politiques (assemblée de tous les résidants et/ou travailleurs de l'institution pour former la base électorale, instances représentatives élues par la base électorale) qui vont renforcer l'identification collective. Pour achever le processus de reproduction, on attribue des termes faisant référence à l'entité reproduite pour désigner les statuts des personnes et des instances créées : les résidants deviennent des villageois, des habitants ou des fermiers, les instances représentatives des conseils et le lieu où se déroulent les débats peuvent prendre parfois le terme de mairie.

Les groupes qui constituent l'instance représentative sont assez structurés, à l'image des parlements ou des conseils municipaux, dont ils imitent le fonctionnement. Des fonctions peuvent être attribuées, comme la présidence ou le secrétariat.

Le courant de pensée anthroposophique créé par Steiner (1894) est souvent à l'origine de ces groupes, mais bon nombre d'institutions dans lesquelles on les retrouve ne se réclament pas (ou plus) de l'anthroposophie. Les anthroposophes ayant été à l'origine de plusieurs institutions romandes accueillant des personnes adultes ayant une déficience intellectuelle, on peut faire l'hypothèse que les changements de courants de pensée institutionnels n'ont pas supprimé toutes les caractéristiques des courants précédents.

L'institution B et le groupe « Conseil des Villageois » se rattachent assez clairement à cette catégorie.

Les membres du groupe sont élus par la base électorale, et il y a parfois des campagnes en vue de l'élection. La légitimité est fondée sur la représentation. Les groupes issus de cette catégorie ont également une bonne légitimité sur le plan institutionnel : étant donné qu'ils sont l'un des maillons essentiels d'un système de reproduction démocratique voulu par l'institution, ils sont valorisés et apparaissent souvent en bonne place dans l'organigramme.

Certaines institutions mettent des conditions pour pouvoir se présenter à l'élection. Elles ont trait essentiellement aux capacités d'expression et de compréhension, ainsi qu'aux compétences relationnelles des candidats (savoir lire et, ou écrire, pouvoir s'exprimer clairement devant la base électorale, voire représenter les résidants et, ou les travailleurs à l'extérieur de l'institution). Ces conditions sont proportionnelles au rôle que l'institution entend faire jouer au groupe.

Ces groupes sont souvent bien structurés avec des fonctions précises attribuées (présidence, secrétariat, membres de commissions spécifiques). Ils se réunissent à fréquence rapprochée, avec un ordre du jour structuré et un procès-verbal de chaque séance.

L'animateur de ce type de groupe joue davantage le rôle de conseiller et de coach que celui de meneur des débats, car cette tâche échoit en général à un membre du groupe, et il en va de même pour le procès-verbal. L'animateur apporte les informations nécessaires aux prises de décision, conseille le groupe sur les stratégies à adopter pour faire avancer les propositions.

Le respect et le suivi par l'institution des décisions prises sont bons puisque l'institution valorise ce type de groupe. Il n'est donc pas dans son intérêt que les décisions prises ne soient pas traitées au niveau institutionnel.

Les groupes fédératifs

Nous avons choisi de nommer ainsi les groupes de cette catégorie, car leurs principales caractéristiques s'apparentent aux fédérations de la société civile qui sont des « associations de plusieurs sociétés, clubs, partis politiques, syndicats, groupes sous une autorité commune » (Le Nouveau Petit Robert, 2006). Les groupes d'expression fédératifs sont composés de personnes qui ont été désignées par une unité particulière de l'institution. Les groupes fédératifs garantissent à l'institution que les différentes catégories de bénéficiaires y sont représentées, ou du moins celles dont elle veut connaître l'avis.

Le Conseil des résidants mis en place dans l'institution C peut être placé dans cette catégorie. Il est composé d'un membre par lieu de vie (huit représentants) plus un membre secrétaire et un membre trésorier. Ce groupe est en quelque sorte le comité de la plénière des résidants qui regroupe toutes les personnes accueillies dans l'institution.

Alors que les groupes de reproduction politique sont principalement basés sur la représentation, les seconds le sont davantage sur la représentativité. Il s'agit de garantir que chaque unité de l'institution soit représentée au sein du groupe. La légitimité basée sur la représentativité suppose des retours réguliers auprès de l'unité qui a désigné son représentant, afin qu'elle puisse être informée de la teneur des discussions et prendre position sur les décisions à venir.

La désignation des membres du groupe n'est pas forcément issue d'une élection formelle. La proximité sociale au sein de l'unité qui sert de base électorale permet d'autres modes de désignation, et le choix peut être assez affectif puisque chacun des membres de l'unité connaît bien le candidat. Il n'y a donc pas forcément de conditions préalables à remplir pour être désigné.

S'agissant de groupes fondés sur le modèle fédératif, on y retrouve une organisation proche de celle des comités d'associations, avec les fonctions de secrétariat, de trésorerie, de présidence…Du fait de leur légitimité et de leur obligation de faire des retours à la base électorale, ces groupes sont bien structurés et se réunissent fréquemment.

C'est probablement dans cette catégorie que le rôle de l'animateur est le plus exigeant. Les niveaux de communication très différents des membres l'obligent à assurer la compréhension mutuelle en recourant à diverses méthodes d'aide à la communication. Il doit également s'assurer que les retours à l'unité de base se font bien, et que l'ordre du jour de la prochaine séance y a été discuté.

En raison de la forte légitimité institutionnelle de ce type de groupe, les décisions qui y sont prises sont en général bien suivies par l'institution. Toutefois, contrairement aux groupes de reproduction politique dont le modèle pousse naturellement à la production de décisions nécessitant une mise en œuvre, les groupes fédératifs ne prennent pas forcément beaucoup de décisions nécessitant un suivi institutionnel. Ceux-ci peuvent servir principalement de vecteurs d'informations montantes et descendantes entre l'institution et les personnes qui composent les unités représentées.

Les groupes de satisfaction
En Suisse, les institutions accueillant des personnes en situation de handicap sont soumises, comme l'essentiel des structures publiques – ou privées accomplissant des tâches publiques moyennant subvention – à des contrôles d'efficience et de qualité des prestations qu'elles offrent. L'adéquation de l'offre de prestations aux besoins des personnes accueillies doit ainsi pouvoir être vérifiée par des indicateurs, qui vont alimenter les rapports institutionnels, sur la base desquels vont se négocier les contrats de prestation entre l'institution et les pouvoirs des organes de subvention. Si les indicateurs quantitatifs sont importants dans le domaine du handicap (offre suffisante de prestations adaptées aux besoins des personnes en situation de handicap), les indicateurs qualitatifs permettent de vérifier si les prestations offertes respectent les droits et les aspirations des bénéficiaires. Les procédures de sondage de satisfaction des bénéficiaires de prestations se sont donc généralisées à tous les domaines de la société, qu'ils soient publics ou privés.

Il y a plusieurs manières de recueillir l'avis de bénéficiaires de prestations destinées aux personnes en situation de handicap (bilans individuels, boîte aux lettres...), mais créer des groupes de bénéficiaires dont la principale fonction est de recueillir la satisfaction de leurs membres quant aux prestations offertes, est un moyen efficace pour fixer et vérifier des indicateurs qualitatifs.

Bien que la recherche de la satisfaction des membres quant aux prestations offertes soit un but plus ou moins explicite, dans la plupart des groupes d'expression observés, le groupe « Donner son avis » mis en place dans l'institution A est celui qui répond le mieux à cette préoccupation.

La légitimité des groupes de cette catégorie est basée sur l'échantillonnage simple ou stratifié. Il s'agit de recueillir la satisfaction d'un nombre relativement important de bénéficiaires, afin que le degré de satisfaction des personnes sondées soit statistiquement représentatif.

La légitimité institutionnelle est assez faible. Les groupes de satisfaction peuvent être fortement valorisés dans les rapports avec les organes de subvention, notamment dans les procédures qualité. Par contre, ils seront peu valorisés à l'interne, puisqu'ils n'ont pas d'intérêt en tant que tel pour les membres, dans le sens que ce qui y est recherché n'est pas une reconnaissance de ses membres ou le développement d'une identité commune, mais plutôt leurs avis en matière de satisfaction.

La légitimité par échantillonnage est en principe aléatoire, donc n'importe quel bénéficiaire des prestations évaluées peut y participer. Lorsque l'échantillonnage est stratifié, il y aura évidemment des limites à l'entrée pour les catégories qui seraient surreprésentées.

Les membres des groupes de satisfaction ont peu d'autonomie. Ces groupes sont organisés et animés par le personnel qui fournit les prestations.

Les échanges dans les groupes de satisfaction fonctionnent par va-et-vient entre l'institution – représentée par les animateurs – et le groupe, puis remontent à l'institution par l'intermédiaire des animateurs. Ils n'ont pas pour vocation de traiter des sujets autres que ceux que l'institution veut bien mettre à l'ordre du jour. En conséquence, c'est le référendum qui est privilégié, et les initiatives n'y sont retenues que lorsqu'elles proposent une amélioration de la prestation sondée.

L'animateur tient l'ordre du jour et privilégie le tour de table, afin de recueillir l'avis de chacun. Il contextualise la question et peut ensuite être assez directif, car le but n'est pas l'échange de points de vue. En effet, la mise en commun et la socialisation de la satisfaction individuelle de chacun peut fausser le sondage, notamment lorsque des leaders d'opinion rallient les autres à leur point de vue.

S'agissant de simples sondages, l'institution n'a aucune obligation d'assurer de suivi, dans la mesure où aucune décision n'est vraiment prise. Un suivi indirect sera néanmoins pratiqué, car on voit mal l'institution ne pas réagir lorsque l'insatisfaction face à une prestation fournie est généralisée dans le groupe.

Les groupes de développement personnel

C'est la catégorie de groupes d'expression la plus représentée parmi les institutions qui ont rempli le questionnaire de la première phase de la recherche. C'est également la plus polymorphe. Elle rassemble en effet tous les groupes dont l'objectif premier est la progression personnelle des individus qui la composent. La mise en groupe et la recherche du bien commun ne sont pas considérées comme une finalité, mais comme un moyen socio-thérapeutique de développer les compétences relationnelles des participants. Les groupes de cette catégorie s'inspirent de la psychologie sociale, notamment des thérapies de groupe initiées par Lewin (1945), qui travaillent à la fois la relation du participant avec le thérapeute et les interactions de celui-ci avec les autres membres du groupe. Si certains groupes de cette catégorie sont clairement orientés sur la thérapie de groupe, d'autres penchent davantage vers le développement personnel, voire la formation élémentaire ou continue. Ils se distinguent cependant, par la relation forte et verticale entre l'animateur thérapeute-enseignant et les participants. Ces derniers visent, notamment au Québec, à faciliter l'inclusion des personnes ayant une déficience intellectuelle (Tremblay et Pigeon, 2004). Dans ces groupes, la relation entre l'animateur et les participants est plus horizontale, celui-ci étant généralement une personne également concernée personnellement par le thème du groupe.

Dans la mesure où ces groupes n'ont pas pour visée l'émergence d'une parole collective, mais favorisent plutôt l'expression d'une parole en « Je », nous n'avons pas observé de groupe appartenant spécifiquement à cette catégorie dans la deuxième phase de la recherche. Toutefois, les institutions dans lesquelles nous avons fait nos observations ont souvent mis sur pied de tels groupes en parallèle de ceux que nous avons observés.

Les groupes de développement personnel n'ont pas de légitimité à faire valoir, car ils ne représentent pas d'autres personnes et n'ont pas pour vocation d'émettre des propositions. Au niveau de la légitimité institutionnelle, ces groupes font partie du dispositif socio-pédagogique mis en place et feront l'objet d'une promotion interne plus ou moins importante selon qu'ils cherchent ou non de nouveaux membres.

De par leur origine thérapeutique ou de développement personnel, ces groupes fonctionnent en général sur le principe de la libre adhésion. Un engagement sur la durée peut être exigé, et la participation peut faire partie du projet personnel individualisé de la personne accueillie.

Ils n'ont pas d'organisation interne particulière; l'instauration de fonctions particulières ou d'organisation structurée pourrait fausser la dynamique du groupe.

L'animateur joue un rôle très important étant donné qu'il conduit un groupe dépourvu d'autonomie propre. La relation qu'il entretient avec les participants est primordiale et oscille entre le thérapeutique et le pédagogique, selon ses qualifications et la finalité du groupe.

Les groupes de développement personnel n'ont pas comme but de produire un contenu qui nécessiterait un suivi institutionnel particulier. Cependant, ce qui se dit dans ces groupes peut être une source d'informations très intéressante sur l'état d'esprit des personnes accueillies suivant les thèmes abordés, et pourrait alimenter la politique institutionnelle, sous réserve des règles d'éthique et de protection des données.

Les groupes d'organisation de vie collective
Ces groupes s'inspirent de manière plus ou moins directe de la pédagogie institutionnelle et de ses précurseurs comme Cousinet, Freinet ou Montessori, qui ont commencé à s'intéresser à la classe autant qu'aux élèves, en en faisant un lieu de coopération, où ces derniers trouvent non seulement entraide et solidarité, mais s'exercent à la prise de responsabilités. Dans les années 60, les politiques publiques en Suisse ont commencé à s'intéresser à l'éducation à la citoyenneté, à l'éveil au sens critique et au débat démocratique, domaines réservés jusque-là à la sphère familiale, hormis des cours de civisme présentant de manière abstraite le fonctionnement des institutions politiques. C'est dans ces mêmes années que la pédagogie institutionnelle est sortie de l'école pour inspirer les milieux socio-éducatifs.

Aujourd'hui, la plupart des institutions socio-éducatives ont instauré des lieux de participation où est discuté le quotidien et où, pour reprendre Habermas (1991), la discussion devient le procédé de validation des normes. Dans les institutions qui accueillent des personnes ayant une déficience intellectuelle, ces groupes sont axés sur le bien-vivre ensemble. Ils intègrent le plus souvent l'ensemble des résidants ou travailleurs d'un lieu d'hébergement, d'un même atelier ou les élèves d'une même classe. Les membres du groupe ne se sont pas choisis entre eux; toutefois ils se retrouvent ensemble dans le partage de tâches et de lieux communs.

Le Comité des résidants de l'institution D fait indéniablement partie de ce groupe. Il s'agit d'une réunion de toutes les personnes vivant dans la même unité décentralisée de l'institution, dans des appartements communautaires ou autonomes.

La légitimité des groupes d'organisation de vie collective repose sur la démocratie directe, puisque toutes les personnes concernées y participent. Il n'y a donc pas de représentation, et la représentativité y est absolue, car toutes les catégories de participants sont présentes dans la proportion idéale. Toutes les personnes bénéficiaires de la prestation qui fait l'objet du groupe sont membres de fait et se doivent d'y participer. Dans le Comité des résidants de l'institution D, cette présence est obligatoire, sous réserve d'excuses valables, mais cette obligation peut être plus ou moins respectée et contrôlée. Une participation totalement libre nuirait cependant à la légitimité du groupe, qui tendrait alors davantage vers l'échantillonnage et le groupe de satisfaction.

Ces groupes sont en général peu structurés, et n'ont pas besoin de l'être considérant les objectifs qu'ils se sont fixés.

À l'instar des groupes d'élèves dans les classes pratiquant la pédagogie coopérative, le contenu principal échangé dans ce type de groupe est « le travail à faire » et « la vie du groupe à organiser ». Les initiatives et les référendums y ont leur place, mais ceux-ci sont limités par le cadre imposé, ce qui n'empêche pas le groupe d'adopter des propositions concrètes qui ont une incidence sur la vie de l'unité.

L'animateur est garant du cadre des débats. La fréquence de ces groupes et leur histoire font que cette fonction échoit la plupart du temps à l'équipe socio-éducative. L'animateur est donc la personne qui mène les débats, mais également celle qui devra mettre en œuvre les propositions du groupe, avec ce que cela peut demander comme surcroît de travail.

Lorsque le cadre des débats est respecté, les propositions émanant du groupe ne remontent pas forcément très haut dans l'institution, car elles concernent des aspects institutionnels qui peuvent être suivis au niveau de l'équipe socio-éducative. Si des éléments doivent néanmoins remonter, l'institution se doit évidemment d'y donner suite. Lorsque l'institution a mis en place des groupes d'expression de reproduction politique ou fédératifs, l'animateur demandera au groupe de s'adresser à ces derniers, ce qui permet justement d'expérimenter et de développer des habiletés à traiter des affaires qui vont au-delà des groupes d'organisation de vie collective.

Conclusion

À l'issue de cette recherche, nous nous posons la question de savoir si les groupes d'expression observés ne pourraient pas représenter la « polis » chère à Arendt (1983), cette « organisation du peuple qui vient de ce que l'on agit et parle ensemble », et dont « l'espace véritable s'étend entre les hommes qui vivent ensemble dans ce but en quelque lieu qu'ils se trouvent » (p. 198), pour qui, est citoyen, celui qui quitte son domaine privé pour exercer la liberté politique avec ses pairs. La légitimité de ces groupes, fondée sur la démocratie directe, parle également en faveur de cette comparaison, même si dans la « polis » antique seuls les hommes citoyens exerçaient les droits politiques. Mais Arendt définit l'agora, à savoir l'espace politique créé dans la « polis », comme le lieu où s'exercent la parole (lexis) et l'action (praxis), dans une sorte de symbiose et d'immédiateté qui rend inutile tout procès-verbal. Autrement dit, la parole collective exercée dans l'agora se traduit immédiatement en action collective, et c'est là que la comparaison s'arrête. Car si une institution peut facilement libérer la « lexis » en ne mettant aucune limite aux échanges verbaux au sein du groupe, libérer la « praxis » reviendrait à supprimer la direction, ou à n'en faire qu'une instance de mise en œuvre des actions décidées dans le groupe d'expression.

L'application des concepts de Arendt aux groupes d'expression présentés dans cette recherche se heurte à un autre écueil : celui de la définition de l'espace public qui « ne peut pas se concevoir comme une institution, ni, assurément, comme une organisation » (Habermas, 1997, p.387) et qui, pour Arendt est symbolisé par l'agora qui convoque tous les citoyens de la « polis ». Une institution ne peut donc pas faire office d'espace public, car si elle organise et circonscrit ce qui se déroule à l'intérieur, elle n'est pas ouverte à tous; elle doit limiter la lexis et la praxis aux domaines qui sont de sa compétence.

Le dernier écueil qui mérite d'être soulevé nous vient du discours même des personnes qui forment ces groupes. Pour parler et agir dans un espace « entre les hommes » comme le décrit Arendt, il faut instaurer une dialectique qui permette de se comprendre. Or, la valorisation du « moi », initiée tout d'abord par l'introduction dans les institutions de projets personnalisés, puis prolongée dans les groupes d'expression observés par l'acceptation sans condition et sans discussion de la parole individuelle, ne permet pas (encore) de créer cet espace entre les hommes, dans lequel le sujet est amené à s'intéresser aux autres. Si certains membres sont dans cette dynamique, le discours d'autres membres procède au contraire d'un égotisme dans lequel « dire "je" ou "moi", c'est demander aux autres de s'intéresser à sa propre personne » (Descombes, 2014, 78). Malgré les réserves et questionnements énoncés, nous croyons que les groupes d'expression en milieu institutionnel, peuvent contribuer à développer la participation sociale des personnes qui y vivent et y travaillent et correspondre à un tremplin vers l'espace public élargi.

Même si cette recherche a permis de mettre en évidence diverses pratiques de groupes d'expression, elle montre la nécessité pour les institutions qui les proposent de les évaluer régulièrement, ainsi que d'en créer de différents types, en les articulant entre eux. Il faudrait qu'existe également des accompagnements qui favorisent le développement des compétences communicationnelles de chacun, afin qu'un plus grand nombre puisse y avoir accès et y participer activement. De plus, il apparaît indispensable que ces groupes s'ouvrent sur l'extérieur afin qu'ils ne contribuent pas à enfermer la population dans les murs clos de l'institution, mais au contraire contribuent à une participation sociale élargie.

À l'issue de cette étude, nous pouvons esquisser deux questionnements un peu plus polémiques à partir de nos constats.

Le premier est d'émettre des doutes sur l'intérêt des institutions à vraiment développer l'«*empowerment*» communautaire des personnes qu'elles accueillent. En effet, ne courent-elles pas le risque d'ouvrir une boîte de Pandore qui activerait des contre-pouvoirs difficilement maîtrisables dans la mesure où ils ont une certaine légitimité?

Le second concerne l'accueil que réserve la société à l'inclusion des personnes ayant une déficience intellectuelle dans les instances participatives déjà existantes. Les personnes y trouveront-elles l'accueil escompté? En ce sens, Gardou (2013) interroge la part prise par la société dans la participation des personnes en situation de handicap :

> « *Une société n'est pas un club dont des membres pourraient accaparer l'héritage social à leur profit pour en jouir de façon exclusive et justifier, afin de le maintenir, un ordre qu'ils définiraient eux-mêmes. Elle n'est pas non plus un cercle réservé à certains affiliés, occupés à percevoir des subsides attachés à une "normalisation" conçue et vécue comme souveraine; tentés de constituer une petite société à leur usage et de délaisser la grande* » (p. 28).

Notes

[1] Ce terme sera défini plus loin dans le texte.

[2] A l'instar de nombreuses organisations actives dans l'hébergement socio-éducatif ou médico-social, nous écrivons "résidant", qui désigne la personne qui habite dans une institution pour une plus ou moins longue durée, tandis que "résident" désigne plutôt une personne qui réside dans un pays étranger.

[3] Voir site internet de l'association. http://www.people-first.co.uk/about-us/

[4] Cette affirmation ne se vérifie pas forcément pour d'autres catégories de personnes : ainsi une personne clandestine obtenant sa régularisation pourra en même temps acquérir un statut juridique, s'engager activement dans la poursuite du bien commun, et trouver dans ces actions, satisfaction personnelle et reconnaissance identitaire.

[5] Nous appelons « grandes institutions » celles de plus de 200 personnes ; les « institutions de taille moyenne » accueillent entre 50 et 200 personnes. Les petites institutions reçoivent de 1 à 49 personnes.

[6] Les résidants de cette institution se nomment « les Villageois », en rapport avec sa forme d'organisation.

[7] Les Compagnons sont des personnes en situation de handicap travaillant dans l'institution, mais habitant à l'extérieur.

[8] La *landsgemeinde* est l'assemblée du corps électoral réunie pour décider à main levée sur les objets qui lui sont soumis par le pouvoir exécutif, ou en vertu des compétences qui lui sont conférées par la loi. C'est le système politique original de la Suisse au Moyen-âge, qui subsiste encore dans deux cantons.

Références

Arendt, H. (1983). *La condition de l'homme moderne*. Paris : Calmann-Lévy.

Arnstein, S. R. (1969). A Ladder of Citizen Participation. *Journal of the American Institute of Planners*, 35(4), 216-224.

Bacqué, M.-H. et Rey, H. (2005). *Gestion de proximité et démocratie participative*. Paris : La découverte.

Blondiaux, L. et Sintomer, Y. (2009). *L'impératif délibératif*. Rue Descartes 1(63), 28-38.

Descombes, V. (2014). *Le parler de soi*. Paris : Gallimard.

Ebersold, S. (2009). Capital identitaire, participation sociale et effet d'affiliation. Dans V. Guerdan, G., Petitpierre, J.-P., Moulin et M.-C.

Haelewyck (dir), *Participation et responsabilités sociales.* (p. 61-72). Berne : P. Lang.

Gardou, C. (2013). *La société inclusive parlons-en!* (1ère édition 2012). Toulouse : Erès.

Godbout, J. T. (2005) Pas de représentation sans représentativité? *Revue du Mauss,* 26, 90-104.

Goffman, E. (1968). *Asiles; Etudes sur la condition sociale des malades mentaux et autres reclus.* Paris : Éditions de Minuit.

Habermas, J. (1991). *De l'éthique de la discussion.* Paris : Édition du Cerf, coll. « Passages ».

Habermas, J. (1997). *Droit et démocratie. Entre faits et normes.* Paris : Gallimard.

Habermas, J. (1998). *L'intégration républicaine.* Paris : Fayard.

Haelewyck, M. C. et Lachapelle, Y. (2006). Comment soutenir l'adolescent en situation de handicap à construire son identité personnelle? Dans J.-P. Pourtois et H. Desmet (dir.), *La bientraitance en situation difficile : comment soutenir des enfants et des adolescents vulnérables* (p. 173-189). Paris : L'Harmattan.

Hansotte, M. (2008). *Les intelligences citoyennes : comment se prend et s'invente la parole collective.* Bruxelles : De Boeck.

Lachapelle, Y. et Boisvert, D. (1999). Développer l'autodétermination des adolescents en milieu scolaire. *Revue Canadienne de Psychoéducation,* 28, 23-29.

Lewin, K. (1945). The Research Center for Group Dynamics. *Sociometry,* (8), 126-136.

Masse, M., Delessert, Y. et Dubath, M. (2016). *Des espaces collectifs d'expression au sein des institutions socio-éducatives en Suisse romande : pour quelles participations?* Genève : Editions ies.

Ninacs, W.A. (2008). *Empowerment et intervention.* Québec : Presses de l'Université Laval.

Nirje, B. (1972). The right to self determination. Dans W. Wolfenberger (dir.), *Normalization: the principle of normalization.* (p. 176-200). Toronto : National institute of Mental Retardation.

Organisation des Nations Unies (1948). *Déclaration universelle des droits de l'homme proclamée le 10 décembre par l'Assemblée générale dans sa résolution 217A (III).*

Organisation des Nations Unies (1971). *Déclaration des droits du déficient mental proclamée le 20 décembre par l'Assemblée générale des Nations Unies dans sa résolution 2856 (XXXVI).*

Organisation mondiale de la Santé (2004). *Déclaration de Montréal sur la déficience intellectuelle.* Consulté le 26 juillet 2016 sur http://blogs.lexpress.fr/the-autist/files/2012/12/OMS-declaration-Montreal.pdf

Serviere, A. (2006). Être dépendant et vivre en institution : qui décide quoi? *Reliance*, 20, 35-42.

Steiner, R. (1894). *Die Philosophie der Freiheit Verlag, von Emil Felber, Berlin, 1894.* Traduction française : Sauerwein, A. (1923). Paris : P.U.F.

Tremblay, M. et Pigeon, C. (2004). De la reconnaissance du droit à l'élargissement de l'espace démocratique pour les personnes présentant une déficience intellectuelle. *Revue francophone de la Déficience intellectuelle*, 15, 133-141.

Tremblay, M. (2006). Droits humains, droit de Cité et droit de parole : l'autodétermination et la participation politique dans trois centres de services spécialisés en déficience intellectuelle. Dans H. Gascon, D. Boisvert, M.-C. Haelewyck, J.-R. Poulin et J.-J. Détraux, J.-J. (dir), *Déficience intellectuelle : savoirs et perspectives d'action. Tome 1. Représentations, diversités, partenariat et qualité.* (pp. 459-468). Québec : Éditions Presses Inter Universitaires.

Tremblay, M. et Lachapelle, Y. (2006). Participation sociale et démocratique des usagers à la planification et à l'organisation des services. Dans H. De Gascon, D. Boisvert, M.-C. Haelewyck, J.-R. Poulin, et J.-J. Détraux, (dir), *Déficience intellectuelle : savoirs et perspectives d'action. Représentations, diversités, partenariat et qualité. Tome 1.* (p.77-86). Québec : Éditions Presses Inter Universitaires.

Union européenne. (2002). *Déclaration de Madrid.* Consulté le 26 juillet 2016 sur http://gfph.dpi-europe.org/GfphEurope/Declaration DeMadrid2002.html

Wehmeyer, M. et Lachapelle, Y. (2006). Autodétermination proposition d'un modèle conceptuel fonctionnel. Dans H. De Gascon, D. Boisvert, M.-C. Haelewyck, J.R. Poulin et J.-J. Détraux (dir), *Déficience intellectuelle : savoirs et perspectives d'action. Représentations, diversités, partenariat et qualité. Tome 1.* (p.69-76). Québec : Éditions Presses Inter Universitaires.

Wehmeyer, M. et Lachapelle, Y., Boisvert, D., Lerclerc, D. et Morissette, R. (2001). *L'échelle d'autodétermination du LARIDI (version adultes).* Québec : Laboratoire de recherche interdépartementale en déficience intellectuelle.

Weinstock, D. (2000). Vivre la citoyenneté. Dans D. Boisvert, Y. Hamel, et J. Molgat (dir.), *Vivre la citoyenneté. Identité, appartenance et participation.* (pp. 16-17). Montréal : Liber.

9

Comprendre la participation sociale : une recherche émancipatoire « avec » des personnes déficientes intellectuelles du Nord de la France

Agnès d'Arripe
Unité Handicap, Autonomie et Développement de la Participation
Sociale (HADéPaS), UCLille

Cédric Routier
Unité HADéPaS – UCLille

Céline Lefebvre
Unité HADéPaS, UCLille

Jean-Philippe Cobbaut
ETHICS, UCLille

Nous désirons exposer ici une démarche de recherche-action, à visée émancipatoire, mise en place avec un groupe d'une dizaine de personnes déficientes intellectuelles du Nord de la France. Ces personnes sont réunies au sein d'une section des usagers dont l'objectif principal est le changement des représentations autour du handicap mental.

En préambule, il nous semble important de nous entendre sur ce que nous appellerons ici « participation sociale ». Le terme, à la mode dans les milieux tant sociaux qu'académiques, est quelquefois un peu galvaudé et pourrait vite devenir, si l'on n'y prend garde, un terme «fourre-tout ».

Pour certains auteurs (Thomson, Whearty, 2004 ; Bath et Gardiner, 2004), la participation sociale est davantage liée aux interactions sociales. Les auteurs qui privilégient cette voie vont définir la participation sociale à partir de la nature des interactions sociales entretenues par les personnes ou à partir de l'engagement dans des activités collectives, sans égard au type de relation établie. Thomson et Whearty (2004) utilisent par exemple la notion de participation sociale pour qualifier la connectivité sociale des sujets de leur étude, ici des hommes âgés[1]. Ils utilisent le concept de participation sociale pour décrire les liens d'amitié, les réseaux de parenté, les affiliations de soutien social informel et les liens sociaux.

Bath et Gardiner (2004) évoquent quant à eux le « social engagement ». Le concept est fréquemment utilisé dans le cadre de problématiques liées au vieillissement. Il regroupe la participation à des activités possédant un caractère social (relations avec des amis, des proches) que les auteurs qualifient ici de participation sociale; le nombre de contacts avec des amis ou des proches et le soutien social, instrumental et émotionnel auquel une personne peut avoir accès.

Pour d'autres comme Young et Glasgow (1998), la notion désigne un engagement dans le contexte d'une organisation disposant d'un nom et de buts explicites (parti politique, association sans but lucratif, etc.).

Pour d'autres encore (Fougeyrollas, Cloutier et al., 1998), la participation sociale renvoie à la faculté de pouvoir réaliser ses activités quotidiennes. Le modèle conceptuel du Processus de Production du Handicap (PPH)[2] définit la participation sociale comme la « pleine réalisation des habitudes de vie résultant de l'interaction entre 1) des facteurs personnels intrinsèques liés aux systèmes organiques et aux aptitudes et 2) des facteurs extrinsèques environnementaux sociaux ou physiques » (Fougeyrollas, Cloutier, et al. 1998, p. 140). Il s'agit donc de réaliser ses habitudes de vie, autrement dit ses activités courantes ou des rôles valorisés par soi-même ou son contexte socioculturel, dans son milieu (école, milieu de travail, quartier, etc.).

Pour notre part, nous considérons que pour pouvoir participer, la personne déficiente intellectuelle doit pouvoir avoir accès à différents espaces lui permettant de remplir ses différents rôles de citoyen ou de travailleur. L'accessibilité ne se limite pas ici à une accessibilité physique à ces lieux, mais comprend une accessibilité sociale à ceux-ci. Ainsi, une personne qui se retrouverait à un colloque scientifique, mais qui, n'étant pas du tout préparée à ce type de manifestation, ne comprendrait que peu de choses dans ce qui se joue et s'échange n'y aurait pas véritablement accès, et ce, même si elle assiste à la totalité des interventions proposées.

Nous rejoignons en cela la démarche d'Amartya Sen (2009) lorsqu'il mobilise le concept de « capabilité ». Pour lui, la capabilité désigne un ensemble de vecteurs de fonctionnements, qui reflètent la liberté effective dont dispose actuellement la personne pour un type de vie donné. Il s'agit de l'effectivité de la liberté réelle des personnes à accomplir les fonctionnements qu'elle privilégie. Autrement dit, les choix de vie et les investissements sociaux ou sociétaux de la personne libre ne se feront pas par défaut, en excluant ce qu'elle ne peut pas réaliser, mais bien en partant de ses aspirations réelles. Chez Sen (2009), cette possible liberté est liée tant à des facteurs individuels qu'à des facteurs environnementaux.

Un des facteurs environnementaux pesant sur cette possibilité de liberté est le facteur législatif. Pour le cas de la France, territoire sur lequel se situe notre terrain de recherche, nous noterons deux éléments. Premièrement, la ratification de la Convention des Nations Unies relative aux Droits des Personnes Handicapées (CDPH) en 2010. Cette convention entend promouvoir, protéger et assurer la pleine et égale jouissance de tous les droits de l'homme et de toutes les libertés fondamentales par les personnes handicapées et promouvoir le respect de leur dignité intrinsèque. On retrouve notamment, dans les principes généraux, la participation et l'intégration pleines et effectives des personnes handicapées à la société ainsi que l'accessibilité. Nous pointerons particulièrement, en ce qui concerne la participation sociale telle que nous l'entendons, l'article 19 relatif à l'autonomie de vie et l'inclusion dans la société qui note que :

> « *Les États Parties à la présente Convention reconnaissent à toutes les personnes handicapées le droit de vivre dans la société, avec la même liberté de choix que les autres personnes et prennent des mesures efficaces et appropriées pour faciliter aux personnes handicapées la pleine jouissance de ce droit ainsi que leur pleine intégration et participation à la société.* »

Deuxièmement, la loi n° 2005-102 du 11 février 2005 pour l'égalité des droits et des chances, la participation et la citoyenneté des personnes handicapées a pour objectif de rendre effective l'accessibilité et de permettre à la personne handicapée de vivre pleinement sa citoyenneté. Différents acteurs peuvent être convoqués et s'associer pour faciliter cette pleine participation sociale.

Vue sous l'angle de ces conventions ou lois, la personne handicapée a le droit, au même titre que les autres, de participer à la vie de la société. Pour cela, un certain nombre de facteurs environnementaux devraient être réunis permettant l'accessibilité à une société ouverte à la différence. Malheureusement, comme nous le savons, ces vœux sont encore loin d'être réalisés. À titre d'illustration, nous pouvons citer l'étude réalisée en 2011 par le bureau du Haut-Commissariat des Nations Unies aux droits de l'homme. Celle-ci montre que les personnes handicapées restent souvent privées du droit de voter et d'être élues et ce, sur base de dispositions constitutionnelles et légales liant droits politiques et capacité juridique.

Un projet de recherche-action émancipatoire

Le projet de recherche que nous présentons ici peut être qualifié, d'un point de vue épistémologique, de recherche-action. Notre volonté assumée est, en effet, d'avoir un impact sur la réalité. Nous pouvons d'ailleurs parler de recherche émancipatoire, dans le sens où nous nous mettons ici véritablement au service des personnes déficientes intellectuelles. Ce sont de leurs besoins que nous allons partir pour construire notre démarche. Nous travaillons en nous appuyant sur ce qui est important pour elles. Historiquement, la section des usagers est une émanation du PIECD : Programme international d'éducation à la citoyenneté démocratique. Elle a été créée en 2004, au retour d'un voyage d'études au Québec réalisé par des personnes faisant partie des conseils d'unité de l'ÉSAT (Établissement et Service d'Aide par le Travail) de Montigny-en-Gohelle. Dans ces conseils d'unité, les personnes en situation de handicap échangeaient sur leurs conditions de travail et la discussion débouchait parfois sur le statut de « personnes handicapées ». Lors du voyage d'études, les participants avaient rencontré d'autres personnes en situation de handicap qui avaient mis en place des groupes pour défendre leurs droits. À leur retour, ils ont souhaité mener le même genre d'actions, dans le but de mieux faire connaitre la déficience intellectuelle et de permettre aux personnes en situation de handicap de s'exprimer, de s'affirmer et d'interagir dans des sphères où elles demeurent encore peu représentées comme les collèges, les lycées, les universités, les assemblées politiques. C'est ainsi qu'est née la section des usagers. Elle est accompagnée depuis sa naissance, par une psychologue de l'ÉSAT qui y joue le rôle de facilitatrice. En 2008, deux chercheurs de l'Université Catholique de Lille (en psychologie et en éthique) ont rejoint le groupe, puis une chercheure en communication de la même université en 2013. Une thèse en sociologie portant sur les conditions de possibilité et de développement de l'autonomie, la participation et l'inclusion des personnes ayant une déficience intellectuelle vient également alimenter la réflexion. À l'heure actuelle, la section des usagers compte une dizaine de membres actifs.

La section des usagers est donc une création née de la volonté des personnes handicapées elles-mêmes et non pas une construction des chercheurs qui auraient réuni des personnes répondant aux critères d'inclusion d'une population d'étude. Ce qui importe pour les usagers de la section avec laquelle nous travaillons est de mieux faire connaitre leur handicap, le handicap mental. Parmi les objectifs principaux définis par les membres de la section des usagers, nous trouvons cette volonté de

> « donner une autre image du handicap mental, de changer le regard des gens, de lever les barrières, de montrer qu'ils sont comme tout le monde, de pouvoir prendre la parole et s'exprimer, de sensibiliser tout le monde à leurs capacités, de défendre les droits des usagers pour aujourd'hui et pour demain »[3].

Outre la récolte de fonds pour financer leurs actions, la rédaction d'une charte et d'un règlement de la section des usagers, les personnes qui y participent ont notamment eu l'occasion d'assister à et d'intervenir dans plusieurs colloques scientifiques traitant du handicap, de réaliser un court métrage de sensibilisation à la déficience intellectuelle, de témoigner de leur expérience auprès d'étudiants de l'université, de former leurs pairs à l'autoreprésentation et de former des professionnels de la grande distribution à l'accueil des personnes en situation de handicap.

La recherche-action que nous proposons porte sur l'identification et le renforcement (pratique autant que conceptuel) des conditions nécessaires pour mettre en place un processus permettant d'aller vers la réalisation de ces objectifs. Ce sont donc bien les attentes, besoins, souhaits, volontés des personnes déficientes intellectuelles qui sont à l'origine de notre démarche.

Les chercheurs de l'université et les usagers engagés dans la démarche poursuivent deux objectifs qui revêtent à nos yeux une égale importance :

- Permettre aux personnes en situation de handicap de réaliser les objectifs de la section des usagers;
- Mieux comprendre les conditions de soutien et de développement de la participation citoyenne effective des personnes déficientes intellectuelles, au travers des comportements et des interactions pouvant faciliter, ou freiner leur expression.

Pour les atteindre au mieux, nous nous référons notamment au courant de l'anthropologie de la communication (Winkin, 1996/2001) qui considère la communication comme performance de la culture, la culture étant entendue ici comme tout ce qu'il faut savoir pour en être membre. « As I see it, a society's culture consists of whatever it is one has to know or believe in order to operate in a manner acceptable to its members » (Goodenough, 1964, p.36). Nous cherchons donc, en nous confrontant au terrain et avec les acteurs de celui-ci, à dégager la partition communicationnelle en vigueur. Quelles sont ces règles « connues de personne, entendues par tous » et comment naissent-elles? Cette approche théorique qui s'enracine dans l'interactionnisme symbolique et s'inspire de la tradition ethnographique de l'école de Chicago, nous semble totalement adéquate avec l'approche émancipatoire qui possède d'ailleurs les mêmes fondements théoriques. L'expérience vécue des personnes handicapées est au cœur de la recherche et implique un engagement dans l'idée qu'un changement social est possible via les interactions qui constituent le handicap. Sur le plan éthique, cette approche correspond à une démarche pragmatique et contextuelle qui entend s'appuyer sur l'action collective des acteurs pour déterminer les conditions d'une vie meilleure (Maesschalck, 2010).

Méthodologies déployées

La méthodologie la plus fréquemment employée dans ce type de recherche est celle de l'observation participante, qui permet au chercheur de « rendre le monde étudié visible de l'intérieur » (Coulon, 2002, p.103). Cette méthode permet un accès direct aux événements et aux situations et prend également en compte les éléments non verbaux de la communication. Si nous reprenons les catégories de Gold (1958), nous dirions que nous étions ici « *participant as observer* » (participant comme observateur). D'une observation participante « classique » dans un premier temps, nous avons évolué vers le souhait d'impliquer davantage les usagers dans l'analyse. Nous avons alors eu recours à la vidéo, pour conserver des traces tant verbales que non verbales des réunions de la section. Afin que les usagers soient eux aussi observateurs de leurs interactions, nous avons mis en place l'auto-confrontation (Mollo et Falzon, 2004). Cette méthode consiste à confronter les participants à leur activité en les incitant à la commenter, en présence d'un interlocuteur. Avec l'accord des usagers, les réunions de la section sont donc filmées et des extraits de ces vidéos sont ensuite visionnés par les participants (chercheurs, professionnels, usagers) qui échangent autour d'elles. Ces réunions étant elles-mêmes filmées, les chercheurs capitalisent ensuite sur le contenu des échanges par une analyse thématique.

Un cadre est créé dans lequel les participants sont invités à réagir sur l'activité, une sorte de discours sur le faire qui met en chantier les manières de penser collectivement leur travail (Faïta et Vieira, 2003). Nous qualifierons ces temps de métacommunication construite (d'Arripe, 2013), en ce sens où les individus vont s'extraire du cadre de la situation pour justifier ou débattre le choix de telle ou telle règle communicationnelle mise en place. On peut dire que, dans ces moments d'échange, les individus vont tenter de rendre apparente la partition communicationnelle qu'ils ont jouée, ils s'exprimeront sur le pourquoi de leurs choix, de leurs attitudes. En s'extrayant volontairement du cadre des échanges, nous réfléchissons sur ce qui nous pousse à agir de telle ou telle manière, nous nous posons la question du cadre (Goffman, 1974/1991) que nous identifions et des règles que nous y associons.

L'idée est bien de saisir l'activité de travail, ce qui se fait, mais de réfléchir également à ce qui aurait pu être fait (Clot, Faïta, Fernandez, et Scheller, 2000). Plusieurs variantes existent dans la méthode de l'autoconfrontation. Nous avons opté pour la confrontation dite collective, consistant à réunir un groupe de participants afin de commenter l'activité de plusieurs d'entre eux. Cette approche offre l'avantage de confronter les différentes représentations des participants, en vue de la construction d'une culture commune (Meyer et Peltier, 2011).

Nous nous éloignons donc de la rupture épistémologique impliquant une séparation étanche entre savoir commun et savoir scientifique. Nous partons de l'idée que l'homme contemporain produit une connaissance réflexive sur lui-même et sur ses propres expériences. Nous assumons le postulat selon lequel, comme tout un chacun, les personnes déficientes intellectuelles sont capables de faire preuve de cette réflexivité : les personnes concernées possèdent des savoirs complémentaires à ceux des chercheurs et auquel le chercheur ne pourra jamais accéder s'il ne fait pas appel à elles. Nous suivons en cela les chercheurs appartenant au champ scientifique des « *disability studies* » pour qui

> « *l'expérience des barrières sociales (physiques, mentales, psychiques) élevées sur la route des personnes handicapées donnent à ces dernières une parole qui peut apporter des connaissances de même valeur que n'importe quelle donnée dite objective* » (Albrecht, Ravaud et Stiker, 2001, p.44).

Selon nous, toutefois, le rôle du chercheur est de fournir les cadres méthodologiques adéquats pour appréhender ce savoir « commun ». Les savoirs s'élaborent en coconstruction avec les acteurs de terrain. Notons que nous suivons aussi Van Campenhoudt et ses collaborateurs (2005) quand ils affirment que la connaissance de l'acteur sur lui-même et sur ses propres expériences n'est pas automatiquement éclairante et valide selon les critères des sciences sociales. Comme Kaufmann (1996) le souligne, les références conceptuelles du chercheur sont des conditions nécessaires pour continuer à apprendre du savoir commun, même une fois l'objet de la recherche circonscrit. Nous nous inscrivons donc à la suite d'auteurs comme Albrecht, Ravaud et Stiker (2001) quand ils affirment que la position juste se trouve dans le croisement des savoirs. Notre pari est qu'il existe des savoirs chez les personnes concernées, différents des savoirs des chercheurs, mais non inférieurs en statut, bien qu'acquis par des voies et des « méthodes » tout autres. Si les chercheurs se nourrissent d'articles et d'ouvrages réalisés par leurs pairs, les personnes déficientes intellectuelles ont un vécu et un savoir expérientiel qui n'appartiennent qu'à eux.

Premiers résultats

Selon les résultats d'une recherche-action menée par Mireille Tremblay (2011) sur la participation citoyenne et le développement des compétences civiques, l'appartenance à un groupe, une association, un mouvement, contribue : à l'acquisition de connaissances et de compétences; au développement des habiletés requises pour le dialogue et la délibération; au développement de la conscience de soi et de l'identité; au développement du sentiment d'affiliation et d'appartenance; à l'accroissement de l'efficacité sociale et politique. Si l'analyse des vidéos avec les usagers n'a débuté que récemment et ne permet pas encore de tirer de conclusions définitives, les premiers résultats de ce travail mené depuis presque huit ans semblent aller dans ce sens. Nous évoquerons à présent sept avancées qui nous semblent témoigner d'une réelle amélioration de la participation des usagers et de l'atteinte de certains des objectifs de leur section cités précédemment.

Les retours des usagers et de la psychologue qui nous accompagne dans ce travail montrent clairement un *développement des capabilités des usagers*. Pour rappel, les capabilités désignent le pouvoir de faire quelque chose valorisé par soi et légitimé en droit (Sen, 2009). Plusieurs des objectifs de la section ont pu être réalisés. Ainsi, les usagers présents ont une plus grande aisance pour s'exprimer en public, pour s'adresser à des personnes qu'ils ne connaissent pas. Ils expriment également davantage leur propre point de vue. Ils ont réalisé des outils de communication (plaquette, film en collaboration avec un cinéaste, etc.). Ils ont mis en place des activités afin de s'autofinancer. Ils sont intervenus dans diverses formations (Conseil de la vie sociale : formation à destination des travailleurs d'ESAT, formation S3A [Symbole d'Accueil, d'Accompagnement et d'Accessibilité], etc.). Ils sont amenés à intervenir dans des lieux qui ne leur étaient pas accessibles auparavant (colloques scientifiques, cours de Master, etc.). Une vignette qualitative illustre avec intérêt cette situation d'«*empowerment*» pour les usagers. Lors d'un colloque scientifique organisé à Lille, l'un des usagers a pris la parole suite à une communication pour dire à l'orateur qu'il devait adapter son discours aux personnes avec un handicap mental présentes dans l'assemblée, car il n'avait pas compris de quoi il était question. Nous sommes ici face au type de comportement que nous espérions observer : la personne présentant un handicap mental a pris le contrôle de la situation, elle a été capable de métacommuniquer sur ce qui venait de se passer, et ce, d'égal à égal avec la personne qui venait de s'exprimer.

Une *relation de confiance* s'est aussi tissée au fil du temps. Les usagers mentionnent souvent que nous-mêmes avons changé, que nous nous sommes adaptés et qu'ils nous comprennent mieux qu'au début de notre collaboration, il y a de cela 8 ans. Il y a eu un apprentissage mutuel issu de la rencontre des deux univers : celui du handicap mental et celui de la recherche. Le fait de participer régulièrement à des colloques depuis presque dix ans, a permis aux usagers de s'y sentir plus à l'aise, de mieux reconnaitre les règles communicationnelles en vigueur dans ces espaces.

Un des changements majeurs que nous avons pu observer, également relevé par la psychologue qui accompagne la section, réside d'ailleurs dans le *changement du type de relation*. Comme nous l'avons évoqué plus haut, les personnes en situation de handicap occupent souvent la position « basse » dans une relation complémentaire. Or, lors des réunions de la section, cette répartition des rôles est quelque peu bousculée. Les relations deviennent davantage symétriques à divers moments. À d'autres, on assiste à un changement de position au sein d'une relation complémentaire. Ce sont les personnes en situation de handicap qui apprennent des choses aux chercheurs et à la professionnelle, qui informent sur les actions qu'ils vont ou qu'ils ont menées. À titre d'illustration, la réunion du 12 juillet 2013 commence par l'intervention d'un usager qui explique avoir reçu une invitation pour travailler dans un groupe de travail sur la discrimination des personnes en situation de handicap dans les transports en commun. Il sort l'invitation de son cartable et la montre aux chercheurs présents ainsi qu'aux autres membres de la section. Une petite discussion s'engage sur cette base. Un peu plus tard dans la réunion, c'est un autre usager qui sort un papier de sa poche, il nous présente une manifestation intitulée : « Au-delà de l'accessibilité, les enjeux du handicap » à laquelle il va se rendre avec d'autres membres de la section.

Comme l'explique la facilitatrice de la section, Nathalie Herman (2012), lors des réunions de la section, elle met un peu de côté l'étiquette de psychologue qu'elle retrouve à d'autres moments dans son travail au sein de l'ÉSAT. Le fait de vivre des réussites, mais aussi des « galères », de les partager, égalise plus encore les rapports. Elle témoigne également de cette *complémentarité des savoirs* quand elle explique que participer à des réunions de ce type, c'est apprendre des personnes en situation de handicap sur ce qu'elles vivent au quotidien. Si la formation théorique renseigne sur le fait que les personnes déficientes intellectuelles n'ont pas toutes accès à la lecture, comprendre les répercussions que cela peut avoir dans le quotidien est bien autre chose.

De notre côté, en tant que chercheurs, nous remarquons un déplacement progressif vers une forme d'engagement qui nous amène à abandonner de plus en plus la neutralité bienveillante et externe que nous voulions adopter dans un premier temps, pour une *implication dans une relation qui est également soutenante, mais non paternaliste.*

Lorsque, pour préparer une intervention à un colloque sur l'impact social de la recherche, nous interrogeons les membres de la section sur ce que leur apporte ce travail de recherche, ils répondent que l'accompagnement les aide à mieux réaliser leurs objectifs. Le travail de recherche leur permet de « *mieux comprendre ce qu'on fait ensembl*e ». Ils trouvent aussi que « *cela les aide d'un point de vue langage, à parler devant tout le monde* », « *parler avec des gens* », « *on n'arrête pas de chercher pas mal de trucs* »[4]. Ils sont heureux car, selon eux, quand on parle du handicap, c'est toujours du handicap sensoriel ou physique; or, pour une fois, on s'intéresse à « eux ». Ils nous expliquent qu'ils ont des difficultés à prendre la parole, car on ne leur demande pas toujours leur avis. Quand on le leur demande, ce n'est pas toujours évident d'arriver à exprimer son propre avis, de contredire l'autre, de dire ce qu'on pense soi-même. Le travail mené à la section des usagers leur permet de se sentir plus à l'aise en public, d'oser s'exprimer avec des inconnus, de prendre la parole dans des congrès ou des réunions publiques.

Enfin, au niveau de la structure, le comité des usagers et le travail qu'il mène a permis de faire *changer le regard* et les représentations de certains professionnels. Ainsi, les usagers livrent un témoignage[5] selon lequel, lors d'une première participation avec une nouvelle accompagnatrice à un colloque, celle-ci les infantilisait quelque peu, ne leur laissant pas suffisamment de marge de liberté, s'inquiétant de les voir prendre la parole. Or, cette personne a peu à peu appris à connaitre les objectifs de la section, elle les a entendus s'exprimer lors de ce colloque pour lequel elle les accompagnait, et son regard et son comportement ont changé.

Limites et freins

Dans le cadre d'un tel projet et de ses visées ambitieuses, des freins sont cependant déjà identifiables. Ils concernent : le rapport au temps; la taille critique pour le collectif et ses conditions; les jeux de pouvoir au sein du groupe.

Le *temp*s nécessaire à la patiente maturation de cette collaboration particulière reste le plus gros frein que nous identifions à ce jour : la difficulté principale réside dans le temps nécessaire pour accomplir toute chose. Tout d'abord, du temps est nécessaire pour réaliser des réunions de la section, dont la fréquence de une à deux fois par mois est encore insuffisante. Or, si les chercheurs manquent de temps et la psychologue aussi, les usagers de leur côté ne sont guère plus disponibles du fait de contraintes de planning de travail. De ce fait, la rédaction de la charte et du règlement de la section, une de ses actions récentes, nous ont pris énormément de temps. Les contraintes temporelles et financières, tant du côté des usagers que des chercheurs, ne permettent pas d'augmenter la fréquence ni la durée des réunions. Ce sont clairement des conditions qui limitent le pouvoir d'agir des personnes concernées. Notons aussi, cependant, qu'augmenter le temps consacré à ces réunions impliquerait également une plus grande fatigue chez les usagers présents.

Avec les personnes déficientes intellectuelles, le rapport au temps doit également être différent sur d'autres points. Lorsque nous avons analysé ensemble des extraits vidéo de nos réunions, le temps de parole semblait inégalement réparti. Les chercheurs, même s'ils viennent seulement à deux à ces réunions, auraient-ils parlé plus que les usagers qui sont pourtant souvent une petite dizaine à être présents? Pourtant d'un point de vue purement quantitatif, tel n'était pas le cas : les usagers y occupaient autant de temps de parole que les chercheurs. Une analyse plus fine nous a permis de comprendre ce qui suscitait cette impression : il apparaît qu'en certains cas, les chercheurs ne laissent pas le temps aux usagers de prendre la parole. Croyant qu'ils n'ont pas compris la question, ils réexpliquent avec d'autres mots, posent la question différemment, alors que les usagers étaient simplement en train de réfléchir. André, un usager, l'analyse ainsi :

> « *Vous, vous avez tout de même un cerveau plus rapide que nous alors automatiquement, vous, si on vous dit un truc, pour vous, c'est automatique, nous, c'est plus long, faut le temps de réfléchir* ».

Ce qui peut sembler une évidence pour lui, ne l'est pas pour nous : il nous est très difficile de ne pas combler les silences, pourtant nécessaires à l'expression. Remarquons toutefois, aussi, que, lorsque les usagers ont la parole, ils s'expriment plus lentement que les chercheurs ou la professionnelle, qu'il leur faut davantage de temps pour exposer leurs idées.

Enfin le temps fait également défaut du côté de la professionnelle impliquée comme facilitatrice. Certaines réunions en lien avec les activités de la section ont lieu le soir, il y a parfois des colloques le samedi et le dimanche, sans toujours bénéficier de la possibilité de récupérer ces jours. C'est donc un don de soi aussi de la part des professionnels que peu de professionnels désirent, acceptent ou ont la possibilité de se permettre au long cours.

Un second ordre de frein réside dans les *jeux de pouvoir* présents au sein de ce groupe. Jusqu'à il y a peu, la taille effective du collectif d'usagers impliqués restait faible. Sur une dizaine de membres potentiels, nous ne pouvions réellement compter pendant longtemps que sur la présence régulière de deux voire trois personnes. Une des raisons à cette absence pourrait résider dans la position particulière occupée par un des membres fondateurs de la section. Ce dernier considère la section comme « son bébé » et ne manque pas de le signaler. Il souhaite bien entendu que la section s'ouvre à d'autres membres, pour autant qu'il puisse conserver une part de pouvoir au sein de ce groupe. Or d'autres membres plus récents ne manquent pas non plus de mettre en place des stratégies d'accaparement du pouvoir, à mesure qu'ils investissent la section de leurs propres intérêts. Se mettent donc en place des stratégies qui se répondent, pour accroître ou conserver son pouvoir. Selon le classique concept de « zone d'incertitude » (Crozier et Friedberg, 1977), « l'ancien » tente de la préserver : il va ainsi préférer ne pas partager certaines informations, même s'il s'en défend quand nous lui en faisons la remarque. En dehors des réunions, cet usager ne manque pas de faire savoir aux autres membres combien il s'est investi et combien il serait malvenu de vouloir prendre sa place. Cette attitude peut également freiner l'enthousiasme de certaines personnes à rejoindre le groupe. Cette manière de défendre ses prérogatives suscite parfois des réactions négatives de la part des autres usagers et des conflits peuvent voir le jour. De leur côté, par d'autres formes de sollicitations de la psychologue, ou en cherchant à créer des relations particularisées avec d'autres chercheurs, ces autres membres manifestent à leur tour le souhait d'un pouvoir d'agir accru au sein du collectif.

Accueillir de plus jeunes travailleurs de l'ÉSAT et pas uniquement les « anciens », serait un objectif de la section qui n'est que partiellement atteint à ce jour. Une des raisons à cette absence réside dans le fait que les réunions de la section ont lieu durant le temps de travail. Certains travailleurs de l'ÉSAT ne sont dès lors pas libérés par leur hiérarchie. La raison évoquée est une charge de travail considérée comme trop élevée pour se passer de leur présence. Il nous a souvent été rappelé, via la facilitatrice qui semble assumer ce discours, que le travail est prioritaire quand un arbitrage doit être réalisé. Mais elle le nuance très vite : comme elle-même l'a pointé, il faut que la participation fasse partie de la culture institutionnelle pour lever efficacement ce frein. Or certains professionnels considéreront qu'elle n'a pas de sens et se servent de personnes très déficientes pour argumenter cette posture. La peur de perdre une position de pouvoir semble présente chez certains. Récemment, l'association support de l'ÉSAT a signé une convention de partenariat avec la section des usagers. La participation est prônée au sein de son projet associatif : reste maintenant à ce que cette culture de la participation inscrite sur le papier devienne effective dans la réalité quotidienne. Malgré une direction de l'association très soutenante, voire insistante, auprès des professionnels pour qu'ils se mobilisent, leur engagement et leur intérêt pour le projet reste encore très aléatoire. Et pour conclure sur ce registre, en ce qui concerne la participation à des activités le soir ou le weekend, outre le transport qui est parfois un obstacle quand les usagers ne sont pas autonomes sur ce plan, on découvre aussi une certaine difficulté de l'entourage familial à lâcher prise et à leur laisser davantage d'autonomie.

Enfin, l'évolution de l'engagement associatif, que nous connaissons en France depuis une vingtaine d'années (Roudet, 2004), se marque également chez les personnes déficientes intellectuelles. Comme le signale cet auteur, ceux qui s'engagent dans une activité associative le font davantage dans des groupements permettant d'avoir une activité commune, qu'elle soit culturelle, sportive ou autre, que dans des groupements qui défendent des intérêts collectifs. Or la section des usagers appartient clairement à cette seconde catégorie. Cet auteur explique également que l'individualisme, s'il exige le développement de liens sociaux multiples et intenses, affecte la stabilité des groupements. C'est en fonction de ses besoins personnels et de ses états émotionnels que l'on se détache et se rattache à un groupe. D'après les résultats de la onzième étude sur la « France Bénévole » portant sur la période 2010-2013, les bénévoles préfèrent de plus en plus agir de manière ponctuelle en fonction de leurs disponibilités, ce qui peut également expliquer le manque de participation aux réunions régulières de la section. Pourtant, la nécessité d'un engagement plus collectif, dans la section et dans ses activités, est un véritable enjeu pour la poursuite de ses travaux, au risque sinon de voir se développer de « supers usagers » qui seraient peu représentatifs du collectif au nom duquel ils disent s'exprimer, et qui ne rendraient plus vraiment droit à la variété de profils des membres.

Conclusion

Ainsi que nous venons de l'exposer, les objectifs de la section des usagers s'accomplissent petit à petit. Une relation de confiance a pu se créer au fil du temps entre chercheurs, personnes en situation de handicap et professionnels. L'implication de part et d'autre a permis le passage vers une relation tantôt symétrique, tantôt complémentaire, mais dans laquelle tous sont toujours considérés comme étant à « égalité de dignité ». Sans nier les difficultés rencontrées, telles que les jeux de pouvoir au sein du groupe, la nécessité d'une temporalité adaptée au handicap et la difficulté parfois à recruter de nouveaux membres, nous ne pouvons que souligner les transformations positives individuelles ou collectives au sein du groupe. Les étudiants, les chercheurs ou les professionnels qui rencontrent la section des usagers sortent transformés de ces échanges qui se réalisent avec toujours plus de facilité. Les usagers prennent confiance en leurs capacités et s'autonomisent chaque jour davantage.

Notre recherche transdisciplinaire nous permet de comprendre que le soutien et le développement de la participation s'effectue à tous les niveaux. Du niveau « plus macro » avec la législation qui permet à certaines initiatives de voir le jour, au niveau « plus micro » puisque c'est au cœur des interactions régulières que se construisent de nouveaux comportements, que des individus évoluent, en passant par le « méso », le niveau organisationnel, dont le soutien est essentiel. Nous l'avons vu, c'est aussi à ces différents niveaux que des freins peuvent apparaitre. Les identifier nous permet de travailler à les éliminer au maximum et à mettre tout en place pour que les personnes avec qui nous travaillons puissent accéder à un environnement facilitant une participation sociale pleine et entière.

Petit à petit, cette participation devient plus importante, puisqu'un des récents projets auquel la section est associée, est celui de la création puis de la délivrance d'une formation universitaire sur la déficience intellectuelle[6]. Cette formation sera pensée et réalisée, depuis les objectifs pédagogiques jusqu'à l'évaluation, par des binômes d'enseignants-chercheurs et de personnes en situation de handicap. Sans parler d'aboutissement, ce type de formation est le fruit du travail mené avec la section des usagers depuis presque dix ans. Il est le résultat des échanges qui ont permis aux chercheurs, aux professionnels et aux personnes en situation de handicap de transformer leur regard sur le handicap et de mettre l'accent sur les capacités plutôt que sur les déficiences.

Notes

[1] Thomson et Whearty ont mené une recherche sur 135 hommes âgés.
[2] Le Modèle du Processus de Production du Handicap (PPH) vise à documenter et à expliquer les causes et les conséquences des personnes et des populations ayant des déficiences et des incapacités. (http://www.ripph.qc.ca/fr/mdh-pph/mdh-pph Consulté le 23/10/2017)
[3] Extraits de la charte de la section des usagers.
[4] Réunion de la section des usagers du 4 octobre 2013.
[5] Réunion de la section des usagers du 13 décembre 2013.
[6] Il s'agit du projet Développer la sensibilisation au Handicap Mental par les auto-représentants (DESHMA), porté par l'Institut Catholique de Lille»

Références

Allaire L. (dir.). (2014). Rapport CNSA 2013 : *Affirmer la citoyenneté de tous.* Accès :
http://www.cnsa.fr/IMG/pdf/Rapport_de_la_CNSA_2013_vote_le_ 15_avril_2014.pdf.

Albrecht, G-L., Ravaud, J.-F. et Stiker, H. J. (2001). L'émergence des disability studies : état des lieux et perspectives. *Sciences sociales et santé*, 19(4), 43-73.

Bath, P.A. et Gardiner, A. (2004). Social engagement and health and social care use and medication use among older people. *European Journal of Ageing*, 2, 56-63.

Bazin, C., Malet, J. (dir.). (2014). *La France Bénévole en 2014*. Accès : http://www.recherches-solidarites.org/etudes-thematiques/benevolat/

Clot, Y., Faïta, D., Fernandez, G. et Scheller, L. (2000). Entretiens en autoconfrontation croisée : une méthode en clinique de l'activité. *Pistes*, 2(1), 1-9. Accès : http://www.pistes.uqam.ca/v2n1/pdf/v2n1a3.pdf

Coulon, A. (2002). *L'École de Chicago*. Paris : PUF.

Crozier, M. et Friedberg, E. (1977). *L'Acteur et le Système*. Paris : Seuil.

D'Arripe, A. (2013). Entre permanence et changement : construction d'une partition communicationnelle au sein de réseaux hybrides. *Communication et organisation*, 43, 137-149.

Faïta, D. et Vieira, M. (2003). Réflexions méthodologiques sur l'autoconfrontation croisée. *Skhole*, 19(1), 57-68. Accès : http://www.aix mrs.iufm.fr/recherche/publ/skhole/pdf/03.HS1.57-68.pdf.

Fougeyrollas, P., Cloutier, R., Bergeron, H., Côté, J. et St Michel, G. (1998). Classification québécoise : *Processus de Production du Handicap*. *Québec*. Réseau International sur le Processus de Production du Handicap (RIPPH).

Goffman, E. (1974/1991). *Les cadres de l'expérience*. (Traduit par I. Joseph). Paris : Minuit.

Gold, R. (1958). Roles in sociological field observation. *Social Forces*, 36, 217-213.

Goodenough, W. (1964). Cultural Anthropology and Linguistics. Dans D. Hymes (dir.). *Language in Culture and Society. A Reader in Linguistics and Anthropology* (p.36-39). New York : Harper et Row.

Herman, N. (2012, août). *Parler de nous : quelle recherche collaborative pour quelle participation sociale ?* Communication présentée à l'Association Internationale de Recherche scientifique en faveur des personnes Handicapées Mentales (AIRHM), Québec.

Kaufmann, J.-C. (1996). *L'entretien compréhensif*. Paris : Nathan.

Maesschalck, M. (2010). *Transformation de l'éthique : de la phénoménologie radicale au pragmatisme social*. Berne : Peter Lang.

Meyer, A. et Peltier, C. (2011). *Entretien d'auto-confrontation*. Communication présentée au Séminaire Semactu 2010-2011. Accès :http://edutechwiki.unige.ch/fr/Entretien_d'autoconfrontation.

Mollo, V. et Falzon, P. (2004). Auto- and allo-confrontation as tools for reflective activities. *Applied Ergonomics*, 35(6), 531-540.

Nations Unies. (2006). *Convention des Nations-Unies relative aux droits des personnes handicapées : CDPH*. (en vigueur depuis le 30 mars 2007).

Roudet, B. (2004). Entre responsabilisation et individualisation : les évolutions de l'engagement associatif. *Lien social et Politiques*, 51, 17-27.

Sen, A. (2009). L'idée de justice. Paris : Flammarion. Traduit de l'anglais par P. Chemla, avec la collaboration d'E. Laurent. 1ère éd. Cambridge, Massachussetts : 2009.

Thomson, E.H. et Whearty, P.M. (2004). Older Men's Social Participation : The Importance of Masculinity Ideology. *The Journal of Men's Studies*, 13(1), 5-24.

Tremblay, M. (2011). Le mouvement d'émancipation des personnes ayant des limitations fonctionnelles : de la reconnaissance des droits à la participation citoyenne. *Revue Développement humain, handicap et changement social*, 19 (2), 7-22.

Van Campenhoudt, L., Chaumont, J.-M. et Franssen, A. (2005). *La méthode d'analyse en groupe : Applications aux phénomènes sociaux*. Paris : Dunod.

Winkin, Y., (1996/2001). *L'anthropologie de la communication : de la théorie au terrain*. Paris : Seuil.

Young, F.W. et Glasgow, N. (1998). Voluntary social participation and health. *Research on aging*, 20, 339-362.

10

Quelles méthodologies pour prendre en compte l'opinion des personnes sourdes dans les sondages d'opinion?

Sébastien Fontaine
Université de Liège

De nos jours, les enquêtes d'opinion sont une composante non négligeable de l'opinion publique (le monde politique, médiatique et scientifique les utilise abondamment), or, pour des raisons principalement techniques et logistiques, les personnes en situation de handicap en sont généralement exclues. Les sourds[1] en sont un exemple flagrant.

Dans cet article, nous présenterons de nouvelles techniques adaptées rendant possibles les enquêtes d'opinion auprès des sourds en proposant trois objectifs : intégrer les sourds à des enquêtes d'opinion généralistes, étudier spécifiquement la population sourde à l'aide de questionnaires spécialisés et comparer les populations sourdes et entendantes à l'aide d'enquêtes comparatives.

Grâce à de nouveaux protocoles méthodologiques présentés dans cet article, nous avons pu interroger des sourds par sondage. Nous proposerons, étape par étape et dans une illustration finale, des exemples issus d'une recherche quantitative concernant l'opinion des personnes sourdes, quant à l'accessibilité du vote et le système électoral en Belgique francophone.

Nous utiliserons la question du vote en Belgique francophone comme cas concret illustrant les différentes étapes présentées dans ce texte.

Sur cette question, l'absence d'outils pour réaliser des sondages auprès des sourds peut avoir, au moins, trois types de conséquences :

- La situation des sourds et leur satisfaction quant au fonctionnement du système électoral en Belgique sont inconnues.

- L'opinion des sourds sur le système électoral ne peut être comparée à celle des entendants qui, eux, sont régulièrement interrogés sur ces questions[2].

- Les sourds étant systématiquement exclus des enquêtes généralistes, ils n'ont aucune chance d'influencer les indicateurs issus de ces récoltes d'opinions.

  Par exemple, si les sourds sont, en moyenne, moins satisfaits du système électoral belge, alors les indicateurs issus d'enquêtes exclusives (ne donnant pas la possibilité aux sourds d'y participer) seront biaisés et artificiellement positifs.

Difficultés à sonder[3]

Actuellement, les sondages d'opinion sont de plus en plus difficiles à mener. Régulièrement, de nouvelles contraintes et de nouveaux obstacles apparaissent. Les échantillons aléatoires sont de plus en plus compliqués à mettre en place[4], les candidats répondants sont plus difficiles à joindre, les répondants refusent de plus en plus les sollicitations d'enquêtes, pour ne citer que quelques exemples.

Parmi la population générale, il existe des sous-populations auprès desquelles il est encore plus difficile d'enquêter, on les appelle les « difficiles à sonder ». Certaines populations sont simplement de (très) faible effectif, d'autres sont en situation illégale, enfin, certaines sont difficiles à contacter ou sont réticentes à accepter de recevoir un enquêteur. La population sourde entre sans conteste dans cette catégorie de populations auprès desquelles les enquêtes sont difficiles à mener, plus difficiles encore qu'auprès d'autres populations.

En guise d'introduction, il convient de rappeler quelques constats de base concernant les personnes sourdes et leurs modes de communication, ces quelques constats prennent une importance considérable quand on s'attelle à enquêter auprès d'elles :

- *Constat numéro 1* : les sourds n'entendent pas, cela semble une évidence. Même si les cas de surdité totale sont rares, être sourd implique, la plupart du temps, d'être dans l'impossibilité de suivre une conversation orale classique.

- *Constat numéro 2* : la majorité des sourds ont de grandes difficultés avec le langage écrit. La polysémie des mots leur est particulièrement difficile à assimiler. En effet, celle-ci ne recouvre pas celle des signes[5] (Delaporte, 2002).

- *Constat numéro 3* : découlant assez logiquement du constat précédent, les sourds n'écrivent pas facilement le français. De plus, la langue des signes n'a pas (encore) de forme écrite propre.

- *Constat numéro 4* : la langue des signes n'est pas une épellation manuelle du français. Elle n'est pas non plus une succession de codes. Elle est une vraie langue[6], construite au fil des générations comme les autres langues humaines, avec sa grammaire propre et ses usages. Elle est d'ailleurs différente selon les pays et les régions.

Par conséquent, les sourds sont généralement exclus des enquêtes d'opinion généralistes, car ils ne peuvent participer ni à une enquête en face à face, ni à une enquête téléphonique, ni à une enquête écrite et autoadministrée. De plus, et pour les mêmes raisons, jusqu'à récemment, aucune enquête d'opinion spécifiquement conçue pour les personnes sourdes n'existait et aucun outil n'était adapté pour appréhender leurs opinions de manière quantitative.

Il est néanmoins possible d'intégrer les sourds à des enquêtes d'opinion, de les sonder grâce aux outils quantitatifs et de comparer leurs réponses à celles des entendants pour un certain nombre d'indicateurs. Pour atteindre ces objectifs, l'adaptation des protocoles d'enquête quantitative est indispensable. En effet, le chercheur se heurte à cinq difficultés majeures lorsqu'il veut réaliser une enquête quantitative auprès de la population sourde.

Cinq difficultés

Des quatre constats énoncés, il découle au moins cinq difficultés majeures rencontrées lorsque l'on veut réaliser une enquête auprès des personnes sourdes. La population sourde est : 1- *difficile à définir et à identifier*, 2- *difficile à échantillonner*[7], 3- *difficile à trouver et à contacter*, 4-*difficile à convaincre de participer* et enfin, 5- *difficile à interroger*.

Les difficultés rencontrées dans le cadre d'une enquête auprès des sourds seront ici présentées dans l'ordre classique d'un dispositif de collecte de données. Quand la population a été définie, un échantillon est constitué dans une seconde étape, puis les individus sélectionnés sont contactés, les répondants potentiels doivent alors être motivés à participer et, s'ils acceptent, enfin, ils pourront être interrogés.

Une population difficile à identifier et à définir

La première difficulté rencontrée n'est pas propre à l'enquête quantitative. Avant même la formulation d'une question de recherche, la question de la population cible, c'est-à-dire la population que le chercheur choisit d'étudier, doit être élucidée. Le cas d'une enquête auprès des sourds n'est évidemment pas le cas le plus simple puisque cette population n'a ni définition absolue ni limites imperméables. S'intéressera-t-on aux sourds et, ou aux malentendants, fixera-t-on une limite en termes de perte de décibels, n'interrogera-t-on que les sourds pratiquant la langue des signes? Toutes ces questions compliquent la tâche initiale de détermination de la population cible et l'exercice d'échantillonnage qui en découle.

Une population difficile à atteindre

La prise de contact avec les membres de la population cible est une autre forme de difficulté dans la logistique d'une enquête. Certaines personnes sont particulièrement difficiles à localiser. C'est le cas des membres des cultures nomades, des minorités itinérantes, des populations temporairement déplacées (migrants, réfugiés) ou temporairement mobiles (sans domicile) (Tourangeau, 2014). Ce n'est pas le cas des sourds. Les sourds sont répartis aléatoirement d'un point de vue géographique et très peu de sourds vivent en institution.

Il existe actuellement un nouvel obstacle dans la prise de contact avec la population cible : les « barrières ». Habituellement les barrières sont physiques. De plus en plus d'Américains, par exemple, vivent dans des zones résidentielles clôturées. Partout dans le monde, on adopte des techniques permettant de filtrer les sollicitations non désirées auxquelles sont généralement associées les demandes de participation à des enquêtes d'opinion. C'est le cas des répondeurs téléphoniques, des interphones, des systèmes de visualisation des appels entrants sur les téléphones, pour ne citer que quelques exemples. Ces « solutions techniques » compliquent la tâche des enquêteurs essayant obstinément de prendre contact avec le répondant sélectionné.

Dans le cas des sourds, les barrières ne sont pas physiques, elles sont incontestablement linguistiques (et peut-être culturelles) puisque la prise de contact ne peut pas se faire par les canaux traditionnels. Ni le téléphone, ni le face-à-face, ni le web classique ne sont des solutions adaptées à un premier contact avec un répondant sourd. C'est bien une barrière de la langue qui rend les sourds difficiles à atteindre dans les enquêtes d'opinion.

Une population difficile à persuader

Tous les chercheurs en quête d'opinion se heurtent actuellement au problème de la volonté, ou plutôt du manque de volonté, de participer des personnes sélectionnées. De nombreuses expériences sont menées pour augmenter le taux de participation, principalement sur base d'utilisation d'incitants.

Bricks et Williams (2013) distinguent deux sources principales de refus de participer à une enquête : le degré d'occupation et le niveau d'engagement civique, auxquelles nous ajouterons la fréquence des sollicitations.

Plus une personne est occupée, plus elle aura tendance à refuser de participer. Dans le cas des sourds, cela semble a priori ne pas faire de différence avec la population entendante. Cela pourrait même être vu comme un avantage, pour le chercheur étudiant la communauté sourde, si les sourds ont un taux d'emploi plus faible et donc disposent de plus de temps libre. Mais cela peut aussi être un inconvénient puisque le temps de passation d'un questionnaire en langue des signes est considérablement plus long. Le temps réclamé par l'enquêteur et donc l'effort consenti par le répondant sourd sont plus importants.

D'autre part, plus une personne présente un niveau élevé d'engagement communautaire, plus elle aura tendance à accepter de participer à une enquête scientifique (Groves, Singer et Corning, 2000). À contrario, les personnes isolées socialement, méfiantes ou hostiles par rapport au monde politique ou scientifique auront moins tendance à participer et il faudra redoubler d'efforts ou d'incitatifs pour les convaincre de participer. Or, les personnes sourdes peuvent manifester une forme de rejet face à la recherche scientifique qu'ils associent, pour certains d'entre eux, à « un truc d'entendant[8]». La communication scientifique (écrite ou orale) n'étant jamais adaptée dans la langue des sourds, la langue des signes, ce sentiment s'explique facilement.

Le sujet de l'enquête influence également fortement la décision de participer. Il y a là une distinction à faire entre des enquêtes spécifiques qui peuvent aborder des sujets particuliers et concernant particulièrement les personnes sourdes, et les enquêtes généralistes abordant des sujets plus généraux, voire plus politiques[9]. Or, poser des questions sur la politique et la démocratie peut, dans certains cas, être assimilé, ici encore, à des « trucs d'entendant » auxquels les sourds auront moins tendance à vouloir participer.

Les résultats d'une enquête spécifique montreront qu'une proportion considérable de sourds ne comprend pas les débats électoraux, et pas davantage les résultats des élections en raison des moyens non adaptés utilisés pour la diffusion des informations à ce sujet.

Il n'est dès lors pas surprenant que la motivation à participer à une enquête concernant de tels sujets soit plus faible que dans le cadre d'une enquête abordant des « problèmes » touchant directement et spécifiquement les personnes sourdes.

Enfin, le nombre de sollicitations qu'un répondant potentiel vit ou subit a un impact sur sa volonté de participer. Dans le cas des personnes sourdes, les sollicitations de ce type sont très exceptionnelles et cela sera probablement largement à l'avantage du chercheur, en tout cas dans un premier temps, tant que les enquêtes auprès des sourds resteront rares.

Une population difficile à interroger
Pour en finir avec cette longue liste de difficultés, la passation de l'enquête elle-même est plus compliquée dans le cas d'enquêtes menées auprès des sourds. Tourangeau (2014) distingue trois circonstances où les populations peuvent être difficiles à interroger. Les personnes sélectionnées pour une enquête peuvent être difficiles à interroger, car elles sont :
  - Des personnes vulnérables, comme c'est le cas des prisonniers, des jeunes enfants ou des personnes en minorité prolongée

(certaines personnes avec un handicap mental). En effet, pour interroger ces personnes, quand cela est possible, il faut d'abord obtenir un consentement externe, ce qui complique la démarche.

- Des personnes ayant un handicap physique ou cognitif qui les empêche de participer à l'enquête, du moins en utilisant les protocoles standards.
- Des personnes qui ne comprennent pas la langue utilisée dans l'enquête (que cela soit à l'écrit ou à l'oral).

La plupart des sourds appartiennent soit à la deuxième catégorie, soit à la troisième selon que l'on considère la surdité comme un handicap ou comme une spécificité linguistique. Les sourds sont difficiles à interroger, car ils ne participent pas à des enquêtes orales en face à face, c'est une évidence. De plus, ils ne peuvent remplir de questionnaires écrits (web ou papier) qu'ils ne comprennent généralement pas bien. En effet, le langage écrit utilisé dans les enquêtes est issu du langage oral dont la grammaire et les constructions sont peu accessibles aux personnes sourdes. C'est particulièrement le cas des questions d'opinions très spécifiques.

Deux solutions classiques existent pour mener une enquête concernant les personnes difficiles à interroger : collecter les données auprès de quelqu'un d'autre (proxy). Cela est envisageable dans le cas des enfants (surtout des jeunes enfants), cela l'est peut-être dans le cas des personnes mises en minorité prolongée. Ce n'est certainement pas envisageable pour les sourds, qui ont une opinion personnelle qui n'est pas nécessairement celle de leurs proches et qu'ils n'ont probablement pas envie d'exprimer à leur proche servant de relais. L'anonymat des réponses à un sondage doit évidemment s'appliquer aux sourds comme aux autres répondants.

Une autre solution existe, elle est utilisée pour interroger les populations immigrantes par exemple, elle consiste à traduire fidèlement le questionnaire. Bien que, dans le cas de la surdité, il faille plutôt parler d'interprétation que de traduction, c'est la solution idéale (pour ne pas dire unique) pour interroger les personnes sourdes dans une enquête quantitative. C'est celle que nous avons mise en place dans nos expériences d'enquêtes.

Ne pas abandonner

On peut considérer une population comme « difficile à enquêter » si elle est difficile à définir, à échantillonner, à contacter, à persuader, à interroger, ou si elle présente une combinaison de plusieurs de ces cinq difficultés, ce qui est fréquent. Fort heureusement, toutes ces difficultés ne se rencontrent pas dans tous les contextes d'enquêtes auprès des sourds. La lecture de la liste des difficultés à surmonter, en vue de réaliser une enquête quantitative auprès des sourds pourrait, à première vue, inciter le chercheur soit à changer de méthode d'analyse, soit à changer de population d'étude.

Pourtant, lorsque des adaptations sont préalablement mises en place, il apparait que la population sourde n'est plus si « difficile à enquêter ».

En adoptant une posture inclusive, il conviendrait d'ailleurs d'abandonner ce néologisme de « difficile à enquêter ». En effet, ce terme fait porter à tort la difficulté par le groupe à étudier. Les difficultés ne viennent pourtant pas des sourds, mais bien des chercheurs qui, comme tant d'autres, manquent d'habitude avec la langue des signes, la langue des sourds.

Trois objectifs

Au moins trois objectifs peuvent être poursuivis lorsqu'on met en place des enquêtes quantitatives auprès de groupes très spécifiques tels que les sourds : 1- *mieux connaitre une population peu étudiée*, 2- *comparer une population à caractéristiques spécifiques à la population générale*[10] et enfin, 3- *intégrer une population habituellement exclue des collectes de données dans un échantillon global.*

Étudier

Certaines populations semblent peu, voire très peu, étudiées de manière quantitative en sciences sociales; c'est le cas des sourds. Il existe peu de recherches quantitatives et empiriques en sociologie sur la surdité et jamais le point de vue des sourds n'est collecté dans une démarche quantitative et statistique.

On peut s'interroger sur la situation spécifique des sourds et sur leurs opinions à ce propos. Étudier quantitativement la population sourde est un objectif en soi et dans la suite de ce texte, nous appellerons les enquêtes poursuivant cet objectif : les enquêtes « spécifiques ».

Un des avantages de l'enquête spécifique est qu'elle peut être très orientée et prendre fidèlement en compte les réalités concrètes d'une sous-population.

On peut se demander s'il existe des freins à la participation électorale des sourds en Belgique francophone. On peut également se poser la question des adaptations à mettre en place afin de faciliter l'accès au vote des personnes sourdes.

Comparer

Un second objectif à poursuivre est de comparer une population à caractéristiques spécifiques à la population dite « tout-venant » ou « normale ». En d'autres termes, on peut comparer une population spécifique à la population généralement incluse dans les enquêtes d'opinion. C'est probablement l'objectif le plus important des adaptations de questionnaires pour les sourds, dans le cadre des questions d'opinion générale. En effet, comme dans la plupart des analyses statistiques, les données brutes (ce qu'on appelle communément les « tris à plat ») sont peu éclairantes et ce sont les données comparatives qui permettent de mieux cerner une population.

Que peut-on dire du résultat brut suivant : « Sur une échelle de 0 à 10, les sourds[11] estiment en moyenne l'équité des élections législatives en Belgique à 5,87 » ? Pas grand-chose en fait, cette information dépend de tellement de facteurs tels que la formulation de la question, l'attitude de l'interviewer et le contexte et le timing de l'enquête.

Cependant, si ces facteurs sont contrôlés et si les situations d'enquête sont fidèlement reproduites dans deux ou plusieurs populations, des résultats comparatifs peuvent nous apprendre beaucoup sur une population peu étudiée comme celle des sourds, par exemple :

« Sur une échelle de 0 à 10, les sourds estiment en moyenne l'équité des élections législatives en Belgique à 5,87 alors que les entendants[12] l'estiment à 7,35 en moyenne ».

En prenant en compte les intervalles de confiance correspondants, on constate ici une différence statistiquement significative entre les deux populations.

Pris séparément, il est difficile de savoir si le niveau de satisfaction est faible chez les sourds et c'est comparativement que cette information prend toute sa signification.

Intégrer

Enfin, le dernier objectif potentiel d'une adaptation d'enquête au public sourd est d'intégrer une population exclue à une collecte générale. Cet objectif peut être poursuivi pour des raisons morales et éthiques : construire une enquête non discriminante et disposer à terme de statistiques reflétant plus fidèlement l'ensemble de la population.

L'utilisation faite des statistiques obtenues de manière exclusive renvoie aux sourds un sentiment d'invisibilité puisque des données issues d'un protocole les excluant de fait sont extrapolées à l'ensemble de la population.

Il peut également être poursuivi pour des raisons méthodologiques et statistiques. Considérant qu'une sous-population systématiquement exclue des collectes d'opinion peut avoir des caractéristiques spécifiques, il y a un risque de biais dans les statistiques qui découlent de ces protocoles exclusifs. Le principe d'inférence peut être mis à mal par ces exclusions systématiques dans les enquêtes que nous appellerons « généralistes ».

Les enquêtes d'opinion généralistes concernant la citoyenneté et l'accès au vote en Belgique n'étant pas accessibles aux personnes sourdes, celles-ci se voient dans l'impossibilité d'influencer les tendances, cela peut être à leur désavantage.

Adaptation des protocoles

Pour atteindre chacun de ces trois objectifs, des adaptations de protocole sont indispensables :
- Traduire et interpréter des questionnaires;
- Adapter le mode de passation;
- Adapter la logistique;
- Décloisonner les disciplines et pratiquer l'inclusion.

Traduire et interpréter des questionnaires

Permettre aux sourds de participer à une enquête quantitative, c'est avant tout proposer un questionnaire dans leur langue : la langue des signes. Il est inadéquat de se contenter d'un questionnaire écrit, les sourds ne lisent pas facilement. Le questionnaire à utiliser doit être traduit et interprété en langue des signes[13].

Parmi les trois types d'enquêtes présentés (spécifiques, comparatives, généralistes), on rencontre deux cas bien distincts. Dans les enquêtes spécifiques, le but est de mieux connaitre la situation des sourds et seuls les sourds y participent. L'objectif d'une bonne traduction dans ce cas est de permettre au chercheur de mesurer fidèlement les indicateurs qu'il désire mesurer. Le répondant doit effectivement répondre à la même question en langue des signes que celle que pose le chercheur en langue orale.

Dans le cadre des enquêtes généralistes et comparatives, la bonne traduction sera celle permettant à tous les répondants de répondre exactement à la même question, qu'ils utilisent la version source ou la version traduite (appelée aussi la version cible).

Le cas de la traduction et de l'interprétation en langue des signes est éminemment spécifique et l'objectif du chercheur sera de respecter au plus près les recommandations issues des guides techniques et méthodologiques tout en prenant en compte la réalité de cette langue. Pour que l'intégration des sourds dans les enquêtes généralistes soit réussie, il faut minimiser les erreurs de mesure dues à la traduction. Il faut également poursuivre cet objectif dans le cas des enquêtes comparatives afin de pouvoir comparer efficacement les deux populations. Dans ces deux cas, il est impératif que les deux types de répondants, sourds et entendants, aient répondu aux mêmes questions.

Toutefois, il apparait directement que certains préceptes classiques de la traduction ne peuvent pas être respectés à la lettre. Le format des questions pourra difficilement être similaire, puisque nous passons d'une langue orale à une langue iconographique (du moins en partie), avec une grammaire très différente. Il existe de nombreuses formes de traduction, dans le cas de questionnaires d'enquêtes à traduire et interpréter en langue des signes, le type de traduction à préconiser est probablement celle qu'on appelle la « traduction idiomatique », en effet, contrairement à d'autres formes, celle-ci propose de se conformer aux usages, aux expressions et aux formulations de la langue et de la culture cible (Harkness, 2010). Les formulations et les constructions de phrases étant sensiblement différentes entre langue parlée et langue signée, ce type de traduction permet de respecter les références culturelles et linguistiques du répondant. Malheureusement, c'est également le mode de traduction le plus sensible aux erreurs de mesures. Il faut donc veiller, à tout instant, à la comparabilité des versions grâce à un processus de traduction itératif et concerté entre plusieurs traducteurs.

Pour Harkness (2010), une traduction valide se doit de respecter les contraintes suivantes, entre la version source et la version traduite :
- Le contenu des questions doit être sémantiquement identique;
- Le format des questions doit être similaire;
- Les unités de mesure et l'ordre des modalités de réponse doivent être similaires;
- Les deux versions doivent proposer le même type de stimulus.

Les deux versions, la source et la version traduite, doivent aussi être dans le même registre (le même niveau de langage et le même niveau de formalisme). Enfin, la version traduite ne doit ni clarifier ni compliquer le texte source et ne peut, en aucun cas, ajouter d'information complémentaire.

Adapter les questionnaires, pas les questions

Pour « coller » à la réalité d'un public cible, il peut être nécessaire d'adapter certaines questions. Il est parfois utile de convertir des unités de mesure ou de s'adapter à la réalité du pays ou de la région où sera utilisée l'enquête cible. Pour réaliser une enquête comparative entre sourds et entendants, ce type d'adaptations n'est cependant pas nécessaire, car les deux populations partagent le même environnement, les mêmes unités de mesure et les mêmes particularités régionales. Certes les questionnaires doivent être adaptés afin de permettre la participation des sourds, mais les questions, elles, doivent être le plus fidèlement traduites afin de garantir la comparabilité.

Par exemple, la question issue d'un questionnaire source :
« Et dans l'ensemble, dans quelle mesure êtes-vous satisfait de la manière dont la démocratie fonctionne en Belgique?
De 0 : Tout à fait insatisfait… à… 10 : Tout à fait satisfait »
Est codée en séquence de mots clés :
« Dans l'ensemble, démocratie Belgique comment fonctionne toi sentir content
0 : pas content 10 : content »
Ensuite, les termes de la séquence sont interprétés en langue des signes pour donner forme à la question.

Une équipe de traduction

Pour traduire et interpréter un questionnaire en langue des signes, comme pour toute traduction, le recours à une équipe de traduction est recommandé. Le modèle d'équipe le plus fréquemment préconisé est le « TRAPD » acronyme de « translation, review, adjudication, pretesting and documentation[14]». Selon ce modèle, plusieurs traducteurs font une première proposition de leur traduction respective à une équipe élargie. Cette équipe discute et révise les questionnaires, choisit les meilleures formulations. Plusieurs phases de prétests sont prévues dans un processus itératif et chaque étape est documentée (Harkness, Van de Vijver et Mohler, 2003).

Adapter le mode de passation

L'utilisation de vidéos présentant chaque question et chaque modalité de réponse en langue des signes semble être la méthode la plus appropriée, pour ne pas dire l'unique méthode, pour enquêter quantitativement auprès des sourds.

Un questionnaire électronique (en ligne ou sur une tablette) adapté permet de surmonter les contraintes propres à ce type d'enquête. Si l'utilisation de la langue des signes s'impose puisque les sourds ne lisent pas ou pas facilement, le choix du support vidéo est idéal pour annuler l'effet enquêteur. Cet effet (ce biais) intervient lorsque l'enquêteur influe (souvent inconsciemment) sur les choix du répondant. On peut craindre que l'effet enquêteur soit particulièrement important dans une enquête en langue des signes en face-à-face (n'utilisant pas de support vidéo), car c'est une langue qui s'interprète et donc qui peut être plus sensible aux variations de contexte et d'interlocuteur, et n'étant pas une langue qui s'écrit, l'enquêteur ne peut pas disposer d'un « texte à suivre[15] ».

Deux modes de passation adaptés aux personnes sourdes peuvent être mis en place : l'enquête en ligne sur un site internet dédié et l'enquête sur un appareil mobile.

L'enquête en ligne

Le questionnaire peut être proposé sur un site dédié. Chaque question apparait sur une page unique pour éviter les confusions. Pour chaque question, la version texte est affichée, la capsule vidéo est disponible juste en-dessous et les modalités de réponses sont disponibles en-dessous de la vidéo (Figure 1).

La plupart des sourds ont accueilli l'arrivée d'internet avec énormément d'enthousiasme. Ce nouvel outil leur permet, en plus de s'informer, d'avoir des communications entre sourds à distance d'une part et de communiquer plus facilement avec des non-sourds d'autre part (John, Mautret-Labbe et Palacios, 2009).

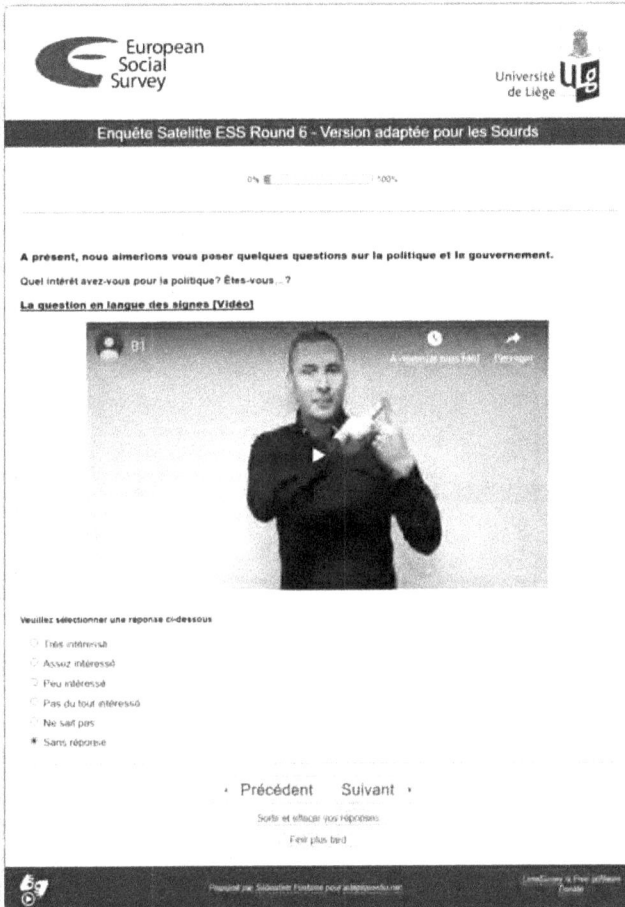

Figure 1. Enquête en ligne intégrant les vidéos en langue des signes

Par conséquent, pour un grand nombre de sourds, le questionnaire en ligne peut être une solution parfaitement adaptée. Cependant, certains sourds n'utilisent pas internet ou ne disposent pas du matériel leur permettant de remplir un questionnaire en ligne dans de bonnes conditions. C'est alors une solution portable et autonome qu'il faudra envisager.

Le questionnaire électronique mobile

L'enquête peut également être présentée sur un appareil mobile (Figure 2) comme une tablette ou un ordinateur ultra portable. Les consignes techniques sont les mêmes que pour l'enquête en ligne à la seule différence que tout doit se faire en local et non plus en ligne. En effet, il faut pouvoir réaliser l'enquête partout (chez le répondant, dans un local d'association, dans un café…) y compris là où aucune connexion internet n'est disponible.

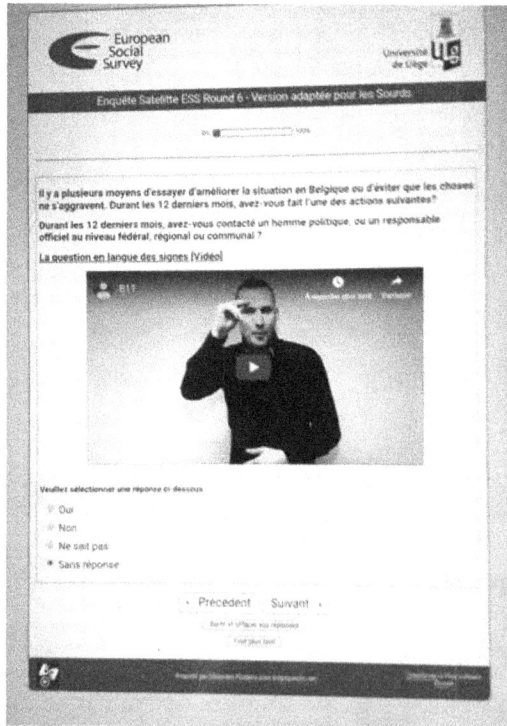

Figure 2. Enquête sur support mobile intégrant les vidéos en langue des signes

Le questionnaire électronique mobile est proposé par un enquêteur signant (de préférence une personne sourde) qui explique l'utilisation de l'appareil et le fonctionnement du questionnaire. L'enquêteur reste disponible pour épauler techniquement le répondant pendant toute la durée de la passation.

Adapter la logistique

Dans son chapitre sur l'expérience de l'altérité, Yves Delaporte (2002) relate cette anecdote tout à fait éclairante et à propos. Une journaliste prend contact avec un groupe de sourds pour un reportage dans la presse locale. Elle convient de plusieurs rendez-vous à domicile et distribue sa carte de visite. Lorsqu'elle est partie, tout le monde s'interroge : pourquoi a-t-elle fait ça? Une adresse et un numéro de téléphone sont dépourvus de sens, puisqu'ils n'écrivent guère et ne téléphonent pas (Delaporte, 2002) !

La mésaventure de cette journaliste montre bien à quel point la logistique et toute l'organisation du travail de terrain doivent prendre en compte les contraintes du public à interroger. Pour atteindre les personnes sourdes et espérer un taux de réponse intéressant, il convient d'utiliser les médias qu'elles utilisent, de s'adresser à elles en langue des signes et d'engager des personnes sourdes pour créer des relais. Au lieu de la lettre envoyée à l'avance au répondant, il faudra privilégier une page web avec une vidéo en langue des signes, prévenant le répondant sourd qu'il sera bientôt contacté. À la place d'une brochure présentant les sujets de la future enquête, on profitera d'un rassemblement sourd pour faire une petite présentation en langue des signes, des tenants et aboutissants de l'enquête.

Plutôt qu'un numéro de téléphone à joindre pour avoir de plus amples informations sur l'enquête, on proposera de contacter une personne sourde formée spécialement lors de permanences organisées. Il faut perdre l'habitude des communications orales et écrites et prendre celle des réseaux sociaux et des médias utilisés par les sourds.

Dans n'importe quelle enquête par sondage, il faut toujours essayer de mettre le répondant dans les meilleures conditions pour participer à une enquête. Dans le cas d'un sourd, il est très probable qu'il préférera remplir un questionnaire chez lui ou dans une association qu'il connait. Le fait d'employer des enquêteurs sourds et des personnes sourdes comme relais permet également aux répondants sourds de se sentir plus à l'aise et contribue à améliorer le taux de réponse.

Décloisonner les disciplines et pratiquer l'inclusion

Enfin, la difficulté spécifique à faire participer les sourds à une enquête menée par des entendants nous fait sortir du cadre strict de la méthodologie et du protocole de passation de sondages.

Pour répondre à des craintes et à des méfiances parfaitement fondées, que le public sourd peut nourrir à l'égard du monde académique, de la recherche et par conséquent des enquêtes par sondage, il convient de « décloisonner » certaines pratiques classiques de l'enquête et de l'utilisation des statistiques qui en découlent, afin d'assurer aux personnes sourdes qu'elles sont bien concernées.

Beaucoup de personnes sourdes préfèrent garder leurs opinions pour elles-mêmes et sont très suspicieuses de toute personne entendante qui montre un intérêt pour les sourds et leur situation. De ce fait, les sourds se retrouvent isolés du monde des entendants et cela pose de réelles difficultés de communication pour le sociologue qui souhaite les étudier (Higgins, 1980).

Comme ce fut précédemment évoqué, les personnes sourdes peuvent exprimer une opinion sur bien d'autres sujets que les problématiques liées à leur vie de sourd. Le but des enquêtes comparatives, par exemple, est de comparer leurs positionnements et leurs opinions sur des indicateurs n'ayant logiquement rien à voir avec la surdité.

Le fait de présenter une enquête couvrant des sujets variés et généraux, donc non centrés sur la surdité, est déjà une pratique de décloisonnement. Les opinions politiques, de valeurs où les représentations existent chez les sourds comme chez les autres; elles méritent d'être exprimées et prises en considération; l'outil quantitatif semble pouvoir être utilisé s'il est adapté et construit dès le départ dans ce but.

Faire appel à des personnes sourdes comme personnes-relais et comme enquêteurs est également une bonne manière d'impliquer les sourds et de diminuer leurs craintes. Communiquer dans la langue du répondant, la langue des signes, est une condition indispensable pour intégrer les sourds.

Enfin, communiquer les résultats statistiques des recherches menées auprès des sourds et lors des conférences et évènements sourds est, en plus de la marque d'un respect élémentaire, d'une importance capitale pour éviter aux personnes sourdes d'avoir le sentiment d'être de simples objets d'études pour entendants. Cela peut également contribuer à augmenter leur désir de participer à d'autres enquêtes à l'avenir.

Une illustration concrète

Pour illustrer ce texte en essayant de répondre aux objectifs annoncés dans l'introduction, nous utiliserons quelques résultats obtenus en Belgique francophone suite à deux enquêtes adaptées à la situation des personnes sourdes : l'une est « spécifique »[16], l'autre est comparative (ou « satellite »).

La situation des sourds et leur satisfaction quant au fonctionnement du système électoral expliquées grâce à une enquête spécifique[17]

En 2012, quelques mois avant des élections communales et provinciales organisées en Belgique, une enquête a été réalisée par l'Université de Liège en collaboration avec de nombreuses associations[18]. Cette enquête a été menée à l'aide d'un questionnaire en ligne, intégrant des vidéos en langue des signes, auprès d'un petit échantillon de 63 personnes sourdes[19].

L'objectif de cette enquête était de mieux connaitre les freins et les leviers à la participation électorale des personnes sourdes. Dans une enquête spécifique comme celle-là, il est possible, et c'est même son principal objectif, d'aborder des questions tout à fait propres au répondant sourd, au contraire d'une enquête comparative et, ou généraliste.

Il ressort de cette enquête que la possibilité de s'informer préalablement au vote semble être le problème principal pour la population sourde. C'est particulièrement le manque de compréhension des hommes et des femmes politiques dans les émissions de télévision qui pose le plus de problèmes. Plus que toutes les autres, cette proposition retient l'attention. Les émissions politiques sont très rarement sous-titrées et ne sont pratiquement jamais interprétées en langue des signes. Les sourds ne lisant pas facilement, les prospectus électoraux leur sont eux aussi inaccessibles et peu utiles. Pour les mêmes raisons, les sourds comprennent difficilement les convocations électorales[20].

Le principal frein à la bonne participation des sourds est le problème lié à l'information. Il est difficile, voire impossible pour une personne sourde, de préparer son vote. À cause de la langue utilisée, les sourds ne comprennent pas les débats préélectoraux, pas plus que les interventions des hommes et femmes politiques. C'est à ce niveau que les actions positives doivent être menées.

Les sourds semblent constituer une catégorie de citoyens « en situation de handicap ». Ce sont des citoyens dont la tâche politique - le vote- est rendue plus difficile et moins digne à cause du déni de leur langue. Dans la dernière question ouverte en fin de questionnaire : « avez-vous un commentaire ou une remarque à formuler? », on peut d'ailleurs lire des commentaires insistant sur cet aspect :

> « *Les débats télévisés sous-titrés : il y a URGENCE* » [Commentaire laissé par un homme, sourd profond de 37 ans].

> « *Je ne comprends rien aux débats des politiciens, je ne suis pas assez informé, car il n'y a pas de sous-titrage chez les chaines francophones... Comment dois-je les suivre et comprendre?* » [Commentaire laissé par une femme, sourde profonde de 32 ans].

> « *Je pense que c'est bien de laisser les sourds aller voter, mais avant de voter, il serait nécessaire de participer à un débat ou conférence pour mieux comprendre la politique, les votes, etc.* » [Commentaire laissé par une femme, sourde de 24 ans].

Le dernier commentaire illustre sans conteste la dualité des revendications inclusives des personnes en situation de handicap. Comme dans la Déclaration de Madrid[21] de mars 2002 qui invite à une non-discrimination complétée d'une action positive, afin d'atteindre l'inclusion sociale, la non-discrimination à elle seule ne suffit pas à permettre aux sourds de participer à leur environnement politique. Notre enquête spécifique révèle que cette non-discrimination doit être accompagnée de mesures, ou d'actions positives particulières, pour permettre aux sourds de voter dans les mêmes conditions que les entendants.

L'enquête spécifique permet d'étudier en profondeur la population sourde sur les questions de participation électorale et permet de relever les dysfonctionnements dus au manque d'informations adaptées. Cependant, rien ne nous permet d'affirmer que les situations vécues par les sourds sont spécifiques et qu'une partie de la population entendante ne subit pas, également, ce manque d'informations. Afin de comparer les situations entre sous-groupes (sourds ou entendants), un autre type d'enquête doit être mis en place : il s'agit de l'enquête comparative ou « satellite ».

La satisfaction des sourds comparée à celle des entendants

Un premier point de vue sur la situation démocratique et citoyenne des sourds peut être mis à jour grâce à une enquête comparative dite « satellite ».

Nous avons réalisé, en parallèle à la passation classique de la sixième vague de l'Enquête Sociale Européenne[22] (ESS, 2012), une passation adaptée auprès des sourds de Belgique francophone. 899 personnes ont été interrogées au total : 764 dans le cadre de l'enquête ESS classique[23] et 135 dans le cadre de l'enquête satellite adaptée aux personnes sourdes. La comparaison des données obtenues dans les deux échantillons fait apparaitre des différences significatives et intéressantes.

Dans cette enquête, nous avons posé la question de l'équité des élections grâce à la question : « En Belgique, les élections législatives sont-elles libres et équitables? »[24]. Selon ce critère, les élections sont largement et significativement moins bien perçues par les sourds que par les entendants. Elles sont également moins bien perçues par les femmes que par les hommes et cela aussi bien chez les sourds que chez les entendants.

Comme l'illustre la figure 3, les niveaux de satisfaction sont systématiquement[25] plus faibles chez les sourds que chez les entendants. Cela s'observe aussi bien si l'on compare les sourds aux entendants en général (barre pleine), les femmes sourdes aux femmes entendantes (barre hachurée) ou les hommes sourds aux hommes entendants (barre à damier).

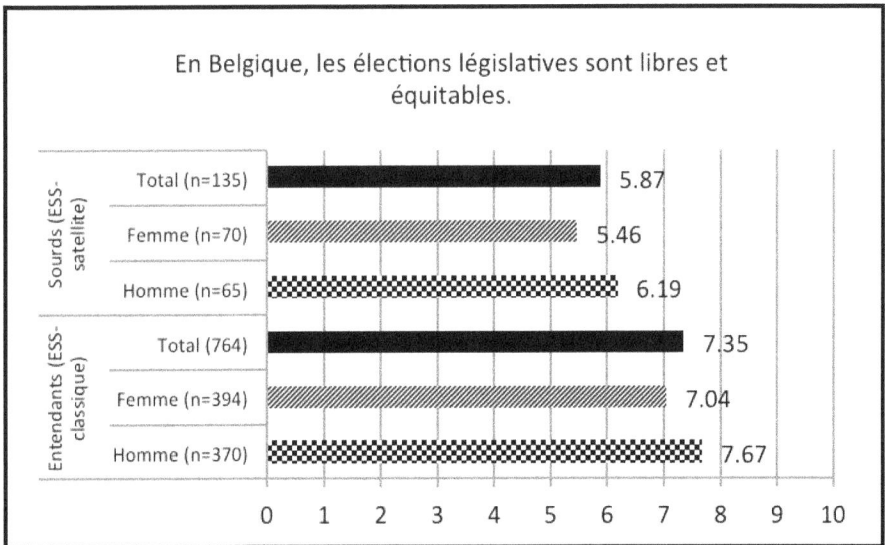

Figure 3. Comparaison sourds/entendants quant à la perception des élections. (Source : Fontaine, "Enquêter auprès des sourds", 2015).

C'est un autre avantage de l'enquête satellite. Si elle permet de repérer les différences entre les personnes sourdes ou entendantes, elle permet également d'étudier des similitudes entre certains profils sourds et leurs profils homologues chez les entendants.

Les deux enquêtes brièvement présentées ici permettent de mettre à jour une facette de la réalité de la vie citoyenne des personnes sourdes, en étudiant en profondeur les spécificités de leurs situations et en les comparant à la population entendante.

Pour les deux types d'enquêtes, satellite et spécifique, les adaptations sont indispensables. Elles le sont pour des raisons méthodologiques : c'est le seul moyen d'enquêter efficacement auprès des sourds. Elles le sont aussi pour des raisons éthiques : enquêter auprès des sourds en employant leur langue est une question de respect, de dignité et d'inclusion.

Conclusion : choisir d'enquêter les sourds

En début d'article, nous proposions trois objectifs : intégrer les sourds à des enquêtes classiques, étudier spécifiquement cette population à l'aide de questionnaires et, enfin, comparer la population sourde à la population entendante. Chacun de ces objectifs correspond à un type d'enquête : l'enquête d'opinion généraliste, l'enquête spécifique et l'enquête comparative (également appelée « satellite »). Quel que soit l'objectif et quel que soit le type d'enquête, des obstacles apparaissent et une série d'adaptations innovantes doit être mise en place par le chercheur afin de collecter l'opinion des personnes sourdes.

Dans le cadre d'une enquête généraliste, l'intégration des sourds ayant été aléatoirement sélectionnés pour faire partie de l'échantillon ne semble pourtant que très faiblement opérante. En effet, cette inclusion ne permettrait de faire émerger aucune information mobilisable par les utilisateurs des données issues de ces enquêtes généralistes. Avec une si faible proportion de sourds dans l'échantillon final, rien de tangible ne pourra être dit sur les sourds, leurs attitudes et leurs opinions. L'inclusion des sourds dans les enquêtes généralistes ne leur permettrait ni d'influer sur les tendances générales ni de rendre leur communauté plus visible et mieux connue.

Pour mieux connaitre les sourds et disposer d'informations quantitatives les concernant, deux options peuvent s'envisager :

l'enquête spécifique et l'enquête comparative. L'enquête spécifique n'est à privilégier que lorsque les questions ne concernent que les personnes sourdes. Dans les autres cas, c'est l'enquête comparative (ou satellite) qui éclaira le plus efficacement la situation des sourds.

En effet, rien ou presque ne peut être dit à partir d'évaluations ou de niveaux de satisfaction pris sans point de comparaison. Le niveau absolu d'un indicateur n'est que très faiblement informatif. Quand dans la population sourde, par exemple, on observe un indice de satisfaction de processus électoral de 5,87/10 en moyenne, il est difficile d'en tirer quelque conclusion que ce soit. C'est en comparant cet indice à celui des entendants (7,35/10 en moyenne) et en adoptant les précautions statistiques nécessaires que ces chiffres prennent sens, que la situation particulière vécue par les sourds peut être pointée et que des solutions en termes d'inclusion peuvent être recherchées.

Notes

[1] Dans cet article, nous utiliserons, en plus de l'expression « personnes sourdes », les termes « sourds », sans majuscule. Cela semble cohérent, d'une part pour respecter l'aspect comparatif avec les « entendants » et d'autre part pour rester en accord avec une dénomination utilisée par la population sourde elle-même.

[2] Cette thématique est notamment présente dans un module de l'Enquête Sociale Européenne menée tous les deux ans (http://www.europeansocialsurvey.org), que nous présenterons et utiliserons dans la suite de cet article.

[3] Ce néologisme est une traduction, peu satisfaisante, du terme anglais courant dans la littérature en méthodologie de l'enquête : «*hard-to-survey*».

[4] Des listes de populations complètes et fiables sont de plus en plus compliquées à obtenir.

[5] Des homonymes en langue orale ne s'expriment pas de la même manière en langue des signes et des signes identiques peuvent avoir une signification différente en fonction du contexte.

[6] Selon le linguiste François-Xavier Nève (Nève, 1996).

[7] Nous n'aborderons pas la question de l'échantillonnage dans cet article. Cette question centrale, complexe et à dimensions multiples ne pourrait être résumée ici. Elle est exposée dans la thèse de doctorat dont cet article est issu.

[8] L'expression a été utilisée telle quelle, par plusieurs sourds rencontrés lors d'entretiens préalables à l'enquête comparative utilisée dans cet article.

[9] C'est le cas de l'Enquête Sociale Européenne, utilisée comme base pour plusieurs de nos enquêtes expérimentales.

[10] Nous devrions plutôt l'appeler la population globale éligible et généralement interrogée dans ce type d'enquête.

[11] n=135 ; source enquête satellite à l'Enquête Sociale Européenne – Vague 6 ; 2012.

[12] n=764 ; source Enquête Sociale Européenne – Vague 6 ; 2012.

[13] Notons qu'il pourrait exister des équipes de chercheurs sourds ou entendants maitrisant suffisamment la langue des signes qui pourraient créer un questionnaire directement en langue des signes. Mais ce cas est probablement exceptionnel et nous nous occuperons, dans ce qui suit, du cas le plus fréquent : celui d'une équipe de recherche ne maitrisant pas ou peu la langue des signes désirant mener une enquête auprès des sourds signants.

[14] Traduction, révision, adjudication, pré-tests et documentation.

[15] Les séquences de mots utilisées lors de la phase de traduction ne peuvent absolument pas être utilisées pour une interprétation à la volée. En effet, le temps de réflexion précédant l'interprétation est beaucoup trop long.

[16] Le cas de l'enquête généraliste adaptée ne sera pas présenté dans cet article mais est largement étudié dans la thèse dont cet article est issu.

[17] Cette enquête est dite spécifique car elle s'intéresse à la situation propre des personnes sourdes dans un contexte donné.

[18] Altéo – mouvement social de personnes malades, valides et handicapées (Province de Liège) ; l'Association Socialiste des Personnes Handicapées (Belgique francophone) ; l'Agence Wallonne pour l'Intégration des Personnes Handicapées (Belgique francophone) ; la Province de Liège et le Centre Liégeois de Promotion de la Santé et Surdimobil - Agence de sensibilisation à la surdité (Province de Liège).

[19] Cet échantillon comprenait 35 hommes (55,6%) et 28 femmes (44,4%). La répartition par âges était relativement proche de celle de la population belge francophone avec un léger sous-effectif chez les 15-30 ans (n=10 ; 16,4%) ; en revanche les 31-45 ans (n=20; 32,8%), les 46-60 ans (n=14 ; 23,8%) et les plus de 60 ans (n=17 ; 27,9%) sont correctement représentés. L'échantillon comprenait 54 personnes ayant voté sur 60 s'exprimant sur cette question.

20

Pour chacune des propositions ci-dessous, nous vous demandons si c'est facile pour vous... Résultats cumulés pour les modalités « *Difficile ou très difficile* »	Effectif	N valide % colonne[20]
Comprendre les hommes politiques dans les émissions à la télévision	34	66,70%
M'informer pour préparer mon vote	14	26,90%

[21] The representative organisation of persons with disabilities in Europe : http://www.edf-feph.org/

[22] L'Enquête Sociale Européenne, généralement appelée E.S.S. pour European Social Survey est une enquête internationale sur les valeurs, les comportements et les opinions des populations de différents pays européens.

[23] Recherche menée par l'Université de Liège et la Katholieke Universiteit Leuven en collaboration avec le bureau d'enquête TNS Dimarso.

[24] Formulations exacte de la question : En Belgique, les élections législatives sont libres et équitables.

[25] Toutes les différences notées ici sont statistiquement significatives selon le test de Khi-deux réalisé dans un modèle à cotes proportionnelles pour données ordinales.

Références

Brick, J. M. et Williams, D. (2013). Explaining rising nonresponse rates in cross-sectional surveys. *The ANNALS of the American Academy of Political and Social Science*, 645(1), 36-59.

Delaporte, Y. (2002). *Les sourds, c'est comme ça : ethnologie de la surdimutité*. Paris: Maison des sciences de l'homme.

European Social Survey | *European Social Survey (ESS)*. (non. daté). Accès: http://www.europeansocialsurvey.org/

Fontaine, S. (2015). Enquêter auprès des sourds. Implications éthiques, méthodologiques et statistiques de l'adaptation d'enquêtes d'opinion au public sourd. Unpublished doctoral thesis, Université de Liège, Liège, Belgique

Groves, R. M., Singer, E. et Corning, A. (2000). Leverage-saliency theory of survey participation. *Public opinion quarterly*, 64(3), 299-308.

Harkness, J. A., Van de Vijver, F. J. et Mohler, P. P. (2003). *Cross-cultural survey methods* (Vol 325). Hoboken: Wiley-Interscience.

Harkness, J. (dir.). (2010). *Survey methods in multinational, multiregional, and multicultural contexts.* Hoboken, N.J. : Wiley (Wiley series in survey methodology).

Higgins, P. C. (1980). *Outsiders in a hearing world: A sociology of deafness. Newbury park*, Californie : Sage Publications.

John, C., Mautret-Labbe, C., et Palacios, P. (2009). Les sourds, Internet et le lien social. *Empan*, 76(4).

Nève, F.-X., et Centre d'études pluridisciplinaires en langue des signes. (1996). *Essai de grammaire de la Langue des signes française.* Genève: Diffusion Libre. Droz.

Tourangeau, R. (dir). (2014). *Hard-to-survey populations.* New York: Cambridge University Press.

The representative organisation of persons with disabilities in Europe. (n.d.). Accès : http://www.edf-feph.org/

11

Énonciation citoyenne en sons et en images des étudiantes et étudiants en situation de handicap de l'UQAM[1]

Mouloud Boukala
Université du Québec à Montréal (UQAM)

« J'arrive pas à avoir dans l'idée de me faire accompagner par un gardien de sécurité obligatoirement partout où je vais en métro, pour moi c'est être dépendante » Isabelle Boisvert (Évasion).

« C'est pas à cause qu'on est atteint d'une maladie mentale ou d'un handicap quelconque qu'on peut pas vivre, qu'on peut pas faire d'excellentes choses très positives dans la société » Jean Théagène (Discipline Distance Détermination).

Dans un entretien accordé à Bonnefoy, Foucault recense les formes statutaires de parole dont dispose un universitaire :

> *« Il y a les choses que j'écris, qui sont destinées à former des articles, des livres, de toute façon des textes assez discursifs et explicatifs. Il y a une autre parole statutaire qui est celle de l'enseignement : le fait de parler à un auditoire, d'essayer de lui apprendre quelque chose. Enfin une autre parole statutaire est celle de l'exposé, de la conférence que l'on fait en public ou à des pairs pour tenter d'expliquer son travail, ses recherches »* (Foucault, 2011, p. 26).

Qu'en est-il d'une autre forme où l'universitaire accompagne des individus – en l'occurrence des personnes en situation de handicap – dans leurs activités ordinaires et rend compte de *leurs* vécus au travers de *leurs* images et de *leurs* sons? Le film et la vidéo sont-ils des formes statutaires de parole universitaire? Revêtent-ils une portée explicative, discursive, pédagogique, performative?

Autant d'interrogations qui feront la matière de ce texte où nous présenterons et examinerons une recherche en cours. Depuis juin 2014, nous nous sommes lancés dans la réalisation d'une série de courts-métrages documentaires portant sur les activités socioculturelles et sportives des étudiants et des étudiantes en situation de handicap de l'Université du Québec à Montréal (UQAM)[2]. Notre motivation première a été de traduire audiovisuellement les épreuves personnelles de ces étudiants en enjeux collectifs et de donner aux enjeux collectifs leur riche dimension humaine. En ce sens, nous avons fait nôtre la distinction opérée par Mills dans *L'imagination sociologique* (2007) entre les « épreuves personnelles de milieu » et « les enjeux collectifs de structure sociale ». L'un des objectifs de ces courts-métrages est de partager collectivement le vécu de ces étudiants et étudiantes dans la mesure où

> « *ce qu'il [l'homme] vit sur le mode d'épreuves personnelles, il sait très bien que d'autres le vivent aussi comme problèmes, et qu'on ne peut les résoudre individuellement, mais qu'il faut modifier les structures des groupes où il vit et d'aventure, la structure de la société entière* » (Mills, 2007, p. 192).

À ce jour, deux courts-métrages ont été réalisés. D'emblée, notre posture a été celle de la rencontre, de l'échange et de l'accompagnement. Ce travail n'est pas l'œuvre d'un professeur isolé, mais relève d'une démarche collective où un anthropologue entouré de plusieurs étudiants de l'École des médias (Rachel Trahan Brousseau, Jason Burnham, Hubert Auger, et Laurent Ulrich) rencontre des personnes en situation de handicap. Ces derniers nous ont accordé leur temps et nous ont fait partager leurs passions et certaines de leurs difficultés. Nous ne leur avons pas cédé la parole, mais ils l'ont prise au sein d'un espace-temps partagé. Cette nuance simple en apparence s'avère lourde de conséquences. Une simple projection grammaticale crée une dissymétrie entre la forme active du faire et la forme passive du être fait, donc du subir. Car « donner la parole à l'autre » surdétermine l'autre de l'extérieur. Donner la parole à l'autre, c'est avant tout lui nier sa capacité à la prendre et instaurer un déficit. Ce ne fut pas le cas dans cette recherche. Au sein de ce projet, les activités et passions de ces étudiants ont toujours été premières et nous n'envisageons pas le cinéma comme une illustration d'un handicap, mais comme un mode de connaissance capable de rendre compte d'énonciations citoyennes, de difficultés liées à l'accessibilité physique, culturelle, sportive et médiatique.

Ces réalisations audiovisuelles sont considérées comme des propositions sociales en sons et en images qui donnent à voir des récits partiels et singuliers du monde. Elles s'inscrivent dans une pensée conjonctive (qui vise à relier) et conjoncturelle (liés à une situation sociale et politique particulière) dont l'ambition n'est pas de circonscrire le handicap comme d'autres ont tenté d'isoler le social (Durkheim), ou le culturel (Lévi-Strauss). Notre démarche s'inscrit résolument dans une anthropologie des images[3] où les images ne sont pas envisagées comme des illustrations, mais comme un mode de connaissance ayant une portée épistémologique, critique et réflexive. Ce faisant, nous cherchons à élaborer des liens plutôt que des distinctions en privilégiant davantage ce qui relie les individus entre eux que ce qui les délie. Nous avons ainsi été attentifs à la découverte de l'expérience (socioculturelle ou sportive) et à sa documentation. Ce faisant, nous avons voulu mettre en lumière ce qui dans la société québécoise contemporaine diminue les « capabilités » de ces citoyens, pour reprendre la notion développée par Sen (1985, 1992), puis reprise par Nussbaum (2012), et ce qui au contraire, est susceptible d'augmenter et d'enrichir leurs « capabilités[4] ». Notre posture n'est ni surplombante ni universalisante et encore moins écrasante. La caméra

303

s'est toujours tenue à hauteur de regard et notre positionnement peut être qualifié d'« engagé », engagé dans une ethnographie critique aux côtés des premiers intéressés, les étudiantes et étudiants en situation de handicap de l'UQAM. Dans la perspective qui est ici la nôtre, nous envisagerons comment ces réalisations s'avèrent riches de potentialités dans l'énonciation et l'émancipation de soi, en établissant un contact sensible avec des citoyens atteints d'un handicap, en révélant des fragments de leurs parcours et des aspects de leur condition sociale. Nous avons priorisé et privilégié leurs paroles. Ainsi, nul commentaire professoral ou autre forme statuaire de parole n'a été apporté à la bande sonore comme nous allons l'observer avec le premier court-métrage de la série, *Évasion*.

Evasion, le « rêve d'une ville universellement accessible »

Figure 1. Isabelle Boisvert (*Évasion*)

Évasion dresse le portrait touchant d'Isabelle Boisvert (Figure 1), jeune doctorante à l'UQAM en psychologie communautaire. En la suivant dans l'une de ses activités culturelles, un concert de Pierre Lapointe à Montréal (Figure 2), Isabelle nous communique sa perception de la ville, ses passions et son irrésistible besoin d'évasion. Nous découvrons son intérêt pour la musique, sa participation à des festivals (Francofolies, Festival de jazz) et sa fréquentation de la salle de l'Orchestre symphonique de Montréal. Montréal est propice aux loisirs et « l'été c'est la période la plus encline à sortir […] La plupart des activités socioculturelles sont pas mal accessibles[5] » précise-t-elle. Si Isabelle reconnaît les efforts déployés par la ville pour rendre accessibles les grandes manifestations socioculturelles durant la période estivale, elle déplore avec véhémence la situation hivernale. Durant de longs mois, le choix des activités socioculturelles pour les personnes à mobilité réduite s'amenuise de manière significative. En 2014, seules sept stations de métro sur soixante-huit sont accessibles, et ce sur une même ligne, la ligne orange. Le recours à un gardien de sécurité et à une rampe s'avère nécessaire en raison de l'espace entre le quai et le métro. Cette situation accentue le sentiment de dépendance dans une société où prédominent l'autonomie et l'autosuffisance. Dès lors, dépendre d'un autre peut être perçu comme une faiblesse et une entrave à sa liberté.

Figure 2. Isabelle Boisvert au concert de Pierre Lapointe à Montréal (*Évasion*)

Par ce témoignage, nous comprenons que pour certaines personnes – les personnes à mobilité réduite – des activités ordinaires à Montréal sont susceptibles de devenir des épreuves individuelles et s'avèrent insurmontables une partie de l'année, en raison des conditions climatiques et du peu de considération des pouvoirs publics. Les chutes de neige entravent les transports des passagers réguliers et cantonnent les personnes à mobilité réduite aux transports adaptés. Ces derniers annulent toute activité culturelle à la moindre tombée de neige. Ce court-métrage invite à comprendre une situation contemporaine où l'accessibilité culturelle de certaines personnes est étroitement liée à l'accessibilité physique.

Dans ce court-métrage, l'espace est avant tout envisagé comme une ressource pour l'activité socioculturelle. L'espace ne se limite pas à une étendue physique, mais constitue l'occasion d'une mobilité, d'aucuns diraient d'une immobilité, culturelle et sociale au sein de la métropole québécoise. Des relations d'interdépendance se nouent entre arrangements spatiaux et pratiques socioculturelles. Le discours d'Isabelle à cet égard est éloquent, émouvant et très bien structuré. Elle est curieuse, elle a soif de découvrir et de participer à des spectacles. Or, au travers de son propos, Isabelle est « parlée » par les transports. Son évasion culturelle est entravée par des attaches spatiales qu'elle critique et auxquelles elle s'oppose. Elle n'a de cesse d'exprimer et de recenser ce qui lui manque pour pouvoir satisfaire ses sorties culturelles. Son évasion est principalement estivale et rarement hivernale : « Je dirais que l'hiver c'est plutôt chez moi, encabanée, et un peu mal prise si on veut. Donc je suis obligée de me contenter des activités intérieures, cinéma, musées…[6] ». La mobilité conditionne son existence, la façonne et influence le sens de ses déplacements et donc de ses perceptions. La mobilité est constitutive du sujet. Chaque individu est non seulement la somme de ses perceptions, mais aussi l'histoire de ce qui a rendu possible ses perceptions. En ce sens, cette réalisation, en nous donnant à comprendre les déterminations contextuelles et culturelles auxquelles sont soumises des personnes à mobilité réduite, revêt une dimension historique. Elle témoigne des configurations socio-spatiales dans la ville de Montréal, en 2014, et du potentiel de mobilité urbaine à développer. Dans un autre entretien accordé par Isabelle à la suite de la sortie d'*Évasion*, l'étudiante évoque de manière plus précise les situations difficiles auxquelles elle est confrontée en employant les transports en commun de la ville de Montréal (la succession de plusieurs bus non accessibles en raison de rampes bloquées ou de manque de place, le temps d'attente dans le froid, l'impossibilité de prendre un autobus avec une amie se déplaçant elle aussi en fauteuil roulant, etc.). Face à ce constat, elle se plaît à imaginer la ville de Montréal universellement accessible :

> « *Et des métros accessibles, ça existe. Il faut juste que Montréal se mette en branle, qu'ils comprennent que c'est essentiel. Non seulement pour les personnes en situation de handicap, mais pour les personnes qui ont des douleurs chroniques, pour les personnes qui sont plus âgées, pour les mamans avec des carrosses… C'est pour tout le monde! Donc mon rêve, c'est d'avoir une ville universellement accessible. […] Une ville où est-ce que je décide d'aller, je peux être certaine que je vais pouvoir rentrer facilement, rentrer seule, sans demander de l'aide, aller à la salle de bain si j'en ai besoin, et vraiment, pleinement, profiter de tout. De tous les loisirs, de tous les musées, de tous les concerts que je veux[7]* ».

L'une des vocations de ce court-métrage est de comprendre ce qui se passe et qui touche toutes celles et ceux qui sont aujourd'hui exclus – en termes spatiaux – de l'accès à la culture. En ce sens, il soulève la question du droit à la ville. Ce droit collectif « recouvre également le droit de changer et de réinventer la ville d'une manière plus conforme à nos vœux. Il s'agit, de surcroît, d'un droit collectif davantage qu'individuel; réinventer la ville ne peut en effet se faire sans l'exercice d'un pouvoir collectif sur les processus d'urbanisation » (Harvey, 2015, p. 28). Si Harvey, à la suite de Hardt et Negri, considère la métropole comme une « usine de production du commun », *Évasion* ainsi que *Leur parole, notre vivre-ensemble* (Boukala, 2015) montrent que la ville, « le lieu où se rassemblent, bon gré mal gré, des gens de toutes sortes et de toutes classes pour produire une vie commune, bien qu'éphémère et constamment changeante » (Harvey, 2015, p. 133), peut également être source d'exclusion et procéder d'un « commun d'exclusion » pour certaines personnes.

Rappelons enfin que pour l'année 2013-2014, 1148 étudiants en situation de handicap sont inscrits à l'UQAM (Association québécoise interuniversitaire des conseillers aux étudiants en situation de handicap [AQICESH], 2014, p. 53) dont 136 ayant une déficience motrice (11 %) et 226 ayant un trouble de santé mentale (19 %).

Abordons à présent le deuxième court-métrage de cette série documentaire.

Discipline, distance, détermination ou la « force du vulnérable»

Figure 3. Jean Théagène (Discipline Distance Détermination)

« La mise au jour, par un sujet, des savoirs "insus" qui sont les siens et qui restent en friche, ou du moins sous-utilisés, – parce qu'ils sont largement méconnus de lui – est, en soi, une action sociale à portée émancipatrice. La méconnaissance et la sous-estimation, par un individu, de ce que ses expériences et sa vie recèlent de savoir, de savoir-faire et de culture constituent à la fois des inhibitions de son potentiel de création et une aliénation au modèle académique, savant, universitaire de la culture.

[...] L'un des effets manifeste de la méconnaissance et de la sous-estimation des savoirs dont pourtant je dispose, c'est le maintien dans la position sociale et culturelle que j'occupe » (Lainé, 1998, p. 102-103).

Discipline Distance Détermination retrace le parcours remarquable de Jean Théagène, étudiant à l'UQAM en kinésiologie (Figure 3). Lors de diverses activités sportives (course à pied, entraînements, marathon de Montréal), Jean aborde sa passion pour le sport et l'importance de l'activité physique comme moteur de rétablissement. Nous saisissons progressivement la distance parcourue entre ce qu'il a été (lorsqu'il a été affecté par la maladie) et celui qu'il est devenu. Nous découvrons sa détermination à partager les bienfaits de l'exercice physique sur la santé mentale et l'importance de déconstruire certains préjugés liés à la schizophrénie. Dans le cadre de cet article, j'approfondirai certains des aspects de la trajectoire de Jean en mobilisant des données issues d'un premier entretien compréhensif (Kaufmann, 2011) avec Jean et non présentes dans le court-métrage ainsi que des propos issus d'un second entretien.

D'emblée dans ce court-métrage, certains choix cinématographiques ont été opérés. Nous avons présenté Jean lors d'une séance d'entrainement individuel au Mont-Royal en ne cherchant surtout pas à mettre l'accent sur sa maladie. Ainsi, les deux premières minutes nous donnent à voir Jean, étudiant au Baccalauréat d'intervention en activité physique profil Kinésiologie. Il nous dépeint ses activités sportives hebdomadaires (la course à pied et la musculation), leur fréquence, ses courses passées (le demi-marathon de Montréal) et celles à venir qui retiennent son attention (le marathon de Montréal et éventuellement le marathon de Boston). Il insiste également sur la distinction et les bienfaits des entraînements individuels et collectifs. Jusqu'à présent le spectateur découvre un sportif en pleine forme, fort sympathique et assidu dans ses entraînements. Ce n'est que vers la troisième minute que Jean souligne les bienfaits de la course et évoque pour la première fois sa maladie :

« J'arrive pas à mettre des mots dessus, mais autant que ça fait du bien spirituellement, physiquement, socialement, j'ai beaucoup d'amis qui courent, émotionnellement, ma blonde, ma femme, à vrai dire, elle court elle aussi. Je pense que ça a été mon moteur de rétablissement, quand j'avais perdu espoir, avec la maladie, quand je pensais que j'avais pu d'avenir et tout. Puis, bon, j'essaie de faire de quoi de ma vie. Finalement, j'ai commencé par la marche, et puis je faisais, je marchais des cinq minutes, des dix minutes, puis de plus en plus, mes marches sont devenues un peu plus longues, puis après ça j'ai commencé à courir[8] ».

Dès à présent, le spectateur revient sur les images précédemment vues et prend du recul par rapport à celles-ci. Il est désormais à même d'apprécier le récit d'un parcours remarquable. Jean n'est pas parlé par sa maladie, mais est un sujet actif dans la fabrication de sa propre histoire. Revenons sur celle-ci. Jean a plus de seize années d'expérience, à titre d'entraîneur personnel auprès de différentes clientèles (joueurs de football collégial, présidents de compagnie, athlètes professionnels, vedettes de cinéma, etc.). Jean est alors, pour reprendre son expression, « à la fine pointe de son art[9] » : il a de nombreux clients nationaux et internationaux. Sa vie professionnelle et sociale est très riche. En 2002, les symptômes de la schizophrénie se manifestent : Jean est assailli par des pensées récurrentes et envahissantes. Il est persuadé que lui ou l'un de ses proches court un danger imminent. Jean est hospitalisé et surmédicamenté. Alors que la peur s'atténue, des effets secondaires apparaissent (surpoids, fatigue, somnolence, etc.) dans les mois subséquents. De sa propre initiative et en vue de mettre fin à la prise de poids, il arrête son traitement. S'ensuit, dans les mois suivants, une rechute, la prescription d'une médication encore plus forte et des effets secondaires analogues comme l'indique Jean :

« Mes pieds élargissent, j'ai plus aucun linge qui me fait, je suis à trente livres de plus. Je dis : "non!" Je dis : "Il y a une chose que je sais, je suis peut-être malade, mais je sais qu'est-ce qui me fait du bien, qu'est-ce qui ne me fait pas du bien! Ça c'est, c'est clair. Je prends mes médicaments,

ça ne me fait pas du bien. Oui, ça contrôle les symptômes de la maladie, mais à quelque part, ça ne me fait pas du bien!"[10] ».

Jean effectuera d'autres tentatives avec des produits naturels (vitamine C, oméga 3, etc.) en vue d'atténuer les effets secondaires. Ces produits n'arrivent pas à le stabiliser. Jean, de concert avec son psychiatre, décide de trouver un traitement adéquat (médication moins forte qui le stabilise, prise de produits naturels) et une manière de limiter sa prise de poids.

À plusieurs moments, Jean a souligné l'écoute et l'aide dont a fait montre son médecin :

> *« Il y a une chose qui était vraiment, vraiment, vraiment géniale, c'est que elle était très, très, très ouverte… On avait une bonne confiance l'un en l'autre. […] elle me laissait essayer des choses. Comme le fait d'arrêter de prendre des médicaments, pis d'essayer d'y aller naturellement, je ne suis pas sûr qu'il y a beaucoup de psychiatres qui m'auraient laissé faire ça, puis tu vois… Cette marge de manœuvre là m'a beaucoup aidé parce que j'ai compris en essayant du mieux que je pouvais, seul, ce n'était pas assez, puis avec des personnes aidantes qui sont là pour te supporter, pour t'encadrer dans, un peu dans la progression de, avec la maladie, comment revenir le mieux possible, puis vers une vie de qualité[11] ».*

Dès lors, la marche sera son moteur de rétablissement. Au fur et à mesure des mois, il augmente la longueur de ses marches avant de reprendre finalement la course à pied. L'apport bénéfique est considérable : les symptômes négatifs disparaissent, le manque de motivation et l'inactivité sont délaissés au profit d'une reprise en main de soi au travers de l'activité physique[12].

L'un des intérêts de *Discipline Distance Détermination* est de mettre en relief la dimension communicative et collective du parcours de Jean. En effet, les efforts déployés par ce dernier ne se limitent pas à sa seule personne et sont résolument conjonctifs :

« Moi, je veux donner espoir, je veux dire : "Ouais, on peut être atteint d'un handicap ou d'une maladie ou de X, de certaine chose, mais je pense qu'on peut toujours avancer, et accomplir des choses agréables, vivre une vie agréable, et être heureux aussi, je pense". J'ai un club de course pour la santé mentale que j'ai monté voilà trois ans avec la Société québécoise de la schizophrénie [...] le principe en arrière de ça, c'est essayer de motiver des gens à prendre, un, soin de leur santé et, deux, aussi, à trouver une façon de se motiver à faire une activité par eux autres mêmes[13] ».

Il s'agit d'un groupe non compétitif constitué de personnes atteintes de schizophrénie ainsi que de conjoints, parents et d'amis. Visuellement et anthropologiquement, les frontières de la différence sont à cet égard déplacées en permanence. L'interrogation : « qui est atteint et qui ne l'est pas? » ne fait aucun sens. Les entraînements s'effectuent une fois par semaine, le samedi matin au parc Mont-Royal, dès la fin de l'hiver et la saison se clôture pour celles et ceux qui le désirent par l'une des diverses courses du marathon de Montréal (1 km, 5 km, 10 km). Lors de sa création, le groupe ne comptait que quelques personnes; aujourd'hui, en 2014, quarante-cinq membres sont inscrits. Les enjeux liés à ce groupe sont multiples. Chaque participant a l'occasion de sortir de chez soi, de faire une activité en groupe et d'en rendre compte à la fin de sa journée. Chaque personne est stimulée par d'autres et est invitée à entrer en contact, et à tisser des liens. Outre les effets cardiovasculaires, ces exercices procurent un bien-être immédiat après l'effort. Le sport a des vertus agissantes. Pour Jean, ces entraînements lui permettent de partager son expertise professionnelle, d'encourager tous « ceux qui bougent pour améliorer la santé mentale[14] », d'apprécier leurs efforts et leurs progressions. Chacune de leur rencontre est une occasion de communiquer de l'espoir.

Une partie du court-métrage est consacrée à Jean parcourant le 10 km lors du marathon de Montréal (Figure 4). Jean est suivi lors de ses échauffements, à son départ et lorsqu'il franchit la ligne d'arrivée main dans la main en compagnie d'un membre de son groupe ayant couru le 5 km.

Figure 4. Jean Théagène lors du marathon de Montréal
(*Discipline Distance Détermination*)

Jean, très concentré, porte un maillot réalisé pour l'événement et estampillé Société québécoise de la schizophrénie (SQS) où il est possible de lire : « Ensemble pour la santé mentale ». Au sortir de sa course, il retrouve les membres de son groupe autour d'une tente associative dressée pour l'occasion. Le marathon de Montréal, qui compte près 35 000 participants en 2014, suscite des velléités chez Jean. Celui-ci désirerait organiser un événement identique (de moins grande envergure) dédié à la santé mentale, qui se déroulerait à date fixe chaque année dans un endroit spécifique qui reste à déterminer (Montréal, Laval, sur la Rive-Sud). Il serait ouvert aux personnes atteintes ou non, aux familles, aux amis, aux médias, aux commanditaires et aurait pour vocation, entre autres, de partager des moments avec des personnes en lien avec la maladie mentale.

L'une des forces de ce court-métrage réside dans sa dimension énonciative et émancipatoire, où un individu atteint de schizophrénie, calmement et posément face à une caméra, réintroduit de la complexité dans des discours médiatiques trop souvent réducteurs. La problématique de la schizophrénie dans les médias de masse encourage le plus souvent les préjugés et l'ignorance des spectateurs à leur égard. Si le sport est un moyen de s'inventer une vie meilleure, l'énonciation médiatique est l'occasion de bouleverser le poids des déterminismes, de changer de place dans le regard de l'autre. Jean en est parfaitement conscient. À la suite de son diagnostic, il se remémore :

> « *J'ai complètement perdu espoir, pis en regardant sur Internet, la seule chose j'ai vu sur la schizophrénie qui était, que je trouvais qui était positif, dans le fond, c'était le film de John Nash, A Beautiful Mind[15]. [...] Quand il y a des drames à la télévision, des gens qui font des choses totalement extrémistes... Bon, bien là on va parler de la maladie mentale. Mais, je trouve du point de vue, côté positif, je pense, des gens comme moi qui travaillent à chaque jour, qui essaient de faire avancer... un peu bouger les choses, mais y'a peut être un peu de tabous [...] Et puis, je trouve que même parler, de dire ouvertement que j'ai cette maladie-là, ça m'a pris du temps[16]* ».

Jean, en affirmant sa maladie au sein de ce court-métrage, mesure la potentialité de ce média et propose un autre regard sur la schizophrénie. L'image, en paraphrasant les travaux de Michel de Certeau, devient un lieu symbolique et désigne « l'espace crée par la distance qui sépare les représentés et leurs représentations » (De Certeau, 1994, p. 38). À sa manière, il lutte par son image (celle d'un entraineur sportif dynamique capable de fédérer un groupe et de le motiver) et par son discours contre le pouvoir qu'ont certaines industries médiatiques de «réélaborer et de refaçonner ce qu'elles représentent et, à force de répétition et de sélection, d'imposer et d'implanter des définitions de nous-mêmes qui correspondent plus facilement aux descriptions de la culture dominante ou hégémonique» (Hall, 2007, p. 120). Jean court, va de l'avant et chacun de ses entraînements individuels ou groupaux fait sens. Ils constituent des actions sociales à portée émancipatrice dans la mesure où Jean mobilise des « savoirs *"insus"* » (Lainé, 1998, p. 102) qui sont les siens et qui étaient sous-utilisés.

En présentant ses activités liées à son présent et en retraçant les diverses étapes consécutives de son parcours passé, Jean se réalise comme un nouveau sujet et par là même se socialise : il « acquiert et développe sa capacité à maîtriser son expérience, à être sujet de son existence » (Wieviorka, 2008, p. 319). Ces configurations et reconfigurations de soi en lien avec les autres (Ricœur, 1990), lui permettent de marcher, de courir et de transmettre son expérience positive. Jean refuse une identité assignée en hypostasiant des identités de distinction en identités de valeur. « […] C'est pas à cause qu'on est atteint d'une maladie mentale ou d'un handicap quelconque qu'on peut pas vivre, qu'on peut pas faire d'excellentes choses très positives dans la société[17] » affirme-t-il. Jean fait sienne non seulement la formulation de Vincent de Gaulejac selon laquelle « nous sommes l'objet d'une histoire dont nous cherchons à devenir le sujet » (Gaulejac, 2013, p. 53), mais insiste également sur la dimension positive, collective et contemporaine de cette histoire. Là, réside la portée énonciative, citoyenne et émancipatoire de ce court-métrage.

Potentialités du documentaire anthropologique

« *Vouloir se dire, c'est s'engager à faire l'histoire* […] *Prendre la parole, c'est prendre pied dans sa sphère d'existence, c'est déjà prétendre à une modeste prise de pouvoir* » (De Certeau, 1994, p. 67 et p. 75).

« *Parler, c'est avant tout détenir le pouvoir de parler* » (Clastres, 1973, p. 83).

Au sortir de ce parcours réflexif en textes et en images, il apparaît clairement que ces réalisations rendent compte de pratiques signifiantes qui permettent d'apprécier comment des citoyens ayant un handicap se perçoivent, se racontent et se rattachent à autrui. Ces courts-métrages leur offrent l'occasion d'exister publiquement, de donner à voir des choses qui ne se vivaient que dans un état implicite, confus ou refoulé. Ces sons et ces images portent au jour des manières d'être au monde, de faire le monde ou de tenter d'y participer. Si ces courts-métrages ont certes une visée pédagogique, ils sont résolument réflexifs, problématisants et revêtent une dimension transitive : ils cherchent à montrer des êtres humains qui, sans ces images et ces sons, resteraient sinon cachés, du moins peu visibles. Ce faisant, cette recherche est liée à des enjeux structurels, médiatiques et anthropologiques tels qu'a pu les énoncer récemment Butler : « quelles sont les vies qui comptent? Quelles sont celles qui ne comptent pas comme vies, qu'on ne peut pas reconnaître comme des vies vivables, ou qui ne comptent que de manière ambiguë comme des vies? » (Butler, 2014, p. 62).

Par cette série, des citoyens témoignent avec acuité d'une exacte lucidité sur eux-mêmes et sur les autres. Ils compensent une place non faite et présentent leurs existences et leurs modes de vie sans stigmatisation. Ces courts-métrages documentent, puis restituent des pratiques quotidiennes et des parcours anonymes, cachés dans l'épaisseur du tissu social. Ils nous font partager des expériences sociales très concrètes, inscrites dans des manières d'être et d'agir, dans la façon de se déplacer, de parler et dans les hexis corporelles. Ils proposent une représentation autre du handicap, car plus diverse et non réductrice. Ils cherchent par là même à changer un certain nombre de comportements dirigés vers les autres et vers soi-même. Par leurs sons et leurs images, Isabelle et Jean s'énoncent : ils formulent une compréhension de soi, qui procède dans le cas d'Isabelle, d'une injonction indirecte aux pouvoirs publics (notamment à l'agence métropolitaine des transports); dans le cas de Jean, d'une reconquête de soi et d'une identité recouvrée. Ce faisant, ces réalisations offrent l'opportunité à des citoyens de réviser leur passé, d'éclairer leur présent et de travailler leur avenir. Cette forme de représentation offre également la capacité à un individu d'inscrire son histoire personnelle dans une aventure collective et sociétale. En effet, grâce aux thèmes abordés (énonciation citoyenne, accessibilité sportive et culturelle, reconnaissance des personnes en situation de handicap, etc.), ces réalisations peuvent faire l'objet d'une interprétation collective portant sur la société québécoise et sur notre rapport à elle. Isabelle parle pour améliorer l'accessibilité aux activités socioculturelles dans la ville de Montréal et appelle de ses vœux une ville universellement accessible. Jean court pour améliorer la santé mentale de sa génération et pour les plus jeunes générations. Chacun à sa manière propose au travers d'un vécu ancré dans le passé et le présent, des engagements et des initiatives qui ouvrent sur des perspectives d'avenir. Le futur n'y est plus bloqué (accessibilité à plusieurs lignes de métro, événement sportif consacré spécifiquement à la maladie mentale).

Ainsi, cette forme statutaire de parole que sont ces courts-métrages conduit directement au cœur de la problématique de l'énonciation citoyenne et de l'émancipation. Ce type de réalisation est d'autant plus intéressant qu'il met au centre de la réflexion, une énonciation auditive et figurative. Corps et parole sont les lieux essentiels de l'énonciation. Le sujet s'énonçant devient sujet agissant. Le documentaire offre la faculté d'exposer diverses variations de soi possibles, d'en jouer et de prendre la mesure de cette capacité d'agir. Ces deux courts-métrages peuvent donc être considérés comme des lieux d'expérimentation et d'exercice de l'énonciation citoyenne. Ce genre de documentaire participe à la création de nouveaux sujets et revêt une dimension énonciative, politique, médiatique et dans certains cas, performative. Ces réalisations présentent également une fonction socialisante – au sens de M. Wieviorka[18] – dans la mesure où ces étudiants et étudiantes expriment et développent leur capacité à maîtriser leurs expériences et à en être les acteurs. Chacun à leur manière, Isabelle et Jean promeuvent un vouloir faire et vivre ensemble. Dès lors, le témoignage consiste en une expérience par laquelle son image et ses paroles deviennent une manière d'être et d'agir autrement. Cette manière de faire ouvre le champ des possibles sur la scène contemporaine. Leur propos et leurs images s'inscrivent dans un processus de visibilité (Voirol, 2005), de reconnaissance (Boukala et Pastinelli, 2016) et d'émancipation (Tremblay, 2011). Cette réappropriation-réhabilitation de soi est ce par quoi le soi devient compréhensible, l'expérience dicible et l'avenir envisageable.

Notes

[1] Nous tenons à remercier chaleureusement Isabelle Boisvert et Jean Théagène sans qui cette aventure humaine et cinématographique n'aurait pu avoir lieu. Nos remerciements vont également à Sylvain Le May et à toute l'équipe de l'accueil et de soutien aux étudiants en situation de handicap de l'UQAM.

[2] Ce projet a bénéficié de l'Aide à la recherche et au développement de projet de l'École des médias (UQAM).

[3] Comme ont pu la développer entre autres : Belting, 2004; Boukala, 2009; Goody, 2003; Laplantine, 2009.

[4] Les concepts de « fonctionnement » et de « capabilité » sont au cœur de la réflexion d'A. Sen. Il les définit ainsi : « J'ai appelé ailleurs les diverses conditions de vie (living conditions) que nous pouvons ou pas réaliser nos "fonctionnements" et notre capacité de les réaliser nos "capabilités" » (1985, p. 23, cité dans Sanchez, 2012). Il précise : « Étroitement liée à la notion de fonctionnements, il y a l'idée de capabilité de fonctionner. Elle représente les diverses combinaisons de fonctionnements (états et actions) que la personne peut accomplir. » (1992, p. 66). Pour une lecture approfondie de ces notions, nous renvoyons le lecteur à l'article d'É. Monnet (2007).

[5] Extrait de Boukala, M. (réal.). (2014). *Évasion*. [Vidéo]. Montréal : UQAM. 8 min.

[6] Extrait de Boukala, M. (réal.). (2014). *Évasion*. [Vidéo]. Montréal : UQAM. 8 min.

[7] Entretien mené le 12 novembre 2014 à Montréal.

[8] Extrait de Boukala, M. (réal.) (2014). Discipline Distance Détermination. [Vidéo]. Montréal : UQAM. 12 min.

[9] Entretien mené le 10 septembre 2014 à Montréal.

[10] Entretien mené le 10 septembre 2014 à Montréal.

[11] Extrait de Boukala, M. (réal.) (2014). Discipline Distance Détermination. [Vidéo]. Montréal : UQAM. 12 min.

12 Précisons que Jean, lors des entretiens menés, n'a de cesse d'effectuer des liens entre les aspects professionnels de sa vie, sa médication, et ses relations sociales.

13 Extrait de Boukala, M. (réal.) (2014). Discipline Distance Détermination. [Vidéo]. Montréal : UQAM. 12 min.

14 Il est loisible de lire sur le chandail de Jean arboré pour le marathon de Montréal : « Je bouge pour améliorer la santé mentale ».

15 A Beautiful Mind (Un homme d'exception en version française) est un drame biographique réalisé par Ron Howard en 2001.

16 Extrait de Boukala, M. (réal.) (2014). *Discipline Distance Détermination.* [Vidéo]. Montréal : UQAM. 12 min.

17 Extrait de Boukala, M. (réal.) (2014). Discipline Distance Détermination. [Vidéo]. Montréal : UQAM. 12 min.

18 « La socialisation (…) est aujourd'hui avant tout le processus dans lequel un individu] acquiert et développe sa capacité à maîtriser son expérience, à être sujet de son existence ». (Wieviorka, 2008, p. 319).

Références

Association québécoise interuniversitaire des conseillers aux étudiants en situation de handicap AQICESH. (2014). *Statistiques concernant les étudiants en situation de handicap dans les universités québécoises.* 2013-2014. Accès : http://aqicesh.ca/docs/STATS_AQICESH__2013-2014.pdf

Belting, H. (2004). *Pour une anthropologie des images.* Paris : Gallimard.

Boukala, M. (2009). *Le dispositif cinématographique : un processus pour [re]penser l'anthropologie.* Paris : Téraèdre.

Boukala, M. et Pastinelli, M. (2016). Présentation : quêtes, luttes, parcours de la reconnaissance. Des théories de la reconnaissance aux pratiques médiatiques des acteurs. *Anthropologie et sociétés,* 40(1), 9-29.

Butler, J. (2014). *Qu'est-ce qu'une vie bonne?* Paris : Payot & Rivages.

De Certeau, M. (1994). *La prise de parole et autres écrits politiques.* Paris : Seuil.

Clastres, P. (1973). Le devoir de parole. *La nouvelle revue de psychanalyse,* (8), 83-85.

Foucault, M. (2011). *Le beau danger. Entretien avec Claude Bonnefoy.* Paris : EHESS.

De Gaulejac, V. (2013). Produire une histoire et chercher à en devenir le sujet : pour une clinique de l'historicité. Dans C. Niewiadomski et C. Delory-Momberger (dir.), *La mise en récit de soi. Place de la recherche biographique dans les sciences humaines et sociales* (p.53-64). Lille : Septentrion.

Goody, J. (2003). *La peur des représentations.* Paris : La Découverte.

Hall, S. (2007). *Identités et cultures. Politiques des cultural studies*. Paris : Amsterdam.

Hardt, M. et Negri, A. (2012). *Commonwealth*. Paris : Stock.

Harvey, D. (2015). *Villes rebelles*. Paris : Buchet/Chastel.

Kaufmann, J.-C. (2011). *L'entretien compréhensif*. Paris : Colin.

Lainé, A. (1998). Faire de sa vie une histoire. Paris : Desclée de Brouwer.

Laplantine, F. (2009). *Sons, images, langage. Anthropologie esthétique et subversion*. Paris : Beauchesne.

Mills, C.W. (2007). *L'imagination sociologique*. Paris : La Découverte.

Monnet, É. (2007). La théorie des « capabilités » d'Amartya Sen face au problème du relativisme. *Tracés. Revue de Sciences humaines*. Accès : http://journals.openedition.org/traces/211

Nussbaum, M. (2012). *Capabilités. Comment créer les conditions d'un monde plus juste?* Paris : Climats.

Ricœur, P. (1990). *Soi-même comme un autre*. Paris : Seuil.

Sanchez, P. (2012). *Rendre justice aux personnes handicapées et à leurs aidants*. (Thèse de doctorat, Université catholique de Louvain). Université catholique de Louvain.

Sen, A. (1985). *The Standard of Living (Tanner Lectures on Human Values à l'université de Cambridge)*. Accès : http://www.tannerlectures.utah.edu/lectures/documents/sen86.pdf.

Sen, A. (1992). *Repenser l'inégalité*. Paris : Le Seuil.

Sennett, R. (2014). *Ensemble. Pour une éthique de la coopération*. Paris : Albin Michel.

Tremblay, M. (2011). Le mouvement d'émancipation des personnes ayant des limitations fonctionnelles : de la reconnaissance des droits à la participation politique. *Revue Développement humain, handicap et changement social*, 19(2), 7-22.

Voirol, O. (2005). Les luttes pour la visibilité. Esquisse d'une problématique. *Réseaux*, (2), 129-130, 89-121.

Wieviorka, M. (2008). *Neuf leçons de sociologie*. Paris : Robert Laffont.

Médiagraphie

Boukala, M. (réal.) (2014). *Discipline Distance Détermination*. [Vidéo]. Montréal : UQAM. 12 min.

Boukala, M. (réal.). (2014). *Évasion*. [Vidéo]. Montréal : UQAM. 8 min.

Boukala, M. (réal.). (2015). *Leur parole, notre vivre-ensemble*. [Vidéo]. Montréal : UQAM. 12 min.

12

Processus de prise de parole collective et engagement citoyen

Viviane Guerdan

Association suisse d'aide aux personnes avec un handicap mental
(ASA-Handicap mental), Genève

13 décembre 2006 : une date majeure à retenir. L'Assemblée générale des Nations Unies, au siège de New York, adopte la Convention relative aux droits des personnes handicapées (CDPH), premier traité international accordant une pleine reconnaissance du handicap en tant que question relevant des droits de l'homme. Une étape décisive est franchie, offrant un nouvel espoir à 650 millions de personnes dans le monde : en signant et ratifiant l'accord, les États s'engageraient à « promouvoir, protéger et assurer la pleine et égale jouissance de tous les droits de l'homme et de toutes les libertés fondamentales par les personnes handicapées et à promouvoir le respect de leur dignité intrinsèque » (CDPH, Article premier). En outre, ils accepteraient d'accorder aux personnes un rôle dans les travaux d'application de la Convention en incluant leur perspective :

> « *Dans l'élaboration et la mise en œuvre des lois et des politiques adoptées aux fins de l'application de la présente Convention, ainsi que dans l'adoption de toute décision sur des questions relatives aux personnes handicapées, les États Parties consultent étroitement et font activement participer ces personnes, y compris les enfants handicapés, par l'intermédiaire des organisations qui les représentent* » (art. 4, par. 3).

Pour la première fois, les personnes handicapées sortiraient de l'ombre et leur avis serait pris en considération. Elles participeraient aux décisions de politique publique qui les concerneraient, pouvant alors faire preuve d'engagement citoyen. Le 3 mai 2008, la ratification de la Convention par 20 États rendait permis cet espoir : la Convention entrait en vigueur.

En Suisse, il a fallu attendre le 15 avril 2014 pour assister à l'acte d'engagement du Conseil fédéral. L'adhésion est intervenue après vérification de la conformité de l'ordre juridique de la Confédération et des cantons avec les obligations de la Convention. La Suisse dispose d'un droit en faveur des personnes handicapées étayé et composé de différents éléments[1], mais ce droit est fragmenté.

> « *Grâce à son approche globale, la Convention offre une base solide pour l'interprétation, la définition et la mise en œuvre du droit en matière d'égalité pour les personnes handicapées. La Convention peut donner des impulsions importantes pour la mise en œuvre de la législation existante* » (Conseil fédéral, 2016, p. 4).

La Suisse est dès lors en marche. Le Conseil fédéral mandate le Département fédéral de l'intérieur d'élaborer des propositions pour améliorer la situation des personnes handicapées. Un rapport paraît le 11 janvier 2017, intitulé « Rapport sur le développement de la politique en faveur des personnes handicapées », lequel définit les mesures à prendre pour « améliorer la coordination des mesures prises par la Confédération et les cantons et mieux inscrire la promotion de l'égalité pour les personnes handicapées dans les domaines-clés » (p. 4). Le 9 mai 2018, le Conseil fédéral publie un second rapport, « Politique en faveur des personnes handicapées », précisant les thèmes prioritaires retenus pour la période 2018-2021 afin de concrétiser les droits des personnes handicapées.

Ce contexte a interpellé l'Association suisse d'aide aux personnes avec un handicap mental (ASA-Handicap mental), association à but non lucratif, s'engageant avec et pour la personne ayant un handicap mental, dans les domaines de la vie privée ou publique, quels que soient son degré de handicap et son âge, qu'elle vive en institution ou à domicile (Statuts, art. 2). La *Participation* et l'*Autodétermination* font partie des principes fondamentaux de ses lignes directrices. En outre, parmi ses buts, elle entend défendre les intérêts des personnes avec un handicap mental ou des difficultés d'apprentissage dans tout ce qui concerne la législation et les contacts avec le grand public. Elle s'est sentie concernée par les signes avant-coureurs de la ratification de la Convention par la Suisse dans la mesure où une place importante est accordée à la société civile dans son application :

> « *La société civile – en particulier les personnes handicapées et les organisations qui les représentent – est associée et participe pleinement à la fonction de suivi.* » (Art. 33, al. 3).

Le « Guide à l'intention des observateurs des droits de l'homme concernant le suivi de la Convention relative aux droits des personnes handicapées » de l'Organisation des Nations Unies (ONU, 2010) souligne que :

> « *La parole et le vécu des personnes handicapées doivent être au cœur des rapports de suivi, compte tenu de ce que les personnes handicapées sont les experts lorsqu'il s'agit de leur propre situation* » (p. 48).

Or, le constat est clair :

> « *Souvent, il existe un fossé important entre les dispositions législatives ou politiques, sur le papier, et la réalité des personnes, au quotidien. Il est donc nécessaire de compléter les éléments disponibles sous forme de documents par les informations que détiennent les personnes handicapées sur les expériences vécues et par leurs vues. Les entretiens avec les personnes handicapées, les organisations qui les représentent, les responsables de l'élaboration des politiques, les prestataires de services et d'autres intervenants peuvent donc avoir une importance capitale en permettant de réunir des informations sur la façon dont les lois et les politiques sont appliquées et sur la mesure dans laquelle les États respectent, protègent et garantissent les droits des personnes handicapées* » (p. 34).

En tant qu'organisation non gouvernementale (ONG), ASA-Handicap mental a estimé de son devoir de s'impliquer. L'enjeu était de taille : en raison des préjugés et de la marginalisation, les personnes avec un handicap mental ne sont pas – ou peu – conviées à s'exprimer, et, donc à participer à la réflexion concernant les affaires qui les concernent, notamment à se prononcer sur les mesures existantes et celles qui amélioreraient leur qualité de vie. Pour relever le défi, ASA-Handicap mental a décidé de faire participer les personnes avec un handicap mental au processus de consultation et de défense de leurs droits. Fin 2013 naissait le projet « Droits & Participation »[2] doté de trois buts : a) contribuer à former les personnes avec un handicap mental et les professionnels aux droits énoncés dans la Convention; b) soutenir les personnes avec un handicap mental dans leur prise de parole pour les associer à la transmission de leurs expériences et souhaits aux professionnels, parents et politiques; c) émettre des recommandations et propositions pour une mise en œuvre de la CDPH tenant compte des besoins des personnes avec un handicap mental afin de réduire les écarts entre les droits énoncés dans la Convention et la réalité de la vie quotidienne de ces personnes. Notre texte présente le projet qui s'est étalé sur deux années (2014-2016), dans la partie francophone de la Suisse[3]: les choix méthodologiques qui ont présidé à sa concrétisation et les étapes de son déroulement, les résultats obtenus, ses effets sur les participants. Nous conclurons en tirant le bilan de cette expérience d'éducation aux droits et de prise de parole collective.

Choix méthodologiques et déroulement du projet

Des rencontres de groupe

Pour récolter la parole des personnes handicapées, nous avons opté pour des rencontres de groupe plutôt que des entrevues individuelles. Plusieurs raisons ont dicté ce choix. En premier, les avantages présentés pour les personnes invitées à s'exprimer. Si l'on se réfère aux résultats des travaux en psychologie sociale[4], il est notoire que les échanges en groupe restreint autour d'un sujet ont le pouvoir de stimuler les réflexions, d'aider à préciser et clarifier ses pensées grâce aux interactions et à la dynamique du groupe. Certaines personnes sont amenées à aborder des sujets qu'elles n'oseraient ou ne penseraient peut-être pas aborder si elles étaient en entrevue individuelle; elles puisent, dans le partage avec d'autres vivant les mêmes problématiques, l'envie et l'élan pour se risquer à dire des choses autrement. Comme le relèvent Leclerc, Bourassa, Picard et Courcy (2011), le groupe peut être « l'occasion propice à l'émergence d'une parole émancipatrice, éprouvée par le regard et la présence des autres qui servent de miroir et de caisse de résonnance » (p. 158). La seconde raison de notre choix tient à des considérations d'ordre méthodologique. L'« entretien en groupe focalisé »[5] (traduction française du « focus group »), intégré dans une démarche plus large de recherche collaborative ou de recherche émancipatoire, est particulièrement adapté lorsqu'on souhaite amener des personnes à construire ensemble une compréhension d'un problème (ici l'exercice de ses droits), à faire entendre leur voix ou faire connaître leurs réalités dans des espaces publics et lorsque ces dernières sont prêtes à contribuer à l'émergence de solutions, voire, dans certains cas, à la mise en œuvre de changements. Nous rejoignons en cela la réflexion de Leclerc et al (2011).

Dans notre projet, il s'est agi de mettre en place un groupe de parole dans chacun des six cantons romands. Les sessions d'échanges en groupes ont été minutieusement planifiées sur une période allant de mars à décembre 2015. Au nombre de 12 à 17 selon les cantons, ces séances ont duré entre 90 et 120 minutes en fonction des thèmes abordés (en principe, deux séances pour un thème). L'ensemble des séances a été enregistré.

Les participants

La constitution des groupes de parole s'est faite en respectant les principes suivants : a) une participation librement acceptée par les personnes; b) un maximum de 12 participants dans chaque groupe pour garantir l'expression de tous; c) des personnes recrutées dans plusieurs institutions afin d'ouvrir les échanges sur la plus grande richesse possible d'expériences à partager; d) un maximum de 4 institutions représentées dans les groupes, chaque institution adressant 3 personnes handicapées et déléguant un professionnel pour les accompagner. Les critères fixés pour faire partie de ces groupes étaient : pouvoir s'exprimer oralement, être capable de comprendre un texte rédigé en « facile à lire et à comprendre », faire acte d'engagement en signant un formulaire de consentement : « J'accepte de participer au groupe de parole, que les données soient présentées dans des articles/livres (mon nom ne sera pas noté), que les données soient utilisées dans des présentations ou dans des cours ».

Les professionnels accompagnant les personnes prendraient part au projet, endossant un rôle d'animateur, de coanimateur ou d'observateur - entre 2 et 4 professionnels étaient prévus dans chaque groupe, dépendant du nombre d'institutions représentées (voir point d/ ci-dessus). La co-animation apporte un double avantage : pouvoir passer le relai à un collègue lorsqu'on se trouve bloqué face à une situation; bénéficier de sa disponibilité à capter les réactions des participants auxquelles on n'aurait pas prêté suffisamment attention afin de faire rebondir les discussions. Quant à l'observateur, sa fonction dans le groupe est précieuse pour noter les aspects non verbaux et relationnels qui apparaissent lors des échanges. À lui aussi peut être confiée la tâche de s'occuper des enregistrements audio des séances. La répartition de ces rôles serait laissée au libre arbitre des professionnels.

Pour constituer les groupes de parole, une lettre fut adressée aux institutions et associations susceptibles de se sentir concernées par le projet. Le souhait émis : pouvoir les compter comme partenaires prêts à s'associer à la réalisation d'un projet innovant, s'inscrivant dans la mouvance politique suisse. Les réponses obtenues ont été réjouissantes : dans chaque canton une à plusieurs institutions et/ou associations ont accepté l'invitation[6] permettant ainsi de compter sur 53 personnes handicapées au total prêtes à s'impliquer et sur 16 professionnels[7].

La formation des personnes handicapées et des professionnels

« *Bien souvent, la coopération avec les organisations de personnes handicapées exigera de renforcer les capacités des personnes handicapées dans ces organisations de sorte qu'elles comprennent les principes et notions relatifs aux droits de l'homme. En d'autres termes, le renforcement des capacités fait partie intégrante du travail de suivi et vient le compléter. En toutes situations, les activités de renforcement des capacités doivent être pleinement mises à disposition de tous* » (ONU, 2010, p. 36).

Au nom de ce principe, il fut décidé que le projet débuterait par deux journées de formation à la CDPH, à la prise de parole et à l'autoreprésentation[8]. Cette formation serait organisée conjointement pour les personnes handicapées et les professionnels chargés de les accompagner dans la démarche d'expression de leur vécu et de leurs vues. Participer ensemble à la même formation favoriserait la construction d'un langage commun, la confrontation des représentations respectives avec celles des autres, l'élaboration d'un savoir partageable auquel se référer dans les groupes de parole. Entendre les questions, réactions des personnes handicapées, notamment lors des moments de travail en ateliers, permettrait aux professionnels de prendre connaissance des besoins et souhaits des personnes; être, tout comme elles, en situation d'apprenants susciterait chez ces dernières un sentiment d'égalité propice au développement d'une mise en confiance dont bénéficierait le fonctionnement des groupes de parole.

Cette formation s'est déroulée à la Haute école pédagogique du canton de Vaud (Lausanne), lieu revêtu d'une aura de prestige aux yeux des personnes handicapées. Les deux journées furent co-animées par l'équipe d'une association belge à but non lucratif, le SISAHM[9], et la personne chargée de la mise en œuvre du projet « Droits & Participation » au sein d'ASA-Handicap mental, Doriane Gangloff. Le formulaire d'évaluation, distribué à l'issue de la formation, rend compte de l'appréciation plus que positive des participants qui ont relevé l'intérêt et l'importance des thèmes abordés, la qualité de présentation des animateurs et des exercices proposés, les retombées de ces apprentissages dans leur vie quotidienne.

La préparation des animateurs

La conduite des échanges en groupes est délicate; elle exige de connaître les attitudes à privilégier et les manières de faire qui favorisent la prise de parole. Il s'agissait donc de préparer les animateurs à leur tâche pour s'entendre sur un certain nombre de règles à respecter. En premier, l'information à communiquer aux participants : leur faire savoir qu'on souhaitait qu'ils s'expriment le plus librement possible sans risque d'être jugés, le but des rencontres étant d'entendre leurs expériences de vie et de les faire participer à la réflexion sur les changements à envisager; leur préciser que les désaccords avec les propos de certains membres du groupe seraient autorisés, les rencontres ne visant pas le consensus, mais la confrontation des points de vue; les sensibiliser au fait qu'il s'agirait de toujours préserver un climat de respect mutuel et d'écoute réciproque et d'accueillir la parole de chacun avec bienveillance.

Ensuite, concernant l'animation des groupes. Bien que la plupart des professionnels impliqués dans le projet aient déjà eu l'expérience des conduites de réunions, il était bon de leur rappeler quelques consignes. Parmi celles-ci : en début de séances, préciser le contenu et le but de celles-ci puis lancer la discussion par une question préparée d'avance; adopter une attitude non directive dans le contenu des échanges pour laisser libre cours aux interactions entre les personnes; ne pas s'engager dans les discussions et rester neutre, sans donner son point de vue, pour faciliter une parole authentique; réorienter les propos lorsque ceux-ci s'écartent du thème de la rencontre; relancer le groupe lorsque le silence s'installe; éviter que les participants se coupent la parole ou parlent en même temps; réfréner ceux qui seraient tentés d'accaparer la discussion au détriment des plus réservés; donner la parole à ceux qui ont de la difficulté à la prendre.

Une séance de préparation fut donc organisée par les deux responsables du projet[10] pour rappeler ces quelques règles et principes, complétés par les informations nécessaires à l'organisation des rencontres de groupe (lieux, rythme, répartition des responsabilités), et celles relatives au contenu des rencontres et aux modalités de récolte des données (tableaux de synthèse, enregistrements audio). En outre, il fut indiqué aux professionnels que Doriane Gangloff se tiendrait à leur disposition tout au long du projet pour répondre à leurs questions et régler les éventuels problèmes qui surgiraient.

Le contenu des rencontres

Le contenu des rencontres a porté sur les articles de la Convention des Nations Unies relative aux droits des personnes handicapées (CDPH) présentés aux participants des groupes de parole à partir d'une version « facile à comprendre ». Le choix s'est porté sur celle créée par le SISAHM au vu de ses avantages : y avait participé une personne ayant une déficience intellectuelle; elle avait été testée par sept auto-représentants soutenus par des personnes ressources pour s'assurer de la réelle accessibilité de la version finalisée. De surcroît elle avait bénéficié des regards croisés de personnes représentant d'autres types de handicaps (sensoriel, physique). La version a été simplifiée tant au niveau du vocabulaire utilisé, que des tournures de phrases et des exemples, complétés par des photos prises dans la réalité de vie quotidienne des personnes en situation de handicap. Les articles de la CDPH y ont été classés par thèmes, au nombre de sept; un matériel constitué de « jeux de cartes » complète le texte pour soutenir les activités d'appropriation.

Suite à la signature d'une convention de collaboration avec le SISAHM, ASA-Handicap mental a adapté cette version à la réalité helvétique afin de l'utiliser comme outil de formation et de discussion au sein des groupes de parole. Un exemplaire de la version papier ainsi que des jeux de cartes ont été remis aux membres des groupes. Les séances se sont construites sur les sept thèmes identifiés par l'équipe du SISAHM : la non-discrimination; l'accessibilité; la sensibilisation et l'information; la justice et la protection; la liberté de circuler et la liberté du choix de vie; la participation active; l'éducation et la santé. Un canevas d'entretien a focalisé les échanges sur cinq questions : « Comment comprenez-vous le droit dont il est question aujourd'hui? » ; « Est-ce que vous avez vécu des situations où vous avez pu exercer ce droit? Est-ce qu'il vous est arrivé d'exercer ce droit? » ; « Est-ce que vous avez vécu des situations où vous n'avez pas pu exercer ce droit? Quels obstacles avez-vous rencontrés? » ; « Qu'est-ce qu'il aurait fallu pour que vous puissiez exercer ce droit, de quoi auriez-vous eu besoin, qu'est-ce que vous auriez pu faire (facilitateurs)? » ; « Quels sont vos souhaits (propositions, recommandations)? ».

L'analyse des données

Afin de rester au plus près des propos des personnes, sans risquer de les dénaturer, il fut décidé d'enregistrer les séances et de les transcrire de façon intégrale. C'est à partir de ce matériau discursif que l'interprétation des données a été entreprise. La transcription des propos enregistrés a été confiée à une ONG, Komitas Action Suisse-

Arménie (KASA), laquelle a distribué le travail à une dizaine de professionnels en Arménie[11]. Ces transcriptions ont ensuite été passées en revue par la responsable du suivi. Comme le relèvent Bedoin et Scelles (2015) :

> « *Compte tenu des difficultés de la personne déficiente cognitive, le chercheur est même amené à retranscrire des paroles parfois peu compréhensibles en raison des défauts d'articulation, de construction de phrase, de temps utilisé* » (p. 138).

Il s'agissait donc de veiller aux risques de dénaturer les propos des personnes. Parfois, il a été nécessaire de demander aux animateurs des séances d'aider à comprendre ce qui avait été dit.

Une fois le matériel disponible, les données ont été traitées en recourant à une méthodologie d'analyse de contenu thématique. Les critères ont été définis en prenant appui sur le texte de la CDPH (ONU, 2006), sur le rapport du Comité des droits des personnes handicapées (ONU, 2015), complétés par deux outils : la Classification internationale du fonctionnement, du handicap et de la santé (Organisation mondiale de la Santé [OMS], 2001) et le Processus de production du handicap (Réseau international sur le processus de production du handicap [RIPPH], 1998). Ces divers référentiels ont permis d'une part de décomposer les droits en unités d'analyse, d'autre part de définir les catégories d'obstacles et de facilitateurs environnementaux limitant ou au contraire favorisant l'exercice des droits.

Pour chacun des sept thèmes abordés, les propos ont été classés en des catégories se trouvant en filigrane dans le texte de la CDPH. À titre d'exemple, citons le thème *Travail et emploi*. Les catégories d'analyse des données ont été : le lieu de travail; le soutien à l'emploi (orientation et formation); l'accès au marché du travail (égalité des chances); la protection au travail; la liberté de choix. À l'intérieur de ces catégories, les propos ont été répartis en quatre sous-catégories : l'expérience vécue, les obstacles rencontrés, les facteurs ayant joué un rôle de facilitateurs, les souhaits et propositions de mesures à mettre en œuvre.

Tableau 1. Catégories de classement des recommandations

Les normes et idéologies sociales ou individuelles qui régissent la vie en société (CDPH, art. 4, *al.* 1*i*)	Valeurs, croyances, représentations et comportements qui en découlent.
Les politiques (CDPH, art. 4, *al.* 1*a*, 1*b*, 1*c*)	Lois, règles, règlements, conventions et normes adoptés par les autorités locales, régionales, nationales, juridiquement obligatoires.
Les mécanismes de contrôle et de suivi (CDPH, art. 4, *al.* 1*d*)	Procédures et recours prévus en cas de non-respect de la Loi, assurés par des instances reliées à l'application des règles de droit.
Les services fournissant des prestations et programmes dans les divers secteurs de la société. (CDPH, art. 2; art. 4, *al.* 1*c*, 1*e*)	Mesures de « conception universelle ».
L'accessibilité des informations (CDPH, art. 4, *al.* 1*h*)	Mesures de « conception universelle ».
L'accompagnement relationnel et les soutiens apportés (CDPH, art. 2; art. 19, *al b*; art. 24, *al* 1*c*, 1*d*, 3 *a*)	Mesures *formelles* : instituées par une autorité (« aménagements raisonnables ») Mesures *informelles* : prodiguées par la famille; les proches; les amis, le voisinage; les collègues de travail; des animaux...
La formation et la sensibilisation (CDPH, art. 4 *al.* 1*i*)	Des personnes handicapées, des acteurs sociaux, du public.
La recherche (CDPH, art. 4, *al.* 1*f*, 1*g*	Pour le développement de biens, services, équipements et installations de conception universelle et de nouvelles technologies adaptées aux personnes handicapées.
La consultation et la participation des personnes handicapées (CDPH, art. 4, *al.* 3)	Dans l'élaboration et la mise en œuvre des lois et des politiques adoptées aux fins de l'application de la Convention, par l'intermédiaire des organisations qui les représentent.

L'interprétation des données regroupées sous « expérience vécue » et « obstacles rencontrés » s'est effectuée à partir d'un découpage en 8 domaines de vie : *domicile* (en institution ou hors institution) et *vie privée; vie quotidienne* (activités comme se nourrir, se laver, s'habiller, prendre soin de son corps, se déplacer); *vie intime et familiale; vie sociale et communautaire; vie politique et civique, accès à la justice; vie scolaire* (à l'école ordinaire); *vie professionnelle; loisirs* (vie culturelle, artistique, sportive : voyages; usage des médias). L'étude des « facilitateurs » et des « propositions de mesures à mettre en œuvre » a été entreprise en classant par catégories les idées émises pour chacun des sept thèmes abordés. Quant à la formulation des recommandations, elle s'est effectuée sur la base de 9 rubriques identifiées au travers des textes de la CDPH et des rapports du Comité des droits des personnes handicapées, complétés par l'apport des descriptions des nomenclatures figurant dans les classifications du handicap (voir tableau 1).

Résultats

Expériences de vie et obstacles rencontrés

Nombreuses ont été les expériences de vie livrées dans un climat de respect et d'écoute mutuelle, de communication ouverte et authentique. L'analyse des propos permet de constater que, bien que la plupart des situations vécues témoignent de la possibilité qu'ont eue les personnes d'exercer leurs droits, souvent encore subsistent des obstacles. Les obstacles mentionnés concernent l'ensemble des domaines de vie et consistent en limites imposées à leur autonomie, leur liberté de choix, leur participation aux décisions et à la vie en société à égalité avec les autres, leur accès aux informations et aux produits, équipements, programmes et services de la communauté; s'y mêlent parfois des attitudes discriminatoires ou vexatoires, empreintes de préjugés (voir tableau 2. Obstacles à l'exercice des droits). Certains propos méritent d'être relevés : « On prend souvent des décisions à ma place »; « Je n'ai pas eu mon mot à dire »; « On m'a souvent mise à part parce que j'étais différente »; « Les gens me regardent bizarrement » ; « J'aimerais avoir accès à mon dossier médical; « J'aimerais qu'on nous transmette une copie des bilans et des projets individuels qui nous concernent »; « On manque d'informations (sur nos droits et comment voter; sur les voies de recours en cas de maltraitance; sur ce qui existe comme logements; sur les activités culturelles ou de loisirs auxquelles participer); « Les informations ne sont pas suffisantes ou compliquées à comprendre pour nous (pour s'orienter dans les espaces publics, pour utiliser les transports publics, les distributeurs de billets, pour accéder aux médias ;…»; « Avec un peu d'aide, je pourrais travailler dans un bureau comme secrétaire »; « Il y a des possibilités (professionnelles), mais j'ai l'impression qu'on fait rien pour nous encourager »; « Les professeurs ne sont pas habitués à travailler avec les élèves différents; ils n'étaient pas préparés à avoir des élèves en situation de handicap, ils nous l'ont fait sentir ».

Tableau 2. Obstacles à l'exercice des droits

Domaines de vie	Obstacles
Domicile (en institution ou hors institution) **Vie privée**	• Immixtions arbitraires dans les espaces privés (entrer sans frapper à la porte ou sans autorisation), dans la correspondance (lettres non reçues directement ou ouvertes par d'autres). • Non-respect de la confidentialité des informations personnelles y compris celles relatives à la santé. • Non-participation de la personne au choix des types d'information à distribuer, et à qui. • Non-transmission à la personne elle-même des informations qui la concernent (rapports de synthèse, projets individuels, courriers adressés aux représentants légaux). • Non-participation de la personne concernée aux réunions où on parle d'elle, à la construction de son projet individualisé.

	• Conditions de participation non adaptées (parole non accordée, temps octroyé très court).
Vie quotidienne **Activités : se nourrir, se laver, s'habiller, prendre soin de son corps, se déplacer...**	• Décisions prises par d'autres sans être consulté, écouté (lieu de résidence, nourriture, choix de l'accompagnateur chez le médecin). • Manque d'informations sur ce qui existe comme types de résidence et de soutien possible; sur ce qui existe en termes d'accessibilité et d'équipement d'un logement (sur internet ou par téléphone). • Difficulté de gérer seul son quotidien : complexité des factures, des impôts; documents administratifs compliqués et difficiles à comprendre. • Déplacements autonomes rendus difficiles par le : - manque d'accessibilité de certains bâtiments (ascenseurs trop petits, boutons placés trop haut, manque d'escalators pour fauteuils roulants ou de rampes à côté des escaliers dans les gares) et de la voirie (trottoirs sans pente, pas assez bas, étroits, travaux, voitures garées dessus, sols mal éclairés et glissants quand il pleut, pavés inégaux), - manque de signalisation appropriée et d'informations en langage simplifié (pour s'orienter dans les hôpitaux, les lieux publics comme les gares, hôtels, commerces, pour comprendre les écriteaux aux arrêts de bus, pour utiliser un distributeur de billets, pour savoir à quel arrêt descendre, pour utiliser un bancomat, pour peser ses légumes et fruits, pour téléphoner). - manque d'accessibilité de certains moyens de transport en public (trottoirs pas au même niveau que l'entrée des trams, bus; bouton pour interpeller le conducteur pas toujours accessible; marches trop hautes et grandes dans les trains; machines pour prendre son billet trop hautes).
Vie intime et familiale	• Interdiction en institution de vivre avec quelqu'un. Formation en éducation sexuelle insuffisante (limitée à l'école). Impossibilité de choisir d'avoir ou non un enfant lorsqu'on vit en

	institution. • Absence de soutien suffisant pour assumer ses responsabilités parentales.
Vie sociale et communautaire	• Attitudes de discrimination (moqueries). Manque d'informations sur les voies de recours en cas de maltraitance. Sentiment de solitude lorsqu'on vit en appartement indépendant. Manque de transmission d'informations sur les décisions de la direction, sur l'activité institutionnelle du moment.
Vie politique et civique **Accès à la justice**	• Se voir dénier sa capacité juridique et l'accès à la justice pour cause de « faiblesse d'esprit, d'incapacité de discernement ». • Matériels électoraux difficiles à comprendre (livrets explicatifs, bulletins de vote). • Ne pas être consulté sur le choix du curateur et sur la qualité du travail de ce dernier. • Non-participation aux affaires liées au fonctionnement de l'institution (absence de commission interne, absence de voix au chapitre). • Coût élevé d'un représentant juridique (avocat). • Manque d'information sur les différents degrés de curatelle. • Manque de formation pour savoir comment voter. • Méconnaissance de ses droits par manque de formation.
Vie scolaire : **à l'école** **ordinaire**	• Attitudes moqueuses et propos discriminants des élèves. • Attitudes discriminantes de certains professeurs. • Manque de soutien de la part du personnel enseignant pour être aidé dans les apprentissages (professeur d'appui, de soutien) • Conditions d'apprentissage pas toujours adaptées (taille classes). • Exercices non adaptés. • Professeurs pas formés aux difficultés d'apprentissage des élèves handicapés, pas préparés psychologiquement à accueillir des élèves

	handicapés, n'ayant pas l'expérience d'enseigner aux élèves handicapés. Élèves non informés sur le handicap. • Évaluation des besoins et compétences pas toujours bien faite.
Vie professionnelle	• Emplois fermés dans les entreprises : personnes handicapées cantonnées aux ateliers protégés. • Conditions de travail en milieu ouvert non adaptées. • Renvoi du lieu de travail lors de changements de direction. • Informations insuffisantes sur les emplois possibles. • Salaire inférieur versé aux personnes handicapées. Attitudes discriminantes, dévalorisantes.
Les loisirs : **Vie culturelle, artistique, sportive - Voyages - Usage des médias (radio, télévision, journaux)**	• *Vie culturelle, artistique, sportive* : décisions prises par d'autres; insuffisance de l'information en formats accessibles sur les activités culturelles; prix élevés des activités culturelles (places de cinéma onéreuses malgré la carte d'assurance invalidité); médiation culturelle en formats accessibles réduite (non-accès à la science, absence de bibliothèque avec des livres en facile à comprendre, peu de livres en audio, panneaux dans les musées souvent écrits avec des caractères trop petits). Attitudes de rejet (être ignoré dans une activité). • *Voyages* : barrière de la langue; manque d'information sur le droit des personnes handicapées de voyager; peu d'offres de services d'accompagnement pour les voyages (en train, en avion); difficulté d'orientation dans une ville étrangère y compris pour téléphoner depuis le pays étranger (absence de panneau avec indicatifs téléphoniques en langage universel facile à comprendre). • *Usage des médias* : émissions de télévision pas toujours sous-titrées, nouvelles à la radio ou à la télévision utilisant des mots complexes, textes sur internet difficiles à lire et à comprendre.

Facilitateurs et mesures à prendre

Interrogés sur ce qui faciliterait l'exercice de leurs droits et les mesures à développer, les auto-représentants ont fait preuve d'une grande richesse d'idées, témoignant ainsi de leur capacité à s'engager dans un processus de réflexion démocratique. Pour chacun des sept thèmes abordés lors des séances, des solutions ont été imaginées et débattues, certaines existant déjà, mais demandant à être développées et/ou généralisées (voir tableau 3. Mesures envisagées par les auto-représentants). Celles concernant la prise de parole au sein d'une collectivité et l'exercice des droits civils et politiques méritent d'être relevées, car emblématiques de la responsabilité qui échoit à la société pour permettre aux personnes de devenir des citoyens à part entière et de se reconnaître comme tels. Citons quelques propos qui permettent de mesurer les attentes : « Il est important qu'il y ait des personnes comme nous au comité des associations qui nous représentent », ou encore : « Il faudrait qu'il y ait au moins une personne handicapée dans chaque conseil d'administration ou de fondation ». Plus fort encore, le désir de se constituer en groupe d'auto-représentants : « Créer une association de personnes handicapées en dehors des institutions, des fondations, pour qu'elle soit indépendante, pour que les participants puissent s'exprimer de manière totalement libre ». Pour faciliter la prise de parole en public, « prendre des cours ». Pouvoir voter fait également partie des souhaits; pour cela il est proposé que « les livrets explicatifs soient écrits dans un langage facile à lire et à comprendre », de même que les « textes de loi », les « bulletins de vote »; que des personnes librement choisies puissent apporter leur aide « pour expliquer avec des mots simples » ou « pour montrer comment utiliser les e-votes ». Une information est désirée pour « connaître les différents degrés de curatelle », afin d'avoir en mains les éléments nécessaires permettant de demander une éventuelle révision ou levée de sa curatelle[12].

Tableau 3. Mesures envisagées par les auto-représentants

Droits de la CDPH	Propositions des auto-représentants
Non-discrimination Sensibilisation	Sensibiliser par : • Des rencontres et échanges • L'organisation de journées d'information • Des situations d'intégration/inclusion • Des productions artistiques et sportives • Le recours aux médias, aux réseaux sociaux • Des campagnes d'information et formation des professionnels, des politiciens
Accessibilité	• Fournir des informations appropriées et en format accessible • Améliorer les infrastructures • Soutenir la liberté d'expression et d'opinion
Libre choix et autonomie de vie	• Dispenser des formations adaptées • Fournir soutien et accompagnement • Favoriser la participation des personnes aux décisions concernant leur propre vie • Veiller aux conditions garantissant la libre circulation
Justice et protection	• Assurer aux personnes une pleine et égale jouissance de la vie • Assurer aux personnes des conditions de vie adéquates • Prévoir des mesures de protection : mesures de prévention et/ou réduction des risques et abus; mesures de surveillance de la situation des personnes • Offrir accompagnement et aide humaine aux personnes qui peuvent en avoir besoin • Fournir aux personnes les informations qui les concernent et sous une forme compréhensible (formats accessibles) • Dispenser une information, une formation aux professionnels et aux personnes bénéficiant d'un accompagnement • Impliquer les personnes handicapées, les consulter, les faire participer à l'élaboration et l'application des

	lois, des politiques et autres processus de prises de décisions, les associer à la surveillance de la mise en œuvre des mesures.
Éducation	• Procéder à des adaptations en fonction des besoins et compétences des étudiants (cours – conditions d'apprentissage) • Combattre les attitudes discriminantes des autres élèves • Combattre les attitudes discriminantes des professeurs • Fournir un accompagnement individualisé à l'élève • Former les enseignants, informer les élèves « valides ».
Santé	• Former les médecins
Travail et emploi	• Offrir des possibilités d'emplois accessibles sur la base de l'égalité avec les autres • Favoriser l'accès aux programmes d'orientation et de formation • Reconnaître à la personne le droit de choisir librement son travail ou d'accepter librement celui qu'on lui propose • Garantir des mesures de protection au travail • Garantir une égalité de rémunération (salaire équitable pour une activité professionnelle ou artistique).
Exercice des droits politiques et civils	• Favoriser l'accès à la vie politique et publique • Fournir des informations sous une forme compréhensible • Accorder une assistance aux personnes • Soutenir la liberté d'opinion et de choix • Assurer une formation aux personnes bénéficiant d'un accompagnement • Assurer la formation des professionnels.
Participation à la vie culturelle et récréative, aux loisirs et aux sports	• Bénéficier de conditions favorisant l'accès aux activités récréatives, de loisirs et sportives • Bénéficier de conditions favorisant la participation à la réalisation d'activités récréatives, de loisirs et sportives.

Recommandations

Les multiples suggestions et propositions émises ont été regroupées en prenant appui sur les catégories présentées au tableau 1 afin de formuler des recommandations à l'attention des décideurs politiques et institutionnels. Neuf recommandations centrales ressortent des propos des personnes : 1) Que des lois, règles, règlements, conventions et normes soient adoptés non seulement par les autorités fédérales, mais également par les autorités cantonales pour garantir aux personnes handicapées le respect de leurs droits et leur mise en œuvre généralisée; 2) Que les politiques s'engagent à promouvoir une perception positive des personnes handicapées et condamnent les attitudes et comportements fondés sur des opinions et des pratiques préjudiciables; qu'elles soutiennent des campagnes de sensibilisation et encouragent la société civile à développer des pratiques contribuant à une conscience sociale plus poussée à l'égard des personnes handicapées; 3) Que les politiques veillent à l'application des lois, règles, règlements, conventions et normes en instaurant des mécanismes de surveillance et de contrôle des droits des personnes handicapées, confiés à des instances spécialisées; 4) Que les politiques garantissent aux personnes avec un handicap mental des services adaptés à leurs besoins et prenant en compte leurs revendications; 5) Que les politiques soutiennent l'accès à l'information et à la communication sous des formes adaptées aux besoins des personnes avec un handicap mental; 6) Que les dirigeants politiques incluent dans leur plan d'action des mesures de soutien aux personnes avec un handicap mental et encouragent les pratiques d'entraide sociale; 7) Que les dirigeants politiques consultent les personnes avec un handicap mental dans l'adoption de décisions sur des questions qui les concernent; qu'ils les fassent participer activement à la définition d'une politique nationale du handicap par l'intermédiaire des organisations qui les représentent; que les dirigeants institutionnels associent les personnes avec un handicap mental dans leurs prises de décision; 8) Que les politiques garantissent une formation de qualité

341

aux personnes avec un handicap mental, adaptées à leurs besoins spécifiques; 9) Que les politiques promeuvent l'information et la formation des professionnels et des politiciens aux droits des personnes avec un handicap. Chacune de ces recommandations est détaillée dans le dossier « Reconnaissez nos droits! » (ASA-Handicap mental, 2016). Citons à titre d'exemple, les demandes regroupées sous la recommandation 7 : a) Jouir d'une reconnaissance de sa capacité juridique; b) Participer aux élections et aux votations; c) Jouir d'une reconnaissance de sa capacité à s'autodéterminer; d) Se constituer en groupe d'autoreprésentation.

Ces recommandations représentent autant d'éléments contribuant à définir une politique du handicap respectant les droits des personnes handicapées. Elles montrent que, contrairement à l'idée répandue jusqu'ici, les personnes avec un handicap mental se montrent capables de porter un regard éclairé sur leurs situations de vie et qu'elles peuvent sans conteste être « consultées étroitement » (CDPH, art. 4, al. 3).

La diffusion des résultats

Les résultats ont été présentés lors d'une journée études en juin 2016, co-organisée avec les participants au projet (pour les détails, voir site www.asa-handicap-mental.ch). Par ailleurs, des ateliers de travail réunissant des personnes handicapées, des parents, des professionnels ont permis de mettre en discussion et enrichir les propositions émises dans les groupes de parole. Plus de 150 personnes (des professionnels, des parents et proches, des auto-représentants) l'ont fréquentée, puis évaluée sur la base d'un questionnaire. Suite à cette journée, un dossier fut rédigé comportant l'ensemble des propos des auto-représentants des six cantons romands, répartis en trois chapitres : les expériences vécues et obstacles rencontrés, les mesures proposées, les recommandations à adresser aux responsables institutionnels et politiques. Intitulé « Reconnaissez nos droits!

Réalités et recommandations » (ASA-Handicap mental, 2016), le document a été transmis à l'ensemble des partenaires impliqués dans le projet et aux diverses personnes concernées par l'application de la CDPH, en premier lieu les politiques.

Les effets des groupes de parole

À l'heure du bilan, plusieurs questions se sont posées : quels effets les groupes de parole avaient-ils eus sur les participants? Avaient-ils contribué à développer un sentiment de citoyenneté chez les auto-représentants et à favoriser leur «*empowerment*» dans un processus d'émancipation des personnes? Et chez les professionnels qui les accompagnaient, pouvait-on constater un changement dans leurs représentations tant des personnes ayant un handicap que de leur métier et ses pratiques? Quelles attentes les uns et les autres pouvaient-ils avoir à l'égard d'une association comme ASA-Handicap mental pour la mise en œuvre des droits des personnes handicapées? D'éventuelles améliorations seraient-elles à introduire dans la démarche dans le cas d'une poursuite du projet? Pour répondre à ces diverses interrogations, un formulaire d'évaluation fut transmis aux auto-représentants et aux professionnels, avec les mêmes types de questions pour les uns et les autres, auxquelles répondre individuellement (voir tableau 4. Évaluation du processus). La consigne à l'attention des auto-représentants était la suivante : « *Vous avez participé aux séances des groupes de parole du canton de… (nom du canton cité) et vous en remercions. Nous souhaitons savoir ce que vous avez pensé des séances de votre groupe de parole et du travail que vous avez accompli. Pour cela, nous vous demandons de répondre à quelques questions. Vous pouvez remplir cette évaluation par écrit seul ou avec aide. Vous pouvez également demander à un des animateurs de votre groupe d'enregistrer vos réponses sur un dictaphone* ». Aux professionnels, il était demandé : « *Nous vous sommes très reconnaissants de bien vouloir remplir ce questionnaire d'évaluation afin de clôturer la première partie du projet* ». 34 questionnaires furent retournés par les auto-représentants, 12 questionnaires par les professionnels.

Tableau 4. Évaluation du processus

	Auto-représentants	Professionnels
1.	Pourquoi avez-vous participé à ces groupes de parole?	Comment s'est constitué votre groupe de parole? Décrivez la démarche de constitution
2.	Comment avez-vous vécu les séances des groupes de parole? a) Qu'est-ce que vous avez découvert? b) Qu'est-ce que cela vous a apporté à vous, personnellement? c) Qu'est-ce que vous avez aimé? d) Avez-vous rencontré des difficultés? e) Suite à votre participation au groupe de parole, avez-vous remarqué des changements dans votre propre vie? f) Qu'est-ce que vous souhaiteriez changer pour un futur groupe de parole?	Comment avez-vous vécu les séances des groupes de parole? a) Qu'est-ce que vous avez découvert? b) Qu'est-ce que cela vous a apporté à vous, personnellement? c) Qu'est-ce que vous avez aimé? d) Avez-vous rencontré des difficultés? e) Qu'est-ce que vous souhaiteriez changer pour un futur groupe de parole?
3.	Quels sont les droits à défendre de la CDPH qui sont pour vous les plus importants parmi ceux dont vous avez discuté? - Cochez au maximum 3 droits et à l'intérieur de chaque droit merci de préciser quels articles sont les plus importants pour vous	Quels sont les droits à défendre de la CDPH qui sont pour vous les plus importants parmi ceux dont vous avez discuté? - Cochez au maximum 3 droits et à l'intérieur de chaque droit merci de préciser quels articles sont les plus importants pour vous.
4.	À quoi peut vous servir de connaître vos droits?	Pourquoi est-il important pour une personne en situation de handicap de connaître ses droits?
5.	Qu'avez-vous pensé du matériel utilisé pour parler de vos droits? Avez-vous des modifications à suggérer?	Qu'avez-vous pensé du matériel utilisé? Avez-vous des modifications à suggérer?

6.	Que souhaiteriez-vous dire à ASA-Handicap mental? Qu'attendez-vous de cette association? Comment ASA-Handicap mental peut vous aider à défendre vos droits?	Quel message souhaiteriez-vous adresser à ASA-Handicap mental? Attendez-vous quelque chose de cette association pour la suite de la mise en œuvre de la CDPH? Comment ASA-Handicap mental peut vous aider à défendre les droits des personnes en situation de handicap?
7.	Comment souhaiteriez-vous être nommé dans les résultats de cette étude? (entourez ce qui convient) • Personne en situation de handicap • Autoreprésentant • Participant • Autre :….	Ce projet a-t-il été déclencheur d'action nouvelle au sein de votre établissement et/ou canton concernant les droits des personnes?
8.	Que souhaiteriez-vous dire encore?	Que souhaiteriez-vous dire encore?

L'évaluation des auto-représentants

À la question 1, « Pourquoi avez-vous participé au groupe de parole? », les réponses obtenues sont : connaître les droits de la Convention des Nations Unies et ses propres droits; partager avec d'autres son propre vécu en matière d'exercice des droits et entendre les autres sur le leur; donner son avis pour améliorer la situation des personnes en situation de handicap; s'investir personnellement dans la défense des droits des personnes. Citons quelques phrases : « Connaître mes droits et comme je suis un peu timide l'idée de groupe pourrait me permettre de m'ouvrir aux autres »; « S'écouter les uns les autres »; « Savoir que des participants des autres institutions du canton participeraient aussi m'a motivé »; « Pour faire bouger les choses »; « Pour que les personnes en situation de handicap soient considérées comme des personnes comme tout le monde »; « Parce que si les choses veulent aller dans le bon sens, c'est les personnes en situation de handicap qui doivent s'impliquer et être reçues dans les associations, les conseils de fondation, au sein des différentes réunions ».

Concernant la seconde question : « Comment avez-vous vécu les séances des groupes de parole? », les réponses relatives aux découvertes effectuées, aux apports personnels et à ce qui a été aimé (questions 2a, 2b, 2c) se rapportent au savoir, au groupe, à soi-même, aux autres, à la démarche mise en place. De l'ordre du *savoir*, sont cités par la plupart des auto-représentants les droits des personnes handicapées : « « Je ne savais pas qu'on avait autant de droits et j'en ai découvert beaucoup plus ». De l'ordre du *groupe*, sont relevées les qualités ayant favorisé la participation : la bonne ambiance, la convivialité, la confidentialité, le partage, le respect entre personnes, le souci de comprendre l'autre et de l'accepter sans jugement, l'écoute et l'attention mutuelle, l'humanité des personnes rassemblées y compris celle des animateurs, l'amitié, la complicité. Certains mentionnent le fait qu'ils ont dû apprendre à se taire pour laisser parler les autres et se retenir à donner la réponse pour que les autres s'expriment. De l'ordre des découvertes sur *soi-même* apparaît une prise de conscience : « que cela me concernait », « que j'ai des capacités que d'autres n'ont pas »; les apports personnels, eux, se réfèrent à la liberté d'expression (oser s'exprimer) et à une meilleure acceptation de ses limites : « pouvoir prendre la parole sans avoir à penser qu'on va nous juger », « j'ai appris à parler d'expériences personnelles devant le groupe ce qui m'a donné de l'assurance pour pouvoir m'exprimer à l'aise devant d'autres personnes de manière générale », « cela m'a apporté l'impression d'être acteur de ma vie en souhaitant que mon investissement personnel porte ses fruits », « l'échange d'expériences difficiles qu'ont pu vivre certaines personnes du groupe m'ont rassuré sur le fait qu'on n'est pas seul à avoir le sentiment de n'être parfois pas entendu ou respecté ». Concernant les *autres*, les découvertes portent sur le fait que « chacun a un parcours différent », qu'il existe « beaucoup de voix qui ont des choses à dire, il suffit de leur donner l'occasion », que « d'autres personnes vivent les mêmes difficultés », qu'il y a des « personnes qui veulent s'en sortir dans leur vie »; ce que les auto-représentants ont aimé, c'est d'avoir pu rencontrer des personnes de différentes institutions du canton, d'« apprendre de ce que racontaient les autres de leurs expériences ». Quant à la *démarche mise en place*, le matériel utilisé (les jeux de cartes, les illustrations, les textes) et les discussions sur les thèmes traités ont été mentionnés comme autant d'objets appréciés. Les difficultés, elles portaient sur la compréhension de certains thèmes, textes, mots, photos.

Concernant les changements que les auto-représentants ont pu remarquer dans leur propre vie suite à leur participation au groupe de parole (question 2e), deux grandes catégories apparaissent dans les réponses obtenues chez ceux à avoir répondu que changements il y avait bien eu (14 personnes) : un gain en assurance, autodétermination, affirmation de soi et une meilleure communication avec les autres. « Je m'affirme beaucoup plus face aux demandes de mes parents », « maintenant si j'ai un problème je sais me défendre, je sais quoi faire s'il m'arrive quelque chose », « je sais à présent répondre aux questions de mes collègues sur les droits », « je me sens beaucoup plus à l'aise avec mon entourage », « je sais mieux aller chercher de l'aide, de l'écoute et du soutien », « dans le groupe c'était avoir une fonction qui changeait ma personne » illustrent la première catégorie de réponses. Quant à la seconde catégorie, apparaissent les commentaires suivants : « Je pense être plus attentif aux personnes qui m'entourent », « plus à l'écoute et plus aux autres », « plus attentive à la communication en général, dans mon travail », « je parle plus à la maison, avec mes amis ».

Bien qu'évaluées positivement, les séances de groupes de parole n'ont pas été sans difficulté rencontrée, comme en témoignent les réponses obtenues à la question 2d) : « Avez-vous rencontré des difficultés? ». Si 9 personnes disent ne pas en avoir éprouvé, 21 personnes en relèvent plusieurs de l'ordre de : a) la compréhension des textes :

peine à lire, à comprendre les articles de certains droits, certains thèmes, les questions posées, les mots compliqués, certains dessins (leurs liens avec les droits) (N= 12); b) les interactions dans le groupe : savoir se taire et laisser parler les autres, se retenir de donner la réponse pour que les autres s'expriment, dépasser sa timidité, oser prendre la parole (N=7); c) les séances : trop de discussions, durée trop longue (N=2).

À la question 3, « Quels sont les droits à défendre qui sont pour vous les plus importants parmi ceux dont vous avez discuté? », plusieurs répondent qu'il est difficile de choisir dans la mesure où tous sont importants. Néanmoins, ceux à s'être pliés à la consigne d'en cocher au maximum 3, laissent voir qu'ils se sentent concernés par certains droits plus que par d'autre comme la liberté (N=16), la justice et la protection (N=15), la participation active (N=14), la non-discrimination (N=13), l'accessibilité (N=12). Viennent en dernier l'éducation et la santé (N=10), la sensibilisation et l'information (N=9).

À la question 4, « A quoi peut vous servir de connaître vos droits? », la majorité des réponses portent sur la reprise d'un pouvoir sur sa vie, la connaissance de ses droits permettant de se défendre et de se faire respecter : « Cela peut me permettre d'avoir plus d'autonomie et de faire des projets », « Si je me sens discriminé par mon employeur ou dans la rue, je saurai faire valoir mes droits », « Pour ne pas se faire exploiter dans son travail, abuser sexuellement dans son travail sans oser le dire, de subir; une fois qu'on connait ses droits ça donne du courage pour s'affirmer, dire ce qui va et ne va pas », « Ca me sert à dire non », « Les mentionner quand on pense être victime de discrimination, de pouvoir réagir, dire notre avis quand nous ne sommes pas d'accord avec ce qu'on nous propose, de ne pas seulement obéir », etc. D'autres, moins nombreux, se limitent au savoir acquis : « Ça me sert à les connaître et à savoir ce que je peux faire avec », « Ça me sert à comprendre mes droits », « Ça me sert à ne pas faire ce que je n'ai pas le droit de faire ». D'autres, enfin, citent l'effet de cette connaissance sur leur être : la connaissance des droits comme moyen de regagner auprès des autres l'estime de soi en tant que personne à part entière, écoutée, libre, acceptée, utile à la société.

La question 6, « Comment ASA-Handicap mental peut vous aider à défendre vos droits? » permettait d'évaluer les attentes des auto-représentants quant au rôle de notre association. Nombreuses ont été les réponses citant un soutien dans la défense et l'application de leurs droits : « Qu'elle nous représente et défende nos droits auprès des instances supérieures », « Qu'elle nous aide à faire reconnaître et à faire appliquer nos droits ». Viennent ensuite les réponses mentionnant le désir que le travail se poursuive (« Je souhaite que nous nous rencontrions encore dans le futur, car j'estime que le travail n'est pas achevé ») et les remerciements pour avoir été invités à participer au projet, d'avoir été écouté. Les réponses à la question 8, « Que souhaitez-vous dire encore? », rejoignent pour la plupart ces divers points : on retrouve le souhait que le travail entrepris débouche sur des résultats et les remerciements. S'y ajoutent les bénéfices personnels : meilleure connaissance, meilleure affirmation de soi face aux autres, et le vœu que les associations dans le milieu du handicap apprennent à travailler entre elles. Quant à « l'après », des suggestions sont émises : « J'aimerais qu'on inverse un peu les choses : que ce soit nous (tout le groupe) qui donnions les « cours » avec l'aide du moniteur, dans chacune de nos institutions », « Qu'on se voit plus souvent entre institutions, car ça crée des liens pour défendre nos droits », « Visite de lieux : tribunal, poste de police, rencontre avec des juges, avocat, policier ».

À la question 7, « Comment souhaiteriez-vous être nommés dans les résultats de cette étude? », ressortent les termes « auto-représentants » (N=12) et « participants » (N=10). Le terme « personne en situation de handicap » ne récolte que 3 voix.

Deux questions concernaient les améliorations à apporter pour un futur groupe de parole (question 2f) et le matériel utilisé (question 5).

Au sujet du groupe, bien que plusieurs réponses indiquent que rien n'est à changer, d'autres relèvent que : a) dans la composition du groupe, il pourrait y avoir une répartition homme-femme dans le choix des animateurs et pas plus de 6 auto-représentants; b) dans le fonctionnement du groupe, deux personnes ont trouvé que certains animateurs étaient un peu hésitants dans l'animation des discussions; une personne souhaite que plus de clarté soit apportée dans l'explication des thèmes, une autre qu'il y ait plus de temps ludiques avec les différents jeux; quatre personnes suggèrent qu'il y ait plus de temps de parole (bien que deux autres estiment que les séances étaient un peu longues) et une personne relève l'importance de limiter à un seul thème chaque séance. Au sujet du matériel utilisé, la majorité des auto-représentants se disent satisfaits : texte et illustrations accessibles, jeux de cartes favorisant la participation de tous. Sept personnes néanmoins suggèrent quelques modifications : un usage des cartes adapté aux besoins des membres du groupe (pour certains un peu plus de jeux, pour d'autres moins afin d'accorder plus de place aux discussions), certaines photos plus faciles à comprendre, le recours à des jeux de rôles.

L'évaluation des professionnels

À la question 1, « Comment s'est constitué votre groupe de parole? », les réponses dénotent deux modes de faire différents, variant selon les institutions : un pré-choix des personnes dont l'accord est ensuite demandé (démarche de consultation); une séance d'information donnée à un groupe de personnes, avec réponses aux questions; octroi d'un temps de réflexion de plusieurs jours; réunion pour constituer le groupe avec les personnes intéressées (démarche de concertation).

Concernant la seconde question : « Comment avez-vous vécu les séances des groupes de parole? », les réponses relatives aux découvertes effectuées, aux apports personnels et à ce qui a été aimé (questions 2a, 2b, 2c) portent sur la Convention des Nations Unies, les participants aux groupes de parole, la dynamique de groupe, l'animation, la pratique professionnelle. Concernant la *Convention des Nations Unies*, elle était méconnue de certains qui se disent avoir été intéressés à en approfondir les thèmes et qui ont apprécié la version en langage facilité, « valable aussi pour les personnes valides ». Concernant les *participants*, les professionnels disent avoir découvert des personnes « intéressées et ouvertes avec une grande volonté d'être reconnues dans la société », « qui demandent d'être traitées d'égal à égal en acceptant les différences », qui manifestent de « l'intérêt pour les sujets abordés dont on sent qu'ils les touchent au plus près », « qui ont vraiment des choses à dire au sujet de leurs droits et des situations dans lesquelles elles ne se sont pas senties respectées ». La *dynamique de groupe* fait aussi partie de ce qui a été découvert et aimé : des termes comme « écoute et confiance mutuelle », « beaucoup de respect des possibilités de chacun », « complémentarité des auto-représentants », « entraide entre pairs lorsque certains avaient des difficultés de compréhension », apparaissent pour les découvertes; et dans ce qui a été aimé, ce sont « le dynamisme du groupe », « la spontanéité des échanges », « le respect entre participants », « la complicité et les amitiés créées », « la convivialité », « la cohésion au sein du groupe », « la richesse des échanges », « les valeurs véhiculées dans le groupe : l'honnêteté, la solidarité, l'entraide, le soutien, l'empathie » qui sont cités. Concernant le travail d'*animation du groupe*, certains professionnels disent avoir découvert l'importance : de « prendre le temps de l'écoute », de « se taire afin de ne pas suggérer ou orienter des réponses », d'« entrainer ma pratique de la reformulation »; certains disent avoir aimé « amener et animer la discussion sur le respect des droits », « la bonne entente et le partage avec les autres animateurs », « la complémentarité des animateurs », « l'accueil dans les différentes institutions ». Concernant la *pratique professionnelle*, sont cités des apports personnels tels qu'« un changement de mon regard sur les personnes concernées ainsi que de mes représentations », « un étonnement devant les questionnements, intérêts et implication des personnes », « une prise de conscience des besoins des personnes », « une prise de conscience que mes positions n'étaient pas toujours en adéquation avec les désirs, les attentes et les souhaits exprimés par les personnes », « du recul dans ma pratique professionnelle », « une remise en question », « une envie d'évoluer », « une motivation supplémentaire dans mon travail de formateur/militant au niveau de l'application de la Convention ». La rencontre avec d'autres institutions, d'autres modes de faire est également mentionnée comme ayant contribué à l'enrichissement personnel.

Bien que vécues positivement, les séances de groupes de parole n'en ont pas moins été parfois source de difficultés comme en attestent les réponses de certains professionnels à la question 2d). Des difficultés liées à : a/ *la composition du groupe* : « difficile de prendre en compte de manière équilibrée les capacités cognitives et les rythmes très différents », « la grandeur du groupe » impactant l'organisation, le temps d'échange; le désengagement de quelques auto-représentants; b/ *l'animation* : « difficile de ne pas intervenir et de laisser le temps aux participants pour s'exprimer »; « compliqué de ne pas émettre d'opinion lorsque les personnes étaient dans la plainte »; « difficile de recentrer le débat lorsqu'il s'écartait trop du sujet »; « j'ai dû adapter mon langage »; « j'ai dû mettre beaucoup d'énergie et trouver des méthodes novatrices pour accompagner une auto-représentante qui avait beaucoup de difficultés de compréhension et d'expression »; c/ *l'organisation des séances* : « difficulté de libérer du temps », « densité de la démarche : nombre de séances, tâches administratives lourdes, incertitudes ».

Aux yeux des professionnels, parmi les droits dont ils ont discuté qui leur paraissent les plus importants à défendre (question 3), la liberté est choisie en premier (N=9) puis la participation active (N=7) et la non-discrimination (N=7). Viennent ensuite la justice/protection (N=6), l'accessibilité (N=5) et la sensibilisation/information (N=5); en dernier l'éducation/santé (N=2).

Afin de justifier l'importance pour une personne en situation de handicap de connaître ses droits (question 4), les professionnels invoquent l'éthique et les valeurs de société d'une part, la possibilité pour les personnes de pouvoir défendre elles-mêmes leurs droits d'autre part. Des termes tels que « jouir de ses droits sans discrimination et sur la base de l'égalité avec les autres », « c'est un droit de tout citoyen », « c'est un devoir de connaître ses droits », « on ne peut pas légitimer une différence dans une visée de justice », sont utilisés dans le premier type de réponses. Dans le second, apparaissent des arguments tels que « parce que la personne est la plus à même de défendre ses droits et de les revendiquer et que c'est en se sentant concernée qu'elle peut faire évoluer les mentalités », « pour qu'elle existe en tant qu'être humain à part entière et puisse se défendre au quotidien dans sa vie et dans son travail », « pour parler de ses droits, les faire respecter et vivre dignement dans toutes les situations de la vie ».

À la question 6, « Quel message souhaiteriez-vous adresser à ASA-Handicap mental? » la majorité des professionnels formulent des attentes à l'égard de l'association en lui attribuant la mission d'être garante de la mise en œuvre de la Convention. Le souhait est de voir se poursuivre le projet par un certain nombre d'actions : « Impliquer et faire participer les personnes handicapées aux prises de décision et à l'élaboration des lois et des politiques d'application de la Convention »; « étudier la conformité des lois existantes avec la Convention »; « trouver des budgets et élaborer des stratégies nationales »; « travailler à l'accessibilité des services publics »; « mettre en place des séances d'information et de sensibilisation »; « avoir une politique de communication plus en direct avec les lieux publics (jours de marché, festival, etc.) »; « veiller à la formation et l'information auprès des futurs professionnels et des familles »; « soutenir les institutions pour qu'il y ait des changements en matière de droit des personnes handicapées », pour « faire perdurer les groupes de parole selon la demande des auto-représentants ». Il est également suggéré qu'il y ait « une personne ressource dans chaque canton pour que les personnes puissent s'y référer ». Ces réponses sont à compléter par celles fournies à la question 8, « Que souhaitez-vous dire encore? ». Outre les remerciements, en grand nombre, adressés à ASA-Handicap mental pour la réalisation du projet et l'engagement des deux responsables, sont relevés d'une part la nécessité « que des postes soient créées afin de suivre ce projet et de le mener à bien », d'autre part « que la continuité du projet se discute avec les institutions partenaires pour débloquer des pourcentages de travail liés à la mise en place de la Convention ».

Pour l'heure, la plupart des professionnels notent que le projet a été le déclencheur d'actions nouvelles au sein de leur établissement et/ou de leur canton concernant les droits des personnes, comme en témoignent les réponses fournies à la question 7. Le projet a joué un rôle de catalyseur de réflexions, et parfois déjà de mise en œuvre d'initiatives telles que : a) la participation des personnes à la vie institutionnelle - invitation à répondre à une enquête de satisfaction; à intégrer un conseil d'institution; à se constituer en « Conseil des Bénéficiaires »; b) la création d'un groupe de parole inter institutionnel centré sur la mise en œuvre de mesures concrètes favorisant l'application de la Convention; c) l'organisation d'une conférence sur le sujet, et/ou de soirées d'information et d'échanges au sein des institutions ouvertes aux personnes concernées, aux directeurs et conseils de fondation, au personnel, aux familles et aux membres des réseaux de soutien.

Aux questions concernant les changements à apporter pour un futur groupe de parole (question 2f) les professionnels (N=12) émettent des suggestions que l'on peut classer en 3 catégories. La première concerne la *composition du groupe* : deux professionnels se questionnent se demandant s'il n'y aurait pas avantage à créer des groupes plus homogènes, car, dans certains cas, les personnes n'avaient pas les facultés suffisantes pour participer ou s'exprimer, et dans d'autres les revendications étaient différentes selon que les personnes travaillaient ou non, vivaient ou non en institution. La seconde catégorie aborde le *processus de mise en œuvre* : une plus grande préparation est souhaitée par quatre professionnels avant de débuter les séances, qu'il s'agisse des personnes handicapées ou des animateurs; un professionnel suggère qu'il y ait moins de séances; un autre propose de supprimer l'enregistrement vocal qui induit une contrainte et modifie la liberté d'expression; un autre encore préconise d'évaluer au départ la méthode à utiliser, l'approche par le jeu n'étant pas forcément la plus appropriée. La troisième catégorie regroupe des *suggestions concernant les cantons* : qu'il y ait une coordination cantonale des démarches traitant des droits des personnes handicapées; que chaque canton donne de vrais moyens pour l'application de ces droits, par exemple en créant un «Bureau de l'Égalité des Droits», qui serait un organe de référence, donc une ressource claire et centralisée.

Au sujet du matériel utilisé (question 5), la majorité des professionnels manifestent leur satisfaction, qu'il s'agisse du manuel en version simplifiée, pratique à utiliser, dont les illustrations sont adaptées et le texte assez facile à comprendre, ou des cartes qui ont été un bon support pour mettre des mots sur des situations vécues. Quatre professionnels mettent cependant en garde : il faut rester attentif au fait que le matériel peut poser des problèmes aux personnes ayant des difficultés de lecture et de compréhension, que la discussion par thématique et récits d'expériences vécues est plus adaptée pour certaines personnes, que les jeux peuvent parfois induire une forme de distraction et moins de concentration.

Conclusion

Le projet réalisé par ASA-Handicap mental a atteint ses objectifs : donner la parole aux personnes avec une déficience intellectuelle pour les associer et les impliquer dans la défense de leurs droits, et, in fine, leur permettre de se vivre comme citoyens à part entière autorisés à participer aux décisions les concernant. Au-delà de la richesse des données récoltées permettant d'adresser des recommandations aux politiques, c'est bien un réel apprentissage de la citoyenneté auquel on a assisté au fil des séances à travers une éducation aux droits.

Les bases étaient déjà présentes : les personnes désiraient connaître leurs droits. L'expression et la réflexion partagée en groupes n'ont fait qu'éveiller ou renforcer leur sentiment de pouvoir agir sur leur vie et leur environnement («*empowerment*» individuel), favorisant ainsi leur émancipation. Le savoir transmis et les discussions sur les expériences de vie des uns et des autres leur ont permis de développer estime et confiance en soi, tout en induisant une meilleure conscience de leur propre responsabilité pour se faire entendre et œuvrer au respect de leurs droits. Plusieurs facteurs peuvent expliquer cet effet du travail en groupe : la légitimité accordée aux personnes qui étaient invitées à parler de leur vécu et à réfléchir aux mesures susceptibles de répondre à leurs besoins; l'écoute accordée à chacune dans un climat de respect mutuel, tant de la part des professionnels que des pairs; l'effet miroir produit par la présence de ses congénères, permettant de découvrir que d'autres vivaient la même chose que soi et éprouvaient des difficultés identiques avec, parfois aussi, la prise de conscience d'avoir des compétences différentes.

Les groupes de parole ont ouvert la voie à l'exercice de la citoyenneté; les participants y ont développé leurs aptitudes à la communication, y ont expérimenté le dialogue et la délibération : oser exprimer ses idées, apprendre à écouter l'autre sans l'interrompre, accepter le point de vue de l'autre, débattre ensemble sont quelques-unes des compétences que les auto-représentants disent avoir acquises. Un autre effet bénéfique des groupes de parole est d'avoir suscité chez certains l'envie de poursuivre le travail et de s'impliquer pour le bien commun, en une prise de conscience de leur statut de citoyen. Comme le rappellent Masse, Delessert & Dubath (2016), qui se réfèrent aux travaux de Weinstock (2000), la citoyenneté comporte trois dimensions dont l'une est identitaire :

« Le pôle identitaire sera [...] atteint lorsque les personnes déficientes intellectuelles sont conscientes de leurs particularités et de leurs droits, qu'elles se reconnaissent et s'identifient en tant que minorité unie par les mêmes préoccupations et les mêmes droits subjectifs à faire valoir pour améliorer leur situation » (p. 43).

Du côté des animateurs, nous observons également un mouvement de transformation. Le projet les a amenés à porter un autre regard sur les personnes avec un handicap mental et, corollairement, à remettre en question leurs façons de faire. Les compétences des personnes les ont frappées : leur capacité à participer activement aux discussions sur leurs droits et à apporter des idées, leur capacité à interagir dans un groupe en faisant preuve d'écoute, de respect, d'empathie, de solidarité; toutes choses qui ont ébranlé leur conception de l'accompagnement des personnes dont ils disent devoir, dorénavant, entendre les besoins, désirs, attentes. Pour eux pas de doute : elles ont droit de connaître leurs droits comme tout être humain pour reprendre du pouvoir sur leurs conditions de vie - « c'est en se sentant concernées qu'elles peuvent faire évoluer les mentalités ». À travers le projet, les professionnels ont découvert, la satisfaction d'avoir contribué à une telle émancipation. Ce changement opéré chez les professionnels a retenti sur plusieurs établissements : réflexions et initiatives ont été lancées visant à renforcer la participation individuelle et collective des personnes handicapées et à soutenir la mise en œuvre des droits de la Convention des Nations Unies.

Un point important est à souligner : la marche vers l'appropriation de leurs droits par les personnes et vers l'apprentissage de la citoyenneté est une affaire de responsabilités partagées. Le projet l'a clairement mis en évidence. Chacune y a sa part, à commencer les personnes avec un handicap qui s'attribuent la responsabilité d'oser prendre la parole pour exprimer ce dont elles ont besoin, ce qu'elles désirent, et pour sensibiliser elles-mêmes la société aux situations de marginalisation vécues et faire (re)connaître leurs ressources et possibles contributions à la société. Les professionnels, de leur côté, considèrent les leurs : écouter les personnes, leur accorder une place d'interlocuteurs, stimuler leurs compétences, favoriser leur participation tant individuelle que collective. Les associations, quant à elles, sont là pour soutenir les personnes dans leur prise de parole et dans la défense et l'application de leurs droits. Le message à l'attention d'ASA-Handicap mental est clair, provenant à la fois des auto-représentants et des professionnels engagés dans le projet : poursuivez la démarche afin que les mesures proposées par les personnes handicapées puissent se concrétiser; continuez à les impliquer et à les faire participer aux prises de décision concernant leur vie, associez-les à l'élaboration des lois et politiques protégeant leurs droits.

Le projet a plu. À l'heure du bilan, une grande satisfaction est manifestée par tous. Il n'en reste pas moins vrai que quelques difficultés ont été relevées, qu'il s'agit d'entendre pour la mise en place d'éventuels futurs groupes de parole. Des auto-représentants disent avoir eu de la peine à comprendre certains thèmes, textes, mots, photos et à entrer dans les discussions; il s'agirait dès lors d'être attentif dès le départ aux besoins et niveaux de chacun, afin d'adapter les explications et déterminer l'équilibre à opérer entre échanges verbaux et jeux avec les cartes. Des professionnels auraient souhaité plus de préparation, voire un accompagnement plus serré de la part des deux responsables du projet durant son déroulement, bien que deux réunions intermédiaires aient été organisées pour faire le point et que toute question pouvait faire l'objet d'une demande d'éclaircissement soit par téléphone soit par courriel. Par ailleurs, l'animation a posé problème pour quelques-uns, également relevée par des auto-représentants, nous confirmant dans la nécessité de prendre plus de temps au départ pour asseoir la méthodologie d'intervention. La constitution des groupes semble aussi avoir préoccupé certains qui auraient souhaité moins de disparités dans les capacités intellectuelles. Quant à l'organisation des séances, vu le travail conséquent que cela a représenté, plus de temps accordé institutionnellement aurait pu alléger les charges des professionnels.

En guise de mot de la fin, nous souhaitons donner la place à la parole des auto-représentants. « Écoutez-nous! » tel est leur vœu à l'issue du projet : « *Nous avons des compétences et des ressources : découvrez-les* ». « *Nous voulons apporter notre contribution à la société : faites-nous participer* ». « *Nous sommes prêts à dépasser nos difficultés : apportez-nous votre soutien* ». « *Nous sommes prêt(e)s à assumer des responsabilités : faites-nous confiance* ». « *Nous avons des recommandations à transmettre aux décideurs politiques* ». Le chemin vers la démocratie participative est ouvert. Aux professionnels et aux politiciens d'entendre le message et d'accepter que faire participer signifie non seulement informer, consulter, mais également accorder un pouvoir effectif aux personnes à travers un processus de concertation et de codécision[13]. Le défi est de taille : il requiert un apprentissage, celui de la confiance à accorder aux personnes avec un handicap mental et, de la part de ces dernières, l'acquisition des compétences nécessaires à une parole en « Nous » et à une mobilisation collective. Comme le rappelle Tremblay (2014), il s'agit de passer « de la représentation des intérêts individuels à la représentation des intérêts collectifs, ce qui requiert l'apprentissage de la délibération citoyenne et le développement de compétences civiques » (p. 168). Aux associations et institutions de contribuer à cette évolution par des actions soutenant les personnes dans leur désir d'émancipation et de constitution de groupes d'autodéfense de leurs droits. La formation est une des voies, mais la recherche également lorsqu'elle revêt un caractère de recherche-action. Ce projet y aura contribué. Il reste à poursuivre.

Notes

(1) Les personnes intéressées à en savoir plus se reporteront au « Premier rapport du Gouvernement suisse sur la mise en œuvre de la Convention relative aux droits des personnes handicapées ». Suisse, Berne, le 20.06.2016. *Source :* https://www.edi.admin.ch /dam/ edi/fr/...pdf.../Rapport_initial_CDPH%20v1.0.pdf

(2) Ce projet a bénéficié du soutien du Bureau fédéral de l'égalité (BFEH), de la Loterie romande et d'une Fondation genevoise privée.

(3) La Suisse est un Etat fédéral constitué de 26 cantons, parmi lesquels 6 cantons sont francophones (dits cantons romands) : Genève, Vaud, Fribourg, Neuchâtel, Valais, Jura.

(4) Voir travaux de Serge Moscovici (1925 - 2014) et de Willem Doise, Université de Genève (Suisse).

(5) Le terme groupe focalisé est une traduction française du « focus group ». Comme le rappellent Leclerc et *al.* (2011), « il renvoie à un groupe qui est focalisé de deux manières : d'abord, ses membres sont réunis par une expérience ou une situation commune; ensuite le groupe est convié à « centrer » ou « focaliser » ses échanges autour d'un ou de quelques sujets définis » (p. 162).

(6) *Canton de Genève* : Fondation Ensemble, Fondation Aigues-Vertes, Etablissements publics pour l'intégration, Fondation Clair Bois (total : 12 personnes avec handicap mental, 4 professionnels). *Canton de Vaud* : Fondation l'Espérance, Fondation de Lavigny, Fondation Eben Hézer (total : 9 personnes avec handicap mental, 3 professionnels). *Canton de Fribourg* : Fondation glânoise en faveur de la personne handicapée mentale et IMC, Fondation Ateliers Résidences Adultes (FARA), Fondation Clos Fleuri, Fondation La Rosière (total : 11 personnes avec handicap mental, 4 professionnels). *Canton de Neuchâtel* : Fondation les Perce-Neige (total : 6 personnes avec handicap mental, 2 professionnels). *Canton du Jura* : Fondation les Castors (total : 8 personnes avec handicap mental, 2 professionnels). *Canton du Valais* : ASA-Valais (total : 7 personnes avec handicap mental, 1 professionnel).

(7) Malheureusement, en cours de route, 10 personnes handicapées ont quitté les groupes de parole.

(8) L'autoreprésentation est l'équivalent du « self-advocacy » du monde anglo-saxon. Le terme s'applique aux personnes qui parlent pour elles-mêmes et pour les autres, qui prennent la parole dans les décisions qui les concernent, qui défendent leurs droits pour les faire respecter.

(9) Le SISAHM est un service d'accompagnement situé à Bruxelles (Belgique), destiné aux enfants, aux adolescents et aux adultes ayant une déficience intellectuelle. L'équipe formatrice était constituée

d'Anne-Marie De Vleeschouwer, coordinatrice du projet d'adaptation de la CDPH en version « facile à comprendre », de Guy Hubert, directeur psycho-pédagogique, de Magali Cote et de Serge Manneback, auto-représentants.

(10) Viviane Guerdan, initiatrice et coordinatrice du projet et Doriane Gangloff, chargée du suivi du projet.

(11) La retranscription a été effectuée par Arpine Nayang (à Erevan, Arménie) et une équipe de 10 personnes travaillant pour Komitas Action Suisse-Arménie (KASA), sise en Arménie : Astghik Nikolyan, Susanna Grigoryan, Angéla Gevorkyan, Ruzanna Baloyan, Anna Unupoghlyan, Arméniak Margaryan, Anna Tchopourian, Maxence Smaniotto, Ani Melkonyan, Achod Papasian.

(12) En Suisse, il existe depuis 2013 un nouveau droit de protection de l'adulte. Quatre formes de curatelle sont distinguées : la curatelle d'accompagnement qui ne limite pas l'exercice des droits civils; la curatelle de représentation qui ne limite cet exercice que pour les tâches confiées au curateur (la personne doit accepter les actes accomplis par le curateur); la curatelle de coopération qui limite l'exercice des droits; la curatelle de portée générale qui prive de plein droit la personne de l'exercice des droits civils.

(13) La participation est souvent graduée à partir de travaux réalisés en 1978 par le sociologue Stuart Langton dans le contexte nord-américain. Il a basé son classement en allant du plus bas au plus haut pouvoir accordé au citoyen. Au-delà du degré zéro de la participation que constitue la non-participation, il distingue progressivement l'information, la consultation, la concertation, la négociation, la coopération, la codécision, l'autogestion.

Références

ASA-Handicap mental (2016). *Reconnaissez nos droits! Réalités et recommandations.* Genève: ASA-HM .

Bedoin, D. et Scelles, R. (2015). *S'exprimer et se faire comprendre.* Paris : Erès

Conseil fédéral (2018). *Politique en faveur des personnes handicapées.* Berne : Confédération suisse. Accès : https://www.newsd.admin.ch/newsd/message/attachments/52346.pdf

De Vleeschouwer, A.-M. et Manneback, S. (2011-2012). *Droits des personnes en situation de handicap. Convention des Nations Unies, version «facile à comprendre».* Belgique, SISAHM.

Département fédéral de l'intérieur (2017). *Rapport sur le développement de la politique en faveur des personnes handicapées.* Berne : Confédération suisse. Accès:https://www.newsd.admin.ch/newsd/message/attachments/52346.pdf

Fougeyrollas, P., Cloutier, H., Bergeron, J. et St-Michel, G. (1998). *Classification québécoise. Processus de production du handicap.* Québec : Réseau international sur le processus de production du handicap/Société canadienne sur la Classification internationale des déficiences, incapacités et handicaps (RIPPH/ SCCIDIH).

Leclerc, C., Bourassa, B., Picard, F. et Courcy, F. (2011). Du groupe focalisé à la recherche collaborative : avantages, défis et stratégies. *Recherches qualitatives.* 29(3),145-167.

Masse, M., Delessert, Y. et Dubath, M. (2016). *Des espaces collectifs d'expression au sein des institutions socio-éducatives. Quelle participation pour quelle citoyenneté?* Genève : Editions ies

Organisation des Nations Unies (ONU). (2006). *Convention des Nations Unies relative aux droits des personnes handicapées* - CDPH. Accès : www.un.org/french/disabilities/default.asp?id=605

Organisation des Nations Unies (ONU). (2010). *Guide à l'intention des observateurs des droits de l'homme concernant le suivi de la Convention relative aux droits des personnes handicapées.* New York et Genève.

Organisation des Nations Unies (ONU). (2015). *Rapport du Comité des droits des personnes handicapées. Neuvième session - Dixième session - Onzième session - Douzième session.* Assemblée générale, documents officiels, soixante-dixième session, supplément no 55 (A/70/55).

Organisation mondiale de la Santé (OMS). (2001). *Classification internationale du fonctionnement, du handicap et de la santé.* Genève.

Tremblay, M. (2014). La recherche participative et émancipatoire en déficience intellectuelle : vers une éthique de la citoyenneté. Dans G. Petitpierre et B.-M. Martini-Willemin (dir.), *Méthodes de recherche dans le champ de la déficience intellectuelle.* Berne : Peter Lang

Biographies

Normand Boucher est politologue et sociologue, ses travaux concernent la participation sociale des personnes ayant des incapacités depuis 1994. Il est chercheur au CIUSSS de la Capitale-Nationale (Centre intégré universitaire de santé et de services sociaux de la ville de Québec) et professeur associé à l'École de travail social et de criminologie de l'Université Laval. Ses intérêts touchent la problématique de la recherche participative dans l'analyse des transformations des pratiques et des politiques liées au phénomène du handicap et la citoyenneté. Il a joint l'équipe du CIRRIS (Centre interdisciplinaire de recherche en réadaptation et intégration sociale) en 2003, où il réalise des travaux portant sur les politiques sociales, le handicap et ses représentations sociales, la citoyenneté et la mesure de la participation des personnes ayant des incapacités aux activités ordinaires de la société. Il est enfin membre actif d'équipes de recherche au plan national et international au sein desquelles il assume la responsabilité d'axes de recherche.

Mouloud Boukala est anthropologue et professeur à l'École des médias de l'Université du Québec à Montréal (Canada). Il inscrit ses recherches au sein d'une anthropologie des médias, privilégiant les liens entre les (auto)-représentations médiatiques (cinéma, bande dessinée) et les pratiques sociales des minorités (personnes en situation de handicap). Ses travaux portent également sur les perceptions et les pratiques de l'environnement urbain par les personnes à mobilité réduite dans la ville de Montréal à l'aide d'un oculomètre (eye-tracker).

Jean-Philippe Cobbaut est juriste, philosophe, docteur HDR (Habilitation à diriger des recherches) en Santé Publique. Il est professeur d'Ethique Médicale et dirige le Centre d'Ethique Médicale de l'Université Catholique de Lille (composante de l'EA [Équipe d'Accueil] 7446 ETHICS), centre de recherche, de formation et d'intervention dans le secteur sanitaire et médico-social. Dans ce cadre, il coordonne l'option « Ethique, santé et institution » du Master 2 de l'Institut Universitaire Santé Social. Il est également professeur d'éthique et de droit de la santé à la faculté de médecine et à la faculté de santé publique de l'Université Catholique de Louvain et membre associé de l'Institut de Recherche Santé et Société (IRSS-HELESI). Ses travaux de recherche portent sur l'éthique clinique, l'éthique organisationnelle et les politiques publiques dans le secteur de santé. Il est également investi dans plusieurs projets de recherche action visant à promouvoir l'inclusion, la participation sociale et l'exercice de leurs droits par les personnes en situation de handicap. Il est également membre du Conseil scientifique de la CNSA (Caisse Nationale pour la Solidarité et l'Autonomie).

Agnès d'Arripe est docteure en Information et Communication, enseignante-chercheure au sein de l'équipe de recherche HADéPaS (Handicap, Autonomie et Développement de la Participation Sociale) de l'Université Catholique de Lille, membre du LASCO (Laboratoire d'Analyse des Systèmes de Communication des Organisations) de l'Université Catholique de Louvain-la-Neuve et du PRECOM (Pôle de Recherche sur la Communication et les Médias) de l'Université Saint Louis à Bruxelles. Elle s'intéresse aux thématiques du handicap et de l'autonomie en prenant en compte la parole des usagers et des professionnels sur leur vécu. Inscrite dans une approche communicationnelle mobilisant les notions de culture ou de partition communicationnelle au sens de l'anthropologie de la communication, elle mène des recherches action à visée émancipatoire avec des personnes en situation de handicap ou de perte d'autonomie. Elle mobilise diverses méthodologies qualitatives dont l'observation participante, la Méthode d'Analyse en Groupe et l'auto-confrontation.

Yves Delessert est travailleur social depuis 1984. Après avoir travaillé dans l'insertion professionnelle des personnes présentant des troubles psychiques et des problèmes d'addiction, il a obtenu un

Master en droit tout en travaillant comme animateur socioculturel. Il est aujourd'hui professeur chargé d'enseignement à la Haute école de travail social (Hets) de Genève, Haute Ecole Spécialisée de la Suisse-Occidentale (HES•SO). Il a été le responsable de la filière en travail social de la Haute école de travail social de Genève de 2010 à 2014. Il s'intéresse particulièrement aux droits des personnes vulnérables et aux risques inhérents à la prise en charge des mineurs hors de cadre familial. Il est l'auteur de "*Mineurs confiés, risques majeurs ?* " (2018, réédition augmentée de l'édition de 2000) et a contribué à plusieurs ouvrages dans le domaine de la déficience intellectuelle, notamment la *Maltraitance en institution* (2011), Genève : Editions ies et *Des espaces collectifs de parole au sein des institutions socio-éducatives : quelle participation pour quelle citoyenneté ?* (2016) Genève : Editions ies.

Mihaela Dinca-Panaitescu est actuellement responsable de la recherche, des politiques publiques et de l'évaluation à United Way Greater Toronto. Auparavant, elle a coordonné le volet canadien du projet Disability Rights Promotion International, qui a établi un système de surveillance des droits humains des personnes handicapées. Mihaela a été impliquée dans divers projets nationaux et internationaux sur les questions des droits des personnes handicapées, les déterminants sociaux de la santé, les inégalités des revenus et de leur impact sur l'accès aux opportunités. Elle a une maîtrise en sciences appliquées et a publié différents articles sur le handicap, les droits humains et les déterminants sociaux de la santé.

Maëlle Dubath est titulaire d'un Master en formation d'adultes et diplômée en travail social. Elle a travaillé comme éducatrice sociale auprès de différents publics, a collaboré à des recherches et a occupé un poste de responsable de formation dans une association de lutte contre la pauvreté. Elle travaille actuellement comme cheffe de projet au sein de l'Organisation vaudoise du monde du Travail des domaines de la santé et du travail social pour la formation professionnelle initiale et supérieure, et s'occupe en particulier des dossiers relatifs à la certification professionnelle pour adultes.

Martine Dutoit est maitre de conférences à l'Université d'Evry Val d'Essonne et membre du Centre de Recherche sur la Formation/Cnam. Elle a été Assistante de Service Social en Psychiatrie (1987-2012) au Centre hospitalier spécialisé Sainte Anne à Paris. Elle fonde (1996) et dirige l'association Advocacy France, association d'usagers en santé mentale, et est membre du conseil d'administration et du Comité des Droits de l'Homme de Santé Mentale Europe pendant plusieurs années. Fondatrice (2001) et Directrice de l'Espace Convivial Citoyen Advocacy Paris Ile de France (75019), lieu autogéré : elle forme des personnes usagères en santé mentale à la Pairadvocacy (Soutien à l'Accès aux Droits par les pairs), à la conduite de projet, à la dynamique de groupes autogérés avec le collectif inter-associatifs Urbanité. Elle crée avec Marie Clause Saint Pé l'association 2IRA (Institut International de recherche-action) mettant la recherche-action au cœur des démarches de projet avec les personnes concernées par des situations de discrimination. Ses activités de recherche relient les activités et la construction de l'expérience des publics-cibles des dispositifs d'action sociale et/ou de santé. Elle s'inscrit dans une approche à dominante constructiviste et privilégie l'entrée activité (Barbier, 2011). Depuis plusieurs années, engagée sur la production de savoirs d'expérience des personnes dites usagers ou usagères, notamment engagées dans la fonction d'entraide entre pairs dans les champs sanitaire, médico-social et social.

Lucia Ferretti est historienne, professeure titulaire à l'Université du Québec à Trois-Rivières, et membre du Centre interuniversitaire d'études québécoises. Auteure de plusieurs monographies et articles savants sur les liens entre Église catholique et société québécoise aux XIXe et XXe siècles, elle s'est notamment intéressée aux origines catholiques de l'État providence au Québec. En 2011, le prestigieux prix Gérard-Parizeau couronnait ses travaux. Parallèlement, elle est une des rares historiennes de métier à s'intéresser à la déficience intellectuelle au Québec. La genèse de la réadaptation, l'octroi progressif de droits aux personnes vivant avec des incapacités intellectuelles et la concurrence Ottawa/Québec dans les services aux personnes ont retenu son intérêt. Elle a publié ses résultats dans la *Revue d'histoire de l'Amérique française*, la *Revue d'histoire de l'enfance irrégulière*, *le Bulletin d'histoire politique et dans International Innovation notamment*. Elle a aussi fait éditer aux éditions du Septentrion une version actualisée et analysée du livre de Margaret Porter sur l'histoire de l'Hôpital Sainte-Anne de Baie-Saint-Paul, lieu de la première expérience de désinstitutionalisation en déficience intellectuelle au Québec.

Sébastien Fontaine est docteur en Sciences Politiques et Sociales et détenteur d'un Diplôme d'Études Spécialisées en intervention auprès de la personne en situation de handicap. Il est chercheur à l'Université de Liège et chargé de cours adjoint avec des missions d'enseignement en méthodologie quantitative, en informatique appliquée à l'analyse statistique et en analyses statistiques en sciences sociales. Il fait partie de l'équipe belge menant l'Enquête Sociale Européenne depuis 2002 et focalise ses recherches sur les méthodes de recueil de l'opinion des personnes difficiles à joindre (par exemple : les personnes en situation de handicap, les allochtones, les personnes sans domicile…). Dans ses travaux, il met au point et utilise des méthodes d'enquête innovantes pour sonder les personnes sourdes; les personnes aveugles et les personnes ayant un handicap mental léger. En 2015, il a soutenu sa thèse intitulée : « Enquêter auprès des sourds : Implications éthiques, méthodologiques et statistiques de l'adaptation d'enquêtes d'opinion au public sourd ».

Priscille Geiser a été responsable du Domaine Technique « Appui à la Société Civile » au sein de l'ONG (Organisation non gouvernementale) Handicap International, département en charge de la promotion de la participation des personnes handicapées aux processus de développement. A ce titre, elle a coordonné la définition des positionnements, la capitalisation, l'appui technique et le plaidoyer de l'association dans le champ des droits et politiques du handicap, de l'appui aux associations de personnes handicapées, du développement local inclusif, de la réadaptation à base communautaire et de l'accessibilité. Dans le cadre de ces fonctions, elle a appuyé la modélisation et la diffusion de l'approche 'accès aux services' publiée dans cet ouvrage. Diplômée en Sciences Politiques et active depuis plus de 16 ans dans le domaine de l'inclusion des groupes discriminés, et particulièrement des personnes handicapées, Priscille Geiser a aussi présidé le Conseil d'Administration du Consortium International sur le Handicap et le Développement (IDDC), et collaboré avec plusieurs universités (Ecole de Hautes Etudes en Santé Publiques de Rennes, Trinity College Dublin et Maynooth Université en Irlande, Haute Ecole de travail social de Fribourg). Priscille Geiser est actuellement Responsable des Programmes de l'Alliance Internationale du Handicap (IDA).

Tarik Guenane est éducateur spécialisé depuis vingt-sept ans. Il a travaillé cinq ans, en institution dans un centre d'hébergement et occupationnel pour personnes handicapées mentales adultes en Belgique. Ensuite et depuis vingt-deux ans, il a exercé son métier dans un atelier de sous-traitance, dont l'activité principale est le tri et la revalorisation des déchets. Cet atelier fait partie de la Ligue HMC, Coopérative qui est une structure de travail adapté, à Capellen au Grand-Duché de Luxembourg. Les thèmes qui retiennent son attention sont ceux de la participation sociale, de l'utilisation de l'aïkido à des fins inclusives et de gestion de certains troubles du comportement comme l'agressivité. Il a participé à différentes formations sur la participation sociale et les troubles du comportement et il est actif au sein de la délégation Belgo-Luxembourgeoise de l'Association internationale de recherche scientifique en faveur des personnes handicapées mentales (AIRHM). En 2011, il a suivi un certificat interuniversitaire en intervention auprès de personnes en situation de handicap.

Viviane Guerdan. Psychologue de formation, Viviane Guerdan s'est consacrée à des activités tant cliniques que de recherche et de formation dans le champ des besoins éducatifs spécifiques et du partenariat, en Suisse et à l'étranger. Professeure-formatrice émérite de la Haute école pédagogique du canton de Vaud (HEP-VD), en Suisse, elle poursuit ses activités au sein d'associations travaillant à l'inclusion des personnes handicapées : l'association ASA-Handicap mental (Association d'aide aux personnes avec un handicap mental) dont elle est présidente, l'Association internationale de recherche scientifique en faveur des personnes handicapées mentales (AIRHM) en tant que présidente honoraire. En outre, elle a contribué à deux projets européens : « Participation sociale des personnes en situations de handicap » (Leonardo da Vinci) et « ParticipaTIC » (Erasmus+). Elle est auteure de plusieurs articles et livres et co-éditrice d'ouvrages parmi lesquels *Participation et responsabilités sociales. Un nouveau paradigme pour l'inclusion des personnes avec une déficience intellectuelle* paru chez Peter Lang SA, Editions scientifiques internationales, Berne (Suisse).

Céline Lefebvre est doctorante en sociologie à l'Université Rennes 2 et à l'unité HADéPaS (Handicap, Autonomie et Développement de la Participation Sociale) de l'Université Catholique de Lille. Elle s'intéresse à ce que signifient les notions de participation, de représentation et de défense des droits, au niveau individuel et collectif, pour les personnes ayant une déficience intellectuelle. Elle réfléchit également aux modalités de valorisation des savoirs d'expérience et aux conditions d'une approche participative voire inclusive de la recherche avec des personnes ayant une déficience intellectuelle. Par ailleurs, elle est associée à des groupes de réflexions sur la participation des personnes concernées à la recherche comme l' « espace collaboratif pour le développement des recherches en croisement des recherches en croisement des savoirs et des pratiques avec des personnes en situation de pauvreté » initié par l'association ATD Quart Monde, le CNRS (Centre national de la recherche scientifique) et le CNAM (Conservatoire national des arts et métiers). Enfin, elle est membre du GIFFOCH (Groupe International Francophone pour la Formation aux classifications du Handicap) et a contribué au projet ParticipaTic (erasmus+) sur le renforcement des capacités et l'autoreprésentation.

Manon Masse est Professeure associée à la Haute école de travail social (Hets) de Genève, Haute Ecole Spécialisée de la Suisse-Occidentale (HES•SO). Elle est Docteure en Sciences de l'éducation et diplômée en psychologie clinique et en ergothérapie. Après avoir exercé pendant plus de 18 ans au Québec et en Suisse dans le secteur social et de la santé, elle s'oriente en 2004 vers une carrière académique. Ses travaux de recherche portent sur : les nouvelles formes d'habitat et la participation sociale ; la prévention des maltraitances commises à l'encontre des personnes en situation de handicap ; l'autodétermination et les espaces de paroles dans les institutions socio-éducatives; la collaboration entre famille et professionnels. Elle réalise également des recherches mandatées dans les pays de l'Est dont notamment celle coréalisée en 2017 sur les alternatives à l'institutionnalisation des enfants en situation de handicap en Russie, Géorgie et au Kazakhstan. Elle est co-auteure et auteure de plusieurs articles, chapitres de livre et livres parmi lesquels : Masse, M., Delessert, Y. & Dubath, M. (2016). *Des espaces collectifs d'expression au sein des institutions socio-éducatives : quelle participation pour quelle citoyenneté ?* Genève : Editions ies. Elle est membre active au sein d'associations et regroupements de chercheurs et actuellement Présidente de l'Association internationale de recherche scientifique en faveur des personnes handicapées mentales (AIRHM).

Philippe Miet a, pendant plus de 25 ans, travaillé auprès d'enfants en situation de handicap et de familles en tant qu'ergothérapeute puis de responsable d'un service à domicile dans le secteur médico-social en France en poursuivant un cursus universitaire sur le travail social. Il a par la suite exercé la fonction de conseiller national dans les domaines de l'éducation et des politiques européennes en matière de handicap au sein d'une grande association nationale de personnes handicapées. Il a ainsi participé activement à des projets européens sur des questions autour de ses centres d'intérêt tels que les questions de participation sociale, d'éducation inclusive, de travail auprès des familles et de désinstitutionalisation. En tant que délégué général du Conseil français des personnes handicapées, il a par la suite été amené à promouvoir la Convention de l'ONU (Organisation des Nations Unies) relative aux droits des personnes handicapées auprès des associations et chargé d'animer la pré- rédaction du rapport alternatif français.

Paula Campos Pinto a un Doctorat en Sociologie de l'Université York à Toronto. Maître de Conférences et Chercheure à l'Institut Supérieur de Sciences Sociales et Politiques de l'Université de Lisbonne, où elle dirige l'Observatoire du Handicap et des Droits Humains, ses intérêts de recherche portent sur l'analyse des politiques sociales du handicap et sur l'intersectionalité genre et handicap. Elle collabore depuis 2004 avec le projet Disability Rights Promotion International, qui réalise le suivi de la Convention relative aux droits des personnes handicapées à l'échelle internationale, et depuis 2011 avec ANED, le réseau européen d'académiques spécialistes du handicap qui travaille en collaboration avec la Commission Européenne. Paula Campos Pinto est l'auteure de plusieurs ouvrages et articles sur le handicap, l'inclusion sociale, la citoyenneté et les droits humains.

Cyrielle Richard est psychologue, neuropsychologue. Elle exerce dans un Centre Hospitalier Spécialisé ainsi que dans un Foyer d'Accueil Médicalisé et Occupationnel en Bourgogne (France). Elle est également la présidente de l'Association des Praticiens en Thérapie Cognitive et Comportementale de Bourgogne (APTCCB). Elle a présenté des communications sur les thèmes de la prise en charge comportementale et cognitive des personnes déficientes intellectuelles, notamment aux congrès du NADD (An Association for Persons with Developemental Disabilities) et de l'Association internationale de recherche scientifique en faveur des personnes handicapées mentales (AIRHM). Cyrielle Richard est également l'auteure de plusieurs ouvrages sur la remédiation des troubles neuropsychologiques et comportementaux des personnes avec une déficience intellectuelle.

Cédric Routier est docteur en psychologie et dirige l'unité de recherche pluridisciplinaire HADéPaS (Handicap, Autonomie et Développement de la Participation Sociale). Plusieurs de ses travaux sont menés dans une perspective de recherche « avec, par et pour » les personnes impliquées (situation de handicap, vieillissement), pour éclairer les modèles d'accompagnement, ainsi que les pratiques professionnelles et politiques publiques afférentes. Il s'intéresse à ce titre à l'émergence de dispositifs tels que les Living Labs, notamment pour les points de recouvrement entre l'approche inclusive et l'innovation ouverte. Parmi les organisations civiles et professionnelles qui ont fait font appel à ses compétences figurent notamment la FEHAP (Fédération des Établissements Hospitaliers et d'Aide à la Personne) et son Observatoire de l'Innovation NOV'Ap), le forum des Living Labs en Santé et Autonomie, les Ateliers Humanicité, HANDEO et des associations gestionnaires d'établissements dans le domaine du handicap et du vieillissement. Il intervient en formation auprès de diverses filières en santé.

Marie Claude Saint Pé est sociologue, spécialisée en gestion et politiques sociales du handicap. Elle a participé à plusieurs projets européens concernant le handicap et a formé de nombreux professionnels et chefs d'établissements sociaux, médico-sociaux et de l'entreprise à l'accueil et à l'accompagnement des personnes pouvant être en situation de handicap. Elle œuvre à la valorisation et à la prise en compte de l'expertise des usagers et des professionnels en formation et évaluation interne par la recherche-action. Cette expérience associée à sa conviction que les acteurs doivent penser et agir les transformations sociales qui les concernent plutôt que de les subir l'ont amenée à s'engager dans la lutte contre toutes formes de discriminations et le droit de cité pour toutes et tous. Elle est co-fondatrice du réseau en pratiques de *pairadvocacy* et, dans ce contexte, contribue à la modélisation e-learning d'une formation au soutien entre pairs à l'accès aux droits et aux recours.

Mireille Tremblay, «détentrice d'un doctorat en Sciences Humaines Appliquées (PHD-SHA)», a œuvré pendant plus de vingt ans, dans le réseau de la santé et des services sociaux du Québec, en tant que psychologue clinicienne d'abord, puis dans le domaine de la planification et de la recherche, avant de bifurquer en 2008, vers une carrière de professeure à l'Université du Québec à Montréal, au Département de communication sociale et publique. Elle a publié plusieurs articles et plus d'ouvrage collectif, portant sur la gouvernance et la participation démocratique en santé, la participation sociale et l'éducation à la citoyenneté démocratique des personnes ayant un handicap ou des limitations fonctionnelles. Sa programmation de recherche s'articule autour de la participation citoyenne et de l'éducation à la citoyenneté démocratique. Elle est présidente honoraire de l'Association internationale de recherche scientifique en faveur des personnes handicapées mentales (AIRHM), présidente de l'Observatoire québécois de la démocratie et elle est activement impliquée dans la coordination et le développement du PIECD (Programme international d'éducation à la citoyenneté démocratique).

Collection Education Inclusive et Partenariats

Inclusive Education and Partnerships Book Series

Book series editor: Danielle Zay

Publishing Books in English or French or Spanish

Cette collection vise à approfondir le sens et les mises en oeuvre de l'éducation inclusive. Elle part du principe que tout citoyen d'une société démocratique a droit à une éducation lui permettant d'exercer et de développer toutes ses capacités. La différence, biologique, psychologique, culturelle, ethnique, sociale, n'est pas conçue comme un stigmate qui exclut mais comme une ressource et une richesse pour le vivre et le faire ensemble. L'éducation inclusive est ainsi conçue au sens fort de partage et de partenariat. Partage des idées, partage des recherches, partage des actions entre partenaires de différentes disciplines, de différents statuts sont conçus comme plus aptes à saisir, dans une approche systémique, les problèmes liés à l'inclusion, et, à inventer les solutions susceptibles de répondre à la complexité croissante des sociétés aux technologies avancées.

La collection accueille des recherches sur les apprenants dont les différences visibles ou invisibles sont perçues et traitées comme des handicaps, ainsi que sur les politiques éducatives, les ressources et les dispositifs d'inclusion qui leur sont offerts. Elle a aussi pour objectif de traiter les questions et les problèmes que pose la normalisation à laquelle tendent les systèmes éducatifs, en vue de répondre aux besoins d'un marché mondial. Le potentiel de tout apprenant n'est pas strictement conforme au curriculum et aux méthodes de travail uniformément imposés à tous. De ce point de vue les partenariats entre les acteurs sociaux concernés, usagers (apprenants, se formants, familles), praticiens, éducateurs et professionnels de l'éducation, de la santé, des milieux culturels et associatifs apparaissent comme porteurs de solutions innovantes et efficaces.

Pour les versions anglaise et espagnole, voir deepeducationpress.org book series

Collection Education Inclusive et Partenariats
Inclusive Education and Partnerships Book Series

Inclusion Through Shared Education

Joanne Deppeler
Monash University, Australia
Danielle Zay
University of Charles de Gaulle Lille 3, France
Editors

« L'éducation inclusive », ce principe est devenu une sorte de mot d'ordre des politiques scolaires dans de nombreux pays et sur plusieurs continents. Mais conduit-il à définir des orientations et des pratiques véritablement spécifiques ? N'est-ce pas juste un indice de l'usure d'autres termes comme celui d' « intégration » ? Dans une période où les recherches internationales contribuent à piloter les stratégies institutionnelles, le panorama offert par cet ouvrage est éclairant et stimulant. Il est manifeste que l'inclusion ce n'est pas seulement prendre en compte tous les élèves, c'est aussi, et surtout, ouvrir l'école sur l'extérieur, sur les multiples partenaires potentiels de son environnement social et culturel.

Michèle Guigue
Professor Emeritus, Université Charles de Gaulle Lille 3

This volume gathers data from investigators working in very diverse cultural environments: Australia, Canada, China, Spain, United States of America, France, Great Britain and Taiwan, analyzing the most recent development of a principle of orientation in politics and practices in OECD countries: inclusive education. Responding to the growing number of critics and challenges arising from the reforms of the education system going in the same direction, the authors of this volume study the evolution of this concept.

Collection Education Inclusive et Partenariats
Inclusive Education and Partnerships Book Series

La formation des éducateurs en contexte de diversité ethnoculturelle: une perspective comparative Québec-Brésil

Sous la direction de

Corina Borri-Anadon Université du Québec à Trois-Rivières
Gustavo Gonçalves Universidade federal do Sul da Bahia
Sivane Hirsch Université du Québec à Trois-Rivières
Juliane di Paula Queiroz Odinino Faculdade municipal de Palhoça,
Universidades federal de Santa Catarina et do Estado de Santa Catarina

Cette publication enrichit la discussion sur la diversité, concept important pour le débat concernant l'éducation inclusive, en faisant un bilan des questions concernant la formation d'enseignants. En outre, les chapitres valorisent surtout les discussions sur les populations autochtones et d'origine africaine, leurs impacts sur la formulation de politiques publiques et les expériences émergentes des dernières décennies. Plusieurs chapitres abordent les notions d'inclusion et d'interculturalité, en les mettant en question et en indiquant leurs pertinences et limites. Je considère cet aspect important, car il s'agit des notions de différentes origines, ce qui nous mène à des analyses sur la question de la diversité, surtout dans le domaine de politiques publiques. L'ouvrage apporte des contributions très importantes pour le thème de la formation d'enseignants dans la contemporanéité, car les modèles de formation initiale, traditionnellement mis en oeuvre, s'avèrent insuffisants en ce qui concerne les questions de l'enseignement, de l'apprentissage et des relations interpersonnelles.

Dr. Mônica Maria Farid Rahme
Departamento de Ciências Aplicadas à Educação e do
Programa de Pós-Graduação em Educação,
Conhecimento e Inclusão Social
Universidade Federal de Minas Gerais, Brasil

DEEP LANGUAGE LEARNING
BOOK SERIES

Language learning needs to be reconceptualized in two ways: first, as an expression of dynamic planning prototypes that can be activated through self-directed projects. Second, integrating structure and agency to meet deeper, humane aims. The dynamism of human exchange is meaning-producing through multiple connected intentions among language task domains.

Language-learning tasks have a cross-cultural purpose which then become meaningful within broader projects that meet higher values and aims such as deep ecology, deep culture, deep politics and deep humane economics. Applied semiotics will be a tool beyond the linguistic in favour of value-loaded projects that are chosen in order to revolutionize the current state of affairs, in increasing our sense of responsibility for our actions as humans vis-à-vis our fellow humans and our home planet. In this respect, deep instructional planning offers a grammar for action. Understanding adaptive and complex cross-cultural situations is the prime focus of such a hermeneutic inquiry.

deepeducationpress.org

DEEP ACTIVISM
BOOK SERIES

Book Series Editors: Araceli Alonso and Teresa Langle de Paz

Deep politics could challenge the status quo. Examining everyday politics and reconceptualizing the position of the citizen, consider that acting on social representations might help the change process to address social hierarchies and inequalities. Our institutional systems do not tolerate critical examination but rather support conformity, norms, standards and obedience. Everyday politic is grounded in ruled relations. Deep activism, rather than focusing on resisting the reproduction of hierarchies, centers on a freedom quest, it initiates a process that can create a new terrain for equality. Thus deep activism links aesthetics with inquiry as a living process. Its commitment to social justice manifests through aesthetics to envision and create alternative imaginaries.

Moral imagination provides the mythic ferment of the future, its inquiry process paints the new possibilities. Dream/critique forms political humanism. What appears crucial is to step for a while outside one's culture to establish an ethical distance vis-à-vis everyday judgment, as conformism is imposed by a culture that uses the instruments of assertiveness to make its claim and produce authority, social hierarchies, power centralization, and delineate the margins of cultural acceptability. Deep activism defines a new relationship with the world. It goes together with new, more interactional and open ways of expression. In this process, hope and love constitute non-foundational (i.e. non-universalist) foundations.

Forthcoming:
Health by All Means
Women Turning Structural Violence into Peace and Wellbeing
A. Alonso and T. Langle De Paz

A LIFE IN SIGNS AND SYMBOLS
BOOK SERIES
SIGNS AND SYMBOLS IN EDUCATION
EDUCATIONAL SEMIOTICS

François Victor Tochon

University of Wisconsin-Madison, USA

In this monograph on Educational Semiotics, Francois Tochon (along with a number of research colleagues) has produced a work that is truly groundbreaking on a number of fronts. First of all, in his concise but brilliant introductory comments, Tochon clearly debunks the potential notion that semiotics might provide yet another methodological tool in the toolkit of educational researchers. Drawing skillfully on the work of Peirce, Deely, Sebeok, Merrell, and others, Tochon shows us just how fundamentally different semiotic research can be when compared to the modes and techniques that have dominated educational research for many decades. That is, he points out how semiotic methods can provide the capability for both students and researchers to look at this basic and fundamental human process in inescapably transformational ways, by acknowledging and accepting that the path to knowledge is, in his words "through the fixation of belief."

But he does not stop there – instead, in four brilliantly conceived studies, he shows us how semiotic concepts in general, and semiotic mapping in particular, can allow both student teachers and researchers alike insights in these students' development of insights and concepts into the very heart of the teaching and learning process. By tackling both theoretical and practical research considerations, Tochon has provided the rest of us the beginnings of a blueprint that, if adopted, can push educational research out of (in the words of Deely) its entrenchment in the Age of Ideas into the new and exciting frontiers of the Age of Signs.

Gary Shank
Duquesne University
For reviews see: deepeducationpress.org

LANGUAGE EDUCATION POLICY
BOOK SERIES

Language Education Policy (LEP) is the process through which the ideals, goals, and contents of a language policy can be realized in education practices. Language policies express ideological processes. Their analysis reveals the perceptions of realities proper to certain sociocultural contexts. LEPs further their ideologies by defining and disseminating the values of policymakers. Because Language Education Policies are related to status, ideology, and vision of what society should be and traditions of thoughts, such issues are complex, quickly evolving, submitted to trends and political views, and they need to be studied calmly. The way to approach them is to get comparative information on what has been done in many settings, which are working or not, which are their flaws and merits, and try to grasp the contextual variables that might apply in specific locations, without generalizing too fast.

Policy discourses and curricula reveal the ideological framing of the constructs that they encode and create, project, enact, and enforce aspects such as language status, power and rights through projective texts generated to forward and describe the contexts of their enactments. Policy documents are therefore socially transformative through their evaluative function that frames and guides action in order to achieve language reforms. While temperance and reflection are required to address such complex issues, because moving to fast may create trouble, nonetheless the absence of action in this domain may lead to systemic intolerance, injustice, inequity, mass discrimination and even, genocidal crimes.

deepeducationpress.org

383

LANGUAGE EDUCATION POLICY

BOOK SERIES

FROM TRANSNATIONAL LANGUAGE POLICY TRANSFER

TO LOCAL APPROPRIATION

The case of the National Bilingual Program in Medellín, Colombia

Jaime Usma Wilches
University of Antioquia

Drawing on the example of Medellín, Colombia, Jaime Usma's book does a magnificent work at dismantling one of the most pervasive grand narratives in globalized transnational foreign language policies: proficiency in English as one of the strongest pillars of a vibrant modern knowledge society, associated with higher economic gains for all. The author cogently demonstrates how apparently neutral and technically sound transnational and national policymaking fails to properly address structural inequality and social and economic injustice, while being creatively reenacted by local schools and actors that appropriate them according to their own goals, needs, and desires towards a more just and humane society. — *Maria Alfredo Moreira, University of Minho, Portugal*

World wide there is a growing awareness that properly explanatory accounts of language education policy must fuse national and local perspectives, questions of structure and argument, evidence and debate and of course the various interests of the diverse players involved.

Dr Jaime Usma has made a notable contribution to this more sophisticated approach to LP with this excellent and internationally relevant analysis of Colombia's national government policy, the appropriation/ adaptation of central policy in the city of Medellín and the views, experiences and accounts of teachers, officials, experts and communities and transnational agencies. In addition to its LP relevance the book has much to say about how English is constituted in an increasing number of settings globally and how claims and counterclaims about global English resonate at different levels and among different interests. All in all an excellent and worthwhile volume. — *Joseph Lo Bianco, Professor of Language and Literacy Education, The University of Melbourne, Australia*

deepeducationpress.org

384

Guide for Authors

What our Publishing Team can offer:

➢ An international editorial team, in more than 30 universities around the world.

➢ Dedicated and experienced topic editors who will review and provide feedback on your initial proposal.

➢ A specific format that will speed up the production of your book and its publication.

➢ Higher royalties than most publishers and a discount on batch orders.

➢ Global distribution through Amazon and Barnes & Noble in the U.S., UK, Australia, Europe, Russia, China, South Korea, and many other countries with Expresso Book Machines, printed in minutes on site for in-store pickup.

➢ Fair recognition of your work in your area of specialization.

➢ Quality design. Using the latest technology, our books are produced efficiently, quickly and attractively.

➢ Dissemination through Deep Education campuses.

➢ Book Series: Deep Education; Deep Language Learning; Signs & Symbols in Education; Language Education Policy; Deep Professional Development; Inclusive Education; Deep Early Childhood Education; Deep Activism.

➢

Contact:
publisher@deepeducationpress.org
deepeducationpress.org

Deep Institute Online

For updates and more resources
Visit the Deep Institute Website:

deepinstitute.net

Deep Education Press

10657 Mayflower Road
Blue Mounds, WI 53517 USA

Contact:

publisher@deepeducationpress.org

Correspondance pour ce volume:
Mireille Tremblay
tremblay.mireille_p@uqam.ca

www.ingramcontent.com/pod-product-compliance
Lightning Source LLC
Chambersburg PA
CBHW070542270326
41926CB00013B/2170